Découvrez l'histoire par les archives de presse

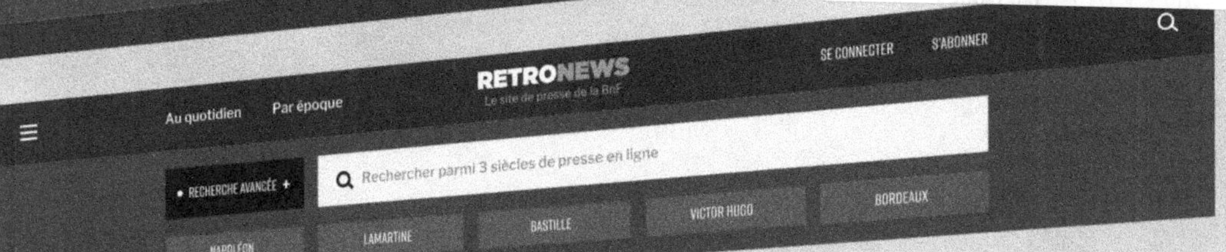

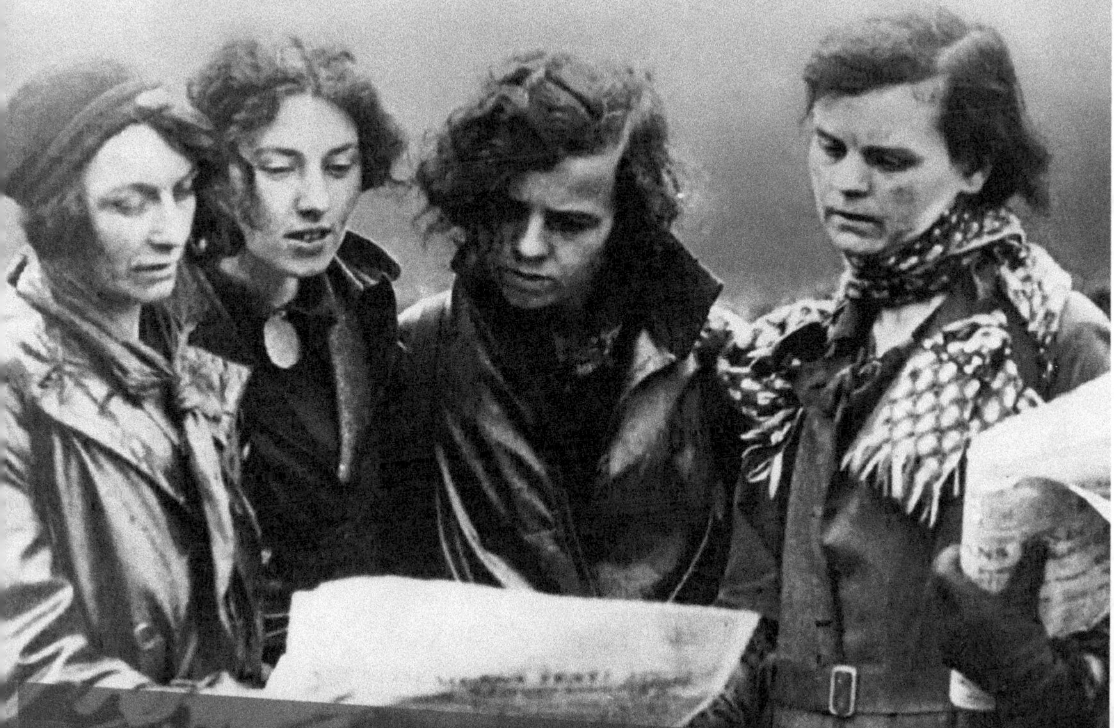

RETRONEWS

Le site de presse de la BnF

www.retronews.fr

Exposition de 1891

CATALOGUE ILLUSTRÉ

Ce Catalogue illustré

*a été gravé par l'imprimerie LEMERCIER & C*ie
d'après les
nouveaux procédés de typogravure FILLON
en usage dans leur maison.

Il a été imprimé
sur les presses de GEORGES CHAMEROT

Avec les encres
*de CHARLES LORILLEUX et C*ie

sur les papiers
de GEORGES OLMER

EXPOSITION NATIONALE DES BEAUX-ARTS

Catalogue Illustré

DES OUVRAGES DE

PEINTURE, SCULPTURE ET GRAVURE

EXPOSÉS AU CHAMP-DE-MARS

Le 15 Mai 1891

IMPRIMERIE D'ART

A. Lemercier et Cie, Imprimeurs

57, RUE DE SEINE, 57

PARIS

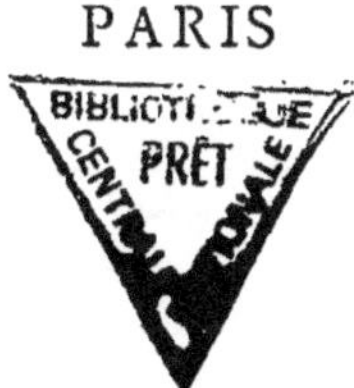

SIGNES ABRÉVIATIFS

F. — Fondateur de la Société nationale.
S. — Sociétaire.
A. — Associé.

PEINTURE

A

AGACHE (A.-P), S.
1. — L'Annonciation.
2. — Fantaisie.
3. — Liseuse.
4. — Magicienne.

ALTAMURA (A. D').
5. — Portrait de Mme M. de C. Warner.

ANDRÉ (C.).
6. — Tolède (bords du Tage).

ANÉTHAN (Mlle A. D'), A.
7. — Portrait du baron P. d'A...
8. — Étude.

ANTHONISSEN (L.-J.).
9. — Bergère dans les dunes.
10. — Cour de ferme en Saintonge.
11. — Petite fille à l'épi.
12. — La Chanson.

ARMBRUSTER (R.-H.).
13. — A la messe.

ARSENIUS (G.).
14. — La Prairie de M. Au...

ARTIGUE (A.-E.).
15. — Avril.

AUBLET (A.).
16. — Les Piots (Tréport).

17. — Village de Fenestre (Auvergne).
18. — Au Jardin.
19. — Jeune fille au lilas.
20. — Portrait de M. A. G...
21. — Les Petits matelots.
22. — Chrysanthèmes.
23. — Portrait de Mme E. A...
24. — Chapelle Ste-Barbe (Tréport).
25. — Cimetière du Tréport.
26. — Six panneaux camaïeux pour la salle des fêtes de l'Hôtel de Ville de Paris.

AXENTOWITCH (T.).
27. — Portrait.

AYRTON (A.).
28. — Après la chasse (nature morte).
29. — La Passerelle à Capécure (Boulogne-sur-Mer).
30. — Melon et Figues.
31. — Le Bouquet du marché.

B

BAERTSOEN (A.).
32. — Sur la Tamise (brume d'hiver).
33. — Port de pêche (soleil d'hiver).

BARAU (E.), S.

34. — Chez la mère Géry à Boult-
sur-Suippe (Champagne).
35. — Jardin à Aumenancourt
(Champagne).
36. — Le Dégel.
37. — A Nanterre.
38. — La Suippe à Boult-sur-
Suippe.
39. — Les Petites-Loges (Champagne).

BARRAU (L.).

40. — Sortie de la messe.

BASTIEN-LEPAGE (É.), A.

41. — Un Village en Lorraine
(Lissey-Meuse).
42. — Jardinets.
43. — Dans les herbes.
44. — Fin d'hiver.
45. — Une Nuit d'hiver.
46. — Panneaux décoratifs

BAUDOUIN (P.-A.), S.

47. — Fin de journée.
48. — Matinée d'octobre.
49. — Portrait de M. Maillart.
50. — Portrait de Mme P. B...
51. — Portrait de M. Ratouin,
architecte.
52. — Glaneuse.
53. — Portrait de Mlle C. D...
54. — Enfant endormi.

BELLEROCHE (A.-G.).

55. — Intérieur.

BÉNARD (H.).

56. — Le Thé (intérieur).

BÉRAUD (J.), F.

57. — La Madeleine chez le Pha-
risien.
58. — Portrait.
59. — A la Chartreuse.
60. — Au café-concert.
61. — Portrait.

BERG (J.), S.

62. — L'Attente (Hollande).
63. — Le Mariage (Saint-Laurent).
64. — Soir au Luxembourg.

BERTIER (F.-E.).

65. — Étude.

BERTON (A.).

66. — Le Bain.
67. — Le Carafon.
68. — Coquetterie.
69. — Le Gobelet.

BESNARD (P.-A.), F.

70. — Portrait de Mlles D...
71. — Portrait de M. et de
Mme Ch.
72. — Le couvert est mis.
73. — Nuées du soir.
74. — Annonciation,

BÉTHUNE (G.).

75. — Beaulieu (la baie Saint-
Jean).

BIESSY (G.).

76. — Etude de femme.
77. — Liseuse.

BILLOTTE (R.), F.

78. — Un coin de Paris (soir
d'hiver).
79. — Lever de lune à la Ga-
renne-Bezons.
80. — La Route des Carrières.
81. — Carrière de la Folie.
82. — Le Chemin de la Folie.
83. — La Seine à Bezons.
84. — A Montmorency, dans les
bois.
85. — Sur la colline.
86. — Entrée de carrière.
87. — Falaise éboulée à Quiber-
ville.

BINET (A.), S.

88. — Petite lessive.
89. — Une Gare de chemin de fer.
90. — La Sortie ; siège de Paris 1870 (pour l'Hôtel de Ville).

BINET (V.-J.-B.-B.), S.

91. — Le toit rouge (étude).
92. — En Normandie.
93. — Vue prise à Saint-Aubin, près Quillebeuf (Eure).
94. — A Germigny - l'Evêque (Seine-et-Marne).
95. — La grand'mare à Saint-Aubin, près Quillebeuf.
96. — Le Pont des Arts.
97. — La Fontaine du Châtelet (panneau décoratif pour l'Hôtel de Ville).

BISHOP (H.).

98. — Etude.

BLANCHE (J.-E.), S.

99. — Portrait de Mme E. Blanche.
100. — Portrait de Mme Abel Hermant.
101. — Portrait de Mlle Fernande Reichemberg.
102. — Portrait de M. Maurice Barrès.
103. — Portrait de M. Georges Moore (esq.).
104. — Portrait de J. Pringle Nicholl (esq.).
105. — Portrait de M. Achille Rivarde.
106. — Portraits de MM. J.-E. Blanche et R. de Ochoa.
107. — Portrait de M. Paul Baignères.
108. — Portrait de M. Henri de Reigner.
109. — Tête de petite fille.

BOLDINI (J.), S.

110. — Portrait de Mme S...

111. — Portrait de M. S...
112. — Portrait de Mme D...

BOUDIN (E.), S.

113. — Etretat (falaise d'amont).
114. — Etretat (falaise d'aval).
115. — Marée montante (Deauville).
116. — Marée basse (Trouville).
117. — Saint-Valery-sur-Somme.
118. — Le Vieux port de Touques.
119. — Le Quai au Crotoy (Somme).
120. — La plage de Berk (Pas-de-Calais).
121. — L'Eglise d'Etaples (Pas-de-Calais).
122. — Le Rivage d'Etretat (brouillard).

BOUILLON (L.).

123. — Portrait de M. Olivier du T...

BOUREAU.

124. — La Musique ; — projet de coupole (concours pour la décoration de la galerie Lobau, à l'Hôtel de Ville).

BOUTET DE MONVEL (M.), S.

125. — Portrait de jeune fille.

BRESLAU (Mlle M.-L.-C.), S.

126. — Nénuphars (étude).
127. — Petite fille en mante verte.
128. — Jeunes filles (intérieur).
129. — Portrait de M. G...

BRETEGNIER (G.), A.

130. — L'atelier de Meissonier.
131. — Portrait de Mme J. G.

BRUNIN (L.).

132. — L'été de Saint-Martin.
133. — Les Joueurs.
134. — Le Sculpteur.

BURGERS (H.-J.), A.

135. — Une Partie de pêche.
136. — Souvenir du Grand Canal (Venise).

BURNAND (E.), S.

137. — Dans les hauts pâturages.
138. — Portrait de Mme ...
139. — Portrait de M. de M...
140. — Garrigues de l'Hérault.
141. — Etude.
142. — Portraits.

C

CABRIT (J.).

143. — Vallée du Rat, à Saint-Palais.
144. — Environs de Bazas.
145. — Bords de l'Isle.

CALLOT (G.).

146. — Voluptés.
147. — Portrait.
148. — Les Feuilles mortes.

CAROLUS-DURAN (E.-A.), F.

149. — Portrait de Miss L...
150. — Portrait de Mme P...
151. — Portrait de Miss A...
152. — Portrait des enfants du prince A. de B...
153. — Portrait du baron d'O....
154. — Portrait de Charles Gounod.
155. — Danaé.
156. — Portrait de M. René Billotte.
157. — Portrait de Mlle Violette C.....
158. — Portrait de Mme C...

CARRIÈRE (E.), S.

159. — Portrait de M. Alphonse Daudet.

160. — Le Matin.
161. — La Timbale.
162. — Portrait de Paul Verlaine.
163. — Rêverie.
164. — Portrait de M. Gustave Geffroy.
165. — Portrait de M. Armand Berton.

CARRON (L.).

166. — Coin d'atelier.

CASAS (R.), A.

167. — « Erik-Satie » (portrait).
168. — Sur la butte.

CASPA D'YSLES.

169. — Paysage en Bessarabie (étude).

CASSARD.

170. — Le Rôdeur.

CASTRES (E.).

171. — Conduite à la frontière.

CASTIGLIONE (G.).

172. — Tête d'homme.

CAULDEVELL (L.-G.).

173. — Avant le bal.

CAZIN (J.-C.), F.

174. — Route de Flandre.
175. — Pont de pierre.
176. — En province.
177. — Un chemin.
178. — Soir de novembre.
179. — Arc-en-ciel de lune.
180. — Chaumière du nord.
181. — Minuit.
182. — L'Etude (panneau faisant partie de la décoration d'un escalier).
183. — Porte de Saint-Omer.
184. — Une Digue en Hollande.

CHABAS (M.).

185. — Repas nuptial (panneau décoratif pour la mairie de Montrouge.

186. — La famille (panneau décoratif pour la mairie de Montrouge).

CHAMPEAUX (O.).

187. — L'Ile des Arméniens (lagune de Venise).

CHEVALLIER (E.-J.).

188. — Etude (Esnandes, côtes de La Rochelle).

189. — La Baie de Bréhat.

CHUDANT (J.-A.).

190. — Un Village franc-comtois effet de lune).

CLAUDE (G.), S.

191. — Invocation à la Madone.

192. — En oraison.

193. — Néophyte.

194. — Portrait.

195. — Flore.

196. — Vallée de Z'mutt à Zermatt.

197. — Vieux mendiant à Capri.

198. — Chalets de Zermatt.

CLAUS (E.).

199. — La Pêche l'hiver.

200. — Vent et Soleil.

COLIN (C.-J.).

201. — Soleil de février (environs de Biarritz).

COLIN (G.), S.

202. — Portrait de Mlle M. D...

203. — Portrait de M. A..., archiprêtre de la cathédrale d'Arras.

204. — « Novillada » sur la place d'un village Guiposcoan (Espagne).

205. — Marin de Saint-Jean-de-Luz, dirigeant un navire dans les passes (gros temps).

206. — La grande rue de Foutarabie (Espagne).

COLIN (P.).

207. — Un Coin de ferme à Yport.

COSTEAU (G.).

208. — Solitude.

209. — La Dune.

210. — Automne.

211. — Fin de journée.

212. — Le Soir (forêt de Fontainebleau).

COTTET (C.).

213. — Crépuscule à Camaret-sur-Mer.

COTTON (Mme L.).

214. — Portrait de Mlle G...

COURANT (M.).

215. — Penmarch.

216. — Crépuscule.

217. — Le Sentier dans les avoines.

218. — Matinée de juillet.

219. — A marée basse.

220. — La Sortie des sardiniers.

COURTOIS (G.), S.

221. — « Figaro » (panneau pour le foyer de l'Odéon).

222. — Portrait de Mme Fenaille.

223. — Portrait de Mme Gautreau.

224. — Portrait de Mme Biver.

225. — Portrait de Mlle Ketty Spitzer.

226. — Portrait du sculpteur Beer.

227. — Portrait du peintre von Stetten.

228. — Portrait du baron E. Franchetti.

229. — Portrait de Paul Biver.

COUTURIER (L.), S.

230. — Signaux en escadre.

DELORT (C.-E.), S.

276. — Sergent raccoleur au XVIIIe
siècle.
277. — Marchandise barbaresque.
278. — Visite à Trianon (1802).

DELPY (C.-H.).

279. — Matinée d'octobre à Por-
cheville.
280. — Le Petit bras de la Seine,
près Limay.

DESBORDES (L.-A.).

281. — Avril.

DESBOUTIN (M.-G.), S.

282. — Portrait de Joséphin Péla-
dan.
283. — Etude.
284. — Etude.
285. — Etude.
286. — Etude.

DESCHAMPS (L.), S.

287. — Fabienne (Thermidor).
288. — Gitana.
289. — Ballerine.
290. — Un Savant.
291. — Jeune fille de Provence.
292. — Portrait de Paul L...
293. — « Il dort » (bébé).

DETTI (C.).

294. — Avant-postes.

DINET (A.-E.), S.

295. — Le Jeu de la poudre.
296. — Baigneuses.
297. — Caravane.
298. — Le Sahara au sud de Bri-
zina.
299. — Coucher de soleil.
300. — Portrait de M. P...

DUBUFE FILS **(G.), S.**

301. — La Cigale et la Fourmi
(fable en deux panneaux).

302. — La Terrasse.
303. — La Pergola.
304. — Tempête.
305. — Cypris.
306. — Etudes.
307. — Etudes.
308. — Mort d'Adonis.
309. — Lever d'étoile.
310. — Le Renard et les Raisins.
311. — Midi.
312. — Portrait d'enfant.
313. — La Danse; projet de coupole (concours pour la décoration de la galerie Lobau,
à l'Hôtel de Ville).

DUEZ (E.-A.), F.

314. — Portrait de S. E. Mgr Fou-
lon, cardinal-archevêque de
Lyon.
315. — Jésus marchant sur les
eaux.
316. — Portrait de Mme Jacob de
R...
317. — Souvenir d'une fête à l'Ely-
sée.
318. — Etude.

DULAC (C.).

319. — Paysage.

DUMOULIN (L.), S.

320. — Paris la nuit.
321. — Le Forum.
322. — Saint-Pierre et le Vatican.
323. — Les Thermes de Caracalla.
324. — Le Nymphoceum de la
maison de Flavia.
325. — La Neige.
326. — La place de la Trinité-des-
Monts.
327. — La place du Peuple avant
l'ouverture du carnaval.
328. — L'Arc de Titus.

FRÉDÉRIC (L.).

374. — Le Ruisseau (dédié à Beethoven).

FRIANT (É.), S.

375. — Ombres portées.
376. — Portrait de M. Coquelin aîné et de M. Jean Coquelin.
377. — Portrait de Mᵐᵉ S...
378. — Portrait de M. Coquelin dans le rôle de Destournelles.

FULLONTON (Mᵐᵉ E.).

379. — Un Jardin au matin.

G

GALLAND (P.-V.), F.

380. — Quatre panneaux, architecture, ornements (détails) pour l'Hôtel de Ville de Paris.
381. — Un Motif, dessus de cheminée pour la salle à manger de M. Segrestan, de Bordeaux.
382. — Le Cid ; — Motif de tapisserie exécutée aux Gobelins, pour la Comédie-Française.
383. — Les Tailleurs de pierre ; — Un des vingt-six motifs des corps d'état, pour l'Hôtel de Ville.

GALLÉN (A.).

384. — Souffrance muette.
385. — Jeune fille à l'église.

GANDARA (A.).

386. — Sous bois (étude).
387. — Portrait de Mᵐᵉ de la G.

GASCARD (L.-G.).

388. — Cuivres.

GAUTIER (A.).

389. — Brouillards de décembre.

GERVEX (H.), F.

390. — La Musique ; — plafond pour l'Hôtel de Ville.
391. — Portrait de la comtesse de M...
392. — Portrait de Prévost.
393. — En yacht, portrait de Mᵐᵉ C...
394. — Portrait de Mˡˡᵉ M. M...
395. — A l'Opéra (entr'acte).
396. — Portrait de Mᵐᵉ ...
397. — Étude de nu.

GIERYMSKI (A.).

398. — Juifs polonais en prière sur le bord de la Vistule, près de la citadelle de Varsovie, la veille de leur nouvelle année.

GILBERT (R.).

399. — Gare des marchandises de la Compagnie de l'Ouest.

GIRARDET (E.), A.

400. — L'Accouchée du village.
401. — Consultation chez le maréchal.
402. — Environs de Béni-Féra (Algérie).

GIRARDOT (L.-A.), S.

403. — Portrait de M. B...
404. — Portrait de Mᵐᵉ B...
405. — Portrait de Mˡˡᵉ Mathilde B...
406. — Portrait de M. Louis B...
407. — Portrait de Mᵐᵉ F...
408. — Portrait de M. A. C...
409. — Portrait de Mᵐᵉ C...
410. — Portrait de M. E. F...
411. — Portrait de Mᵐᵉ M...

GIRON (CH.).

412. — Portrait.
413. — Portrait de Mᵐᵉ Georges J...

GODSAL (M.).
413. *bis.* — Chiens (étude).

GOENEUTTE (N.), S.
414. — Les Bonnes.
415. — Entrée du Grand Canal (Venise).
416. — Au balcon (Venise).
417. — Un marché.
418. — Jeune homme regardant des gravures.

GONZALÈS (J.), Mme H. GUÉRARD.
419. — Fouillis de fleurs.

GOUNOD (J.).
420. — Étude.
421. — Portrait de M. P...

GRADIS (R.).
422. — Sur le chantier (Gironde).
423. — Le Carbon blanc (Gironde).

GRIVEAU (G.-A.-L.).
424. — Femme au piano.
425. — Portrait de Mme J. C...
426. — Lapin vidé.
427. — Intérieur de vieille.
428. — Ma chambre.

GRONVOLD (B.), A.
429. — Portrait.
430. — Déjeuner interrompu.

GRONVOLD (M.).
431. — Printemps.

GROS (L.), S.
432. — La Cale du passage à Concarneau.
433. — Tricoteuses.
434. — La Ruelle de l'Abbaye, à Poissy.
435. — Un Aquarelliste.

GRULLON (A.).
436. — Portrait de Mme D...

GUÉRARD (H.).
437. — Le dépôt des bouées (Honfleur).
438. — La Salute (Venise).
439. — La Vallée du Veixon, à Bourg-d'Aru.
440. — Le Ruisseau de Palaquis (étude).
441. — Fin novembre (étude).
442. — Effet de neige (étude).

GUIGNARD (Mme B.).
443. — Renoncules.

GUIGNARD (G.), S.
444. — Rentrée d'un troupeau de bœufs à Victot.
445. — Lever de lune.
446. — Pâturage normand.
447. — Le Bassin du Roi, au Havre.
448. — Station des omnibus « Madeleine-Bastille ».
449. — Le matin à Villerville.
450. — Crépuscule (Evreux).
451. — Les Javelles à midi.
452. — Le Trocadéro le soir (panneau décoratif).
453. — Soirée de printemps (panneau décoratif).

GUIGUET (F.).
454. — Couseuses.

H

HAGBORG (A.), S.
455. — Un Mineur (Suède).
456. — Paysage (Suède).
457. — Paysage (Suède).
458. — Mine abandonnée (Suède).
459. — Paysage (Gif, S.-et-O.).
460. — Portrait de M. K...
461. — Portrait de Mme H...

HARRISON (A.).

462. — Marine. — Effet de nuit.
463. — Jeune fille au bois.
464. — Paysage.
465. — Marine.
466. — Marine.
467. — Marine.

HAVET (H.-C.-J.).

468. — Le jardin du curé Senlisse.

HIERL-DERONCO (O.).

469. — Portrait. (Le général comte
R... dans son jardin.)

HILLAIRET (A.).

470. — Ma table.

HITZ (Mme D.).

471. — Portrait de M. de B...
472. — Portrait de M. M. de B...
473. — Mère et enfant.

HODLER (F.).

474. — La Nuit.

HŒCKER (P.).

475. — L'Annonciation.

HOFER (G.).

476. — Vendredi saint.

HYDE (W.).

477. — Confession.
478. — Portrait.

HYNAIS (A.).

479. — La Vérité.
480. — Portrait du Dr V...

I

ISRAELS (J.), S.

481. — Préparatifs pour le dîner.

IWILL (M.-J.), S.

482. — Le matin dans la dune.

483. — Octobre; — Westkapelle.
484. — Novembre ; — Le matin
(en Flandre).
485. — Fin d'hiver.
486. — Après l'orage.
487. — Premiers jours d'avril.
488. — Derniers rayons (en Sa-
voie).
489. — Septembre (dans la Hague).
490. — Temps gris (Saint-Vaast-
la-Hougue).
491. — Soleil de septembre.

J

JAMES (C.).

492. — Laissé en garde.
493. — En souvenir de...!
494. — Favorite de maman.
495. — Les Pêcheurs de burcades.

JARRAUD (L.).

496. — Prés de mon village.
497. — Convalescente (étude).
498. — Portrait de M. L. W...
499. — Portrait de M. Mélan.
500. — Portrait de Mme Mélan.

JEANNIOT (P.-G.), S.

501. — La Neige.
502. — Raccommodeuse de draps.
503. — Effet d'hiver.
504. — Etude.
505. — Portrait.
506. — Vue prise sur le port, à
Cannes.
507. — Le Tennis.
508. — Une chanson de Gibert.

JEIDELS (C.-H.).

509. — Après la séance.

JETTEL (E.), S.

510. — Potager (près Cayeux).

511. — Route de village (Hollande septentrionale).

512. — Oies devant des chaumières (Cayeux).

513. — Maison à Katwyk sur-Mer (Hollande).

514. — Intérieur de cour (Suresnes).

515. — Ruisseau devant une chaumière (Cayeux).

516. — Cochons dans une ferme.

517. — Prairie (près Cayeux).

JIMENÈS (L.).

518. — Autour du brasero.

519. — Les deux Sœurs.

520. — Une Fille de ferme.

521. — Sous bois.

JIMENEZ-PRIETO (M.).

522. — Une Consultation.

523. — Le Grand-Père.

JOURDAIN (R.).

524. — Yachting.

525. — Temps de neige.

526. — Andrezy.

K

KARBOWSKI (A.).

527. — Panneaux décoratifs (pour la mairie de Nogent-sur-Marne).

KLINGERS (M.).

528. — Pieta.

KOBILCA (I.).

529. — En Été.

530. — Les Repasseuses.

KONER (M.).

531. — Portrait de l'écrivain d'art M. Pietsch.

532. — Portrait de M. L...

KOUZNETSOF (D.).

533. — Portrait de Mme Metchinkof.

KREYDER (A.).

534. — Torrent de la Wormsa (Alsace).

535. — Roses.

536. — Roses trémières.

537. — Boules de neige.

538. — Raisins.

KROYER (P.-S.).

539. — Route de Stenbjire.

KUEHL (G.), A.

540. — Tristes nouvelles.

541. — Intérieur d'une église de Munich.

542. — Clarté du soleil.

L

LABBÉ (H.-V.).

543. — La Ferme.

LAFON (F.), A.

544. — Vision de saint François d'Assise sur la pauvreté.

LAHAYE (A.-M.).

545. — Champ d'oliviers (clarté d'automne).

546. — Au pays d'Arles.

LAMBERT (L.-E.), S.

547. — Envahissement de domicile.

548. — Repas interrompu.

549. — Chatte et ses petits.

549 *bis*. — Chats dans un fauteuil.

LA TOUCHE (G.), S.

550. — Après le bal.

551. — La « Nursery ».

552. — L'enfant au chat.
553. — Paysage à Saint-Cloud.
554. — Incompris.
555. — Marine à Saint-Paër.
556. — Les coteaux de Suresnes.
557. — Le Haut Mont-Sel ; — Genêts (Manche).

LAUNAY (F. DE).

558. — Portrait de A. Gatti.

LAURENT-GSELL (L.).

559. — La Seine (le 18 janvier 1891).

LEBAYLE (C.).

560. — Giovannina (portrait).
561. — Deux forestieri à Rome (portraits de MM. Henry Maret et Louis Dumoulin).

LEBOURG (A.), A.

562. — Bas-Meudon.
563. — Pont de Neuilly, l'hiver.
564. — Une allée de parc en hiver.
565. — Effet de neige.
566. — Pont de Suresnes.
567. — Effet de neige.
568. — Gelée blanche au soleil levant.
569. — La Seine à Paris.

LE CAMUS (L.), S.

570. — Sous bois d'oliviers à la fin du jour.
571. — Un coin de jardin à Menton.
572. — Les bords de la mer au cap Martin.
573. — Le soir dans les citronniers.
574. — Les bords du Gardon.
575. — La route de la Corniche.

LEE-ROBBINS (Mlle L.), A.

576. — Les trois Parques.

577. — Portrait de Mlle Sibyl Sanderson.
578. — Portrait de ma mère.

LEGRAND (R.).

579. — Bout de table.
580. — Fruits et cafetière.

LEMAIRE (Mme M.), S.

581. — « Five. »
582. — Groseilles, framboises et fraises.
583. — Pêches et raisins.

LEPÈRE (L.-A.), S.

584. — Fin de Septembre.
585. — L'orage qui vient.
586. — Crépuscule ; — la vallée de l'Oise à Jouy-le-Moutier (Seine-et-Oise).
587. — Le sentier de la Ravine.
588. — L'Oise près de Vauréal ; — le lavoir.
589. — Le coteau vert (Jouy-le-Moutier).
590. — Le sentier dans la vigne.
591. — Novembre ; le village de Jouy-le-Moutier (Seine-et-Oise).
592. — La rue de Jouy (lever de lune).
593. — Au bord de l'Oise.
594. — Le Quai de l'Hôtel de Ville.

LÉPINE (S.).

595. — Sur la butte Montmartre.
596. — Le canal à Caen.
597. — Le pont de Ville-Neuve-la-Garenne.
598. — Bords de la Seine, île Saint-Denis.
599. — Port Labriche.

LE QUESNE (F.).

600. — La Femme aux masques.

LEROLLE (H.), S.

601. — Fuite en Egypte.

LEROY (E.).

602. — Portrait de Mme L. B...

LEROY SAINT-AUBERT, A.

603. — Soir d'octobre (boulevard
Saint-Michel).
604. — Route de la Turbie.

LESREL (A.-A.), A.

605. — Gentilhomme examinant
un objet d'orfèvrerie.

L'HAY (E.-M. DE).

606. — Les Orgues.

LHERMITTE (L.-A.), S.

607. — Laveuses des bords de la
Marne.
608. — Glaneuses; — fin de journée.
609. — Dans les foins.
610. — Le Sommeil de l'enfant.

LIEBERMANN (M.), A.

611. — Gardeuse de vaches.

LIGNIER (J.), A.

612. — Récolte de châtaignes.
613. — Dans un village (étude).
614. — Intérieur marchois (étude).

LILJEFORS (B.).

615. — Repas interrompu.

LINET (O.).

616. — Nature morte.

LOBRE (M.), S.

617. — La Rentrée du marché.
618. — Le Goûter.
619. — Entrée d'un béguinage.
620. — Maisons en Hollande.

LOWSTADT (Mme CHADWICK).

621. — Jeune mère et sa fille.

LUBIN (J.-D.), A.

622. — La Misère en route (étude).

LUCAS (A.-P.).

623. — La Musique.

LUNA (J.).

624. — Les Ignorés.
625. — Un Chiffonnier.

LUNOIS (A.).

626. — Femme arabe puisant de
l'eau.

M

MANGEANT (P.-E.).

627. — Le Tub.

MARCHAL, A.

628. — Panneau décoratif.
629. — Panneau décoratif.
630. — Panneau décoratif.
631. — Panneau décoratif.

MARCIUS-SIMONS.

632. — Les Premières Voiles; — re-
tour de la pêche du hareng
(Hébrides).

MAREST (Mlle J.).

633. — Jeune femme dessinant.
634. — Portrait de Mme M. B...

MARTENS (W.), S.

635. — Dans les dunes.
636. — Taquinerie.

MATHEY (P.), S.

637. — Portrait de M. Renouard.
638. — Portrait de M. M. L...
639. — Portrait de Mlle S. R...
640. — La Plage à Grandcamp.
641. — La Plage à Grandcamp.

MAUFRA (M.).

642. — Lune et Soleil.

MEISSONIER (E.), F.
643. — La Barricade.

MEIXMORON (C. DE), A.
644. — Un matin sur le lac de Gé-
    rardmer (Vosges).
645. — Fin d'été.
646. — Le canal du moulin à Dié-
    nay (Côte-d'Or).
647. — La rue des Carmes (Nancy).
648. — Octobre.
649. — Marée basse à Boulogne.
650. — L'Union nautique à Gé-
    rardmer.
651. — Dernières feuilles.

MELCHERS (G.).
652. — Maitre de chœur.
653. — Nativité.
654. — Brodeuse.

MÉNARD (E.-R.).
655. — Adam et Ève.
656. — Portrait de M. D...
657. — Portrait de M. R. de M...

MERCIER (Mlle R.).
658. — Etude en rose et en violet.

MÈRE (C.-E.).
659. — Après la pluie (village franc-
    comtois).

MESDAG (H.-W.), S.
660. — A la plage de Schevénin-
    gen.
661. — Soir d'été.
662. — L'Hiver de 1891 (au bord de
    la mer).
663. — Le Départ.
664. — La Nuit.

MEULEN (VAN DER) (E.).
665. — Relais de chiens.

MEYER (E.).
666. — Charrette ; — Route en forêt
    (Marly-le-Roy).

MEZZARA (P.).
667. — Paysage.

MICHEL (M.), A.
668. — Voiliers.
669. — Marmiton.
670. — Fabricant d'espadrilles.
671. — Brodeuse.

MONOD (L.-H.).
672. — Au mois de juillet.
673. — Pour y voir clair.

MONTENARD, F.
674. — Les Arènes d'Arles.
675. — Un Remorqueur en Médi-
    terranée.
676. — Le Promenoir aux arènes
    d'Arles.
677. — Au pied du Coudon (Tou-
    lon).
678. — Un Relai (environs de Tou-
    lon).
679. — Le vieux Bastidon (Pro-
    vence).
680. — Le Port du commerce (Tou-
    lon).
681. — Etude de mer (Provence).

MOORE (H.), S.
682. — La veille de l'orage.
683. — La pleine mer (étude à la
    voile).

**MOREAU-NÉRET (A.) et NOEL-
BOUTON.**
684. — Le Repos ; Projet de cou-
    pole.

MOUTTE (A.), S.
685. — Entrée du port de Marseille ;
    — Un dimanche par une
    belle matinée de décembre.
686. — Cueillette des figues, aux
    environs d'Avignon.

687. — Pensif.
688. — Tricotant son bas.
689. — Coin de l'étang de Marignane (environs de Marseille).
690. — Seule.
691. — Fumant une pipe.

MUENIER (J.-A.), S.

692. — Le catéchisme.
693. — Le Jeteur d'épervier.
694. — Portrait de M. Coquelin cadet; — Rôle de Thomas Diafoirus du *Malade imaginaire*.
695. — Sous les pins de Saint-Jean (Alpes-Maritimes).
696. — Rue de village.
697. — La route.
698. — Vieux marin de Villefranche.
699. — Le Palais de la marine à Villefranche.
700. — Le soir.

MUNOZ Y CUESTA (D.).

701. — Le Cabaret de la paix.

MYRTON-MICHALSKI (S.-V.).

702. — Portrait de Mme F...

N

NAYLOR (M.).

703. — Une chansonnette.

NORCROSS (E.).

704. — A. N... dans l'atelier.

NOURSE (Mme E.).

705. — Vendredi saint (Rome),
706. — A la fontaine (Assise).
707. — Le Pardon de saint François d'Assise.

O

OSBERT (A.).

708. — Le soir aux bords de l'Oise.

OSTERLIND (A.), A.

709. — Sur la barrière.

OYENS (D.).

710. — Les Retouches.

P

PARROT (P.).

711. — Bacchante endormie.
712. — Portrait de M. C...

PERNIN (M.).

713. — Sous bois.

PERRANDEAU (C.), S.

714. — Saintes filles.

PERRET (A.), A.

715. — Le Berger.
716. — Premier aveu.
717. — Départ pour la veillée.

PERS (B.).

718. — Premier bal.

PION (L.).

719. — Portrait de mon frère.

PICARD (G.).

720. — Un Port de mer (panneau décoratif destiné au ministère des Travaux publics).
721. — Printemps (coupole faisant partie de la décoration de la galerie Lobau à l'Hôtel de Ville).

PICARD (L.), S.

722. — Mimosa.
723. — Ligeïa.
724. — Sommeil.
725. — Portrait de Mlle Hovelacque.
726. — Portrait de Mme Marcel.
727. — Portrait de Mme ...
728. — Lac des Corbeaux.
729. — Sphinge.

PIETSCHMANN.

730. — Dans le jardin.

PILICHOWSKI (L.).

731. — Portrait de Mlle L. P...

PITTARA (CH.), A.

732. — Sur les Alpes.
733. — Repos.
734. — Bord de rivière.

POINT (A.).

735. — Caresse de soleil.
736. — Mélancolie.
737. — Portrait de Mme S. M...

PRINET (R.-X.), S.

738. — Entre amies.
739. — Portrait de Mme de B...
740. — Portrait de Mme S...
741. — En province.
742. — Coin de salon.

PROUVÉ (V.), A.

743. — Chemin creux dans l'oasis de Gabès.
744. — L'Oued Gabès à Menzel.
745. — Douiret.
746. — Portrait de M. L. W...

PUVIS DE CHAVANNES (P.), F.

747. — L'Été (panneau décoratif pour l'Hôtel de Ville).
748. — La Poterie.

749. — La Céramique ; — panneaux décoratifs pour l'escalier du Musée Céramique de Rouen.

R

RAE (I.).

750. — Tête de garçon.

RAFFAELLI (J.-F.).

751. — Les grands arbres.
752. — Autour de la carrière de sable.
753. — Portrait de M. William Dannat.
754. — Le Grand-Père.
755. — L'avenue d'Argenteuil.
756. — La Plaine.

RENAN (A.), S.

757. — Les basses eaux (Algérie).
758. — Le Trou de la lièvre (Algérie).
759. — Portrait de M. Ernest Renan.

REVEL DA SILVA (S.).

760. — Étude.

RIBARZ (R.), S.

761. — Panneau décoratif (pommes de Calville).
762. — Panneau décoratif (potirons).
763. — La ville de Luxembourg.
764. — L'Isle en Hollande.
765. — La Chapelle Saint-Roch à Thiers.
766. — Panneau (choux rouges).
767. — Panneau (coings).
768. — Maison hollandaise au bord d'un canal.

769. — Une Meule de foin en Hollande.
770. — Une Route en Auvergne (Thiers).

RIBOT (TH.-A.), S.
771. — La Tireuse de cartes.
772. — Le Gigot de Pâques.
773. — Les Œufs sur le plat.
774. — Les Récureurs.
775. — Avant l'Église.
776. — Le Livre d'images.
777. — Le Bonnet rouge.
778. — Les Cuisiniers.
779. — Les Cuisiniers.
780. — Mignonne.

RIBOT (L.).
781. — Le Chaudron.

RICHON-BRUNET.
782. — En relâche à Camaret (la soupe).
783. — Portrait.

RIVEY (A.).
784. — Portrait de M. le Dr C...
785. — Pêcheur de Ouistreham.

RIXENS (J.-A.), F.
786. — Portrait de Mme B. d'A...
787. — Portrait de M. S...
788. — Portrait de Mme L...
789. — Portrait de Mme V...
790. — Le Feu (panneau décoratif pour l'Hôtel de Ville).
791. — L'Horizon dans la brume.
792. — Coup de vent.
793. — Marine.
794. — Pochade au soleil.
795. — Les Graves d'Houlgate.
796. — Portrait du Dr F...

ROBERT (P.), A.
797. — Portrait.

ROEDERSTEIN (O.).
798. — Le Mois de Marie.

799. — Portrait de ma sœur.

ROHMAN, S.
800. — A Ecouen.
801. — Valmondois.
802. — Auvers-sur-Oise.
803. — L'Oise près de l'Isle-de-Vaux.
804. — Le Lavoir à Auvers-sur-Oise.
805. — Automne à Auvers-sur-Oise.
806. — Automne à Auvers-sur-Oise.

ROLL (A.-P.), F.
807. — Thaulow et sa femme.
808. — L'Amiral Krantz.
809. — Monsieur Tirard.
810. — Jeunes Filles.
811. — Mère et Enfant.
812. — Polytechnicien.
813. — Étude.

RONDEL (H.), A.
814. — Portrait de M. Arthur Meyer.
815. — Dame en noir.
816. — Philippe (un homme libre).
817. — Portrait de M. M...

ROSSET-GRANGER (E.), S.
818. — Fleur de nuit.
819. — A la Raffinerie (la casserie).
820. — Portrait de ma mère.
821. — Couseuse.
822. — La Montagne de Toulon.

ROTH (C.), A.
823. — Portrait de Mme C. O... et de ses enfants.
824. — Portrait de Mlle M. d'A...

ROUSSEAU (J.-J.), A.
825. — Au jardin.
826. — Nuit tombante (Porte de Châtillon).

RUSINOL (S.)

827. — Michel.
828. — Cimetière Montmartre.
829. — Jardin d'hiver.
830. — Une cour à Montmartre.

RUSKONÉ (A.-V.).

831. — Après l'étude.

S

SÄÄF (E.).

832. — Soir.

SAIN (E.), S.

833. — L'acquaiuolo (Capri).
834. — Le vieux paysan (Capri).
835. — Primo amore (Capri).
836. — Maison à Anacapri (Capri).
837. — Jeunesse.
838. — Vieille vigne (Capri).
839. — Portrait de Mᵐᵉ G...
840. — Portrait de M. Charles Jonglez.

SAINTIN (H.), S.

841. — La femme du jardinier.
842. — Rosée au soleil levant.
843. — Matinée de novembre.
844. — Soir d'octobre.
845. — Le Matin ; — hauteur de Gentilly (panneau décoratif pour l'Hôtel de Ville).

SALLE-ESTRADÈRE (L.).

846. — Étude.

SALZEDO (P.), A.

847. — Le Contrebassiste.
848. — L'heure de l'absinthe.

SANCHEZ-PERRIER (E.).

849. — Janvier.

SARGENT (J), S.

850. — Portrait de jeune garçon.

SCHMID (J.).

851. — Paysanne (tête d'étude).

SCHOT (M.).

852. — Portrait de Mˡˡᵉ Geneviève D...

SCHOUTTETEN (L.).

853. — Matinée d'avril en Flandre.

SCHULLER (J.-C.), A.

854. — Les Ruches.
855. — Bouquet de fleurs.

SÉON (A.), A.

856. — Chimère.
857. — La Mer.

SIMPSON (H.).

858. — « De son fils soldat. »

SINET (A.).

859. — Yvette Guilbert sur la scène.

SISLEY (A.), S.

860. — Le Loing en été.
861. — Avenue de peupliers au soleil couchant.
862. — La Crue du Loing au pont de Moret (matinée de mars).
863. — La Passerelle.
864. — Saules et Peupliers.
865. — A Moret en hiver (les moulins).
866. — L'Orvanne.

SKREDSVIG (C.), S.

867. — Le Fils de l'Homme.

SMITH (A.), S.

868. — L'Été sous bois.

869. — L'hiver sous bois.
870. — Vache sous bois.
871. — Temps de neige.
872. — Étude.

SOCHOR (V.), A.

873. — Aux champs.

STEINHEIL (A.-C.-E.).

874. — Partie de cartes.

STETTEN (C. VON).

875. — Soir à Fiesole.
876. — Le petit Mouleur.
877. — Les Violettes.
878. — Jeune Pêcheur.
879. — Dans la vigne.

STEVENS (A.), S.

880. — Marine (après midi).
881. — Portrait de M. René Péter.
882. — La Lettre.
883. — Le Papillon.
884. — Pensive.
885. — Un beau jour au Tréport.
886. — L'Album.
887. — Ophélie.
888. — Le Matin (Tréport).
889. — Marines (figures au clair
de lune).
890. — La Dame Jaune.
891. — Marine.
892. — Sur la Plage.
893. — Lecture.

STEVENS ET GERVEX.

894. — Quatre esquisses du panorama « *l'Histoire du Siècle* »,
actuellement ouvert au jar-
dins des Tuileries.

SYLVESTRE (J.-N.).

895. — Portrait de M. Eugène
Letellier.

T

TARDIEU-DAN.

896. — En vedette.

THAULOW (F.).

897. — L'Entrée du jardin (hiver).

THEGERSTRÖM (R.).

898. — Soir d'été (Suède).
899. — Soirée de septembre
(Suède).
900. — Sous bois au bord de l'eau
(Suède).

TOULMOUCHE (A.).

901. — Portrait de Mlle C...
901 *bis*. — Un tableau non achevé.

TOURNÈS (E.), S.

902. — Le Dîner.
903. — Coquetterie.
904. — Rose d'automne.
905. — Jeune fille se peignant.
906. — Près du feu.
907. — Convalescence.

TROTTER (M.-K.).

908. — Musiciens.
909. — Le Réveil.

TRUEBNER (G.).

910. — Au bord d'un lac.
911. — Adam et Ève.
912. — Portrait.

U

UHDE (F.-C. DE), A.

913. — Portrait.

URANGA (P.).
914. — Famil Olaric.

V

VAYSSE (M.-L.).
915. — Les Ruines du château de Chinon.

VERSTRAËTE (TH.), S.
916. — Veillée d'un mort en Campine (Belgique).
917. — Dimanche en Zélande.
918. — Le Hâleur.
919. — Sous bois (été).
920. — Marine.

VILLÉON (E. DE LA).
921. — Dans l'île Fleury.

W

WAIDMANN (P.).
922. — Derniers rayons.

WEERTS (J.-J).
923. — M. le comte d'Escherny.
924. — M. le comte R. de la Boutresse.
925. — Mme la comtesse R. de la Boutresse.
926. — Mme X...
927. — M. Dietz-Monnin (sénateur).
928. — M. Pierre Legrand (député).
929. — M. Boucher-Cadart (président à la Cour d'Appel).
930. — M. Paul Ollendorff.

931. — M. Maurice Albert.
932. — M. Georges Nazim.

WENZ (F.).
933. — Lecture.

WERENSKIOLD.
934. — Petits enfants.
935. — Mars (effet de soir).

WHISTLER (J.-M. N.), S.
936. — Portrait (arrangement en noir n° 7).
937. — Marine (harmonie en vert et opale).

WILLIAMSON-BURT.
938. — Intérieur.

WOLF (B.).
939. — Dans une église à Venise.

WYTSMAN (R.).
940. — Matinée de juin (Brabant).
941. — Brumes du matin.

Z

ZAKARIAN, S.
942. — Un panier de prunes.
943. — Fromages et figues.
944. — Verre d'eau et fruits.
945. — Le Jambon.

ZORN (A. L.), S.
946. — Portrait de M. Spuller.
947. — Coucher de soleil.
948. — Brasserie (Stockholm).
949. — Portrait de dame.
950. — Portrait de M. M...
951. - M. F... chez soi.
951 *bis*. — La Valse.

SCULPTURE

AUBÉ (J.-P.).

1270. — Borda lieutenant de vais-
seau, inventeur du sextant
(modèle de la statue érigée
à Dax).

1271. — Le peintre François Boucher (groupe en marbre).

BAFFIER (J.), S.

1272. — La Jeannette (plâtre).

BARGAS (A.).

1273. — Portrait de mon fils Ed-
mond (plaquette vieil argent)

BARTHOLOMÉ (A.).

1274. — Monument funéraire (destiné à supporter un Christ).

BEER (F.).

1275. — M. le comte V.-V de S...
(buste marbre).

1276. — M. X. (buste marbre).

BESNARD (Mme C.), A.

1277. — Jeune fille (buste plâtre).

BORGLUM (J.-G.).

1278. — Mort du Chef.

BOURDELLE (É.).

1279. — Coquelin cadet (buste
bronze).

1280 — Félicien Champsaur (buste
bronze).

1281. — Buste (marbre).

1282. — Buste (marbre).

1283. — Buste (bronze).

1284. — Buste (marbre).

1285 — Groupe en marbre de Pa-
ros.

CHARPENTIER (A.-L.-M.).

1286. — Femme montant dans sa
baignoire (bas-relief plâtre).

1287. — Nourrice (figurine terre
cuite)

1288. — Femme au parapluie (figurine terre cuite).

1289. — Jeune fille à l'arc (bas-
relief plâtre).

1290. — Cinq médaillons : MM. Lau-
mann, Catulle Mendès, R.
Darzens, Lucien Descaves.
Théodore de Banville (terre
cuite).

1291. — Cinq médaillons : MM. P.
Bonnetain, G. Guiches, L.
Hennique, G. Salandry,
Henri Céard (terre cuite).

1292. — Quatre médaillons : Mme
S..., MM. Gabriel Fabre;
L. Gausson. Mlle Eugénie
Meuris (terre cuite).

1293. — Cinq médaillons : MM. Paul
Alexis, J. Janvier, C. D.
Luce, Mlle Syma, L. Bochard
(terre cuite et plâtre).

1294. — Cinq médaillons : Portraits d'enfants (terre cuite et plâtre).

1295. — Cinq médaillons : MM. Legoit, G. Lecomte, G. Damade, Ch. Saunier, P. Wolf (terre cuite et plâtre).

1296. — Cinq médaillons : Mme S..., M. Paul Signac, D. Guillaume, Mlle Deseuilly, Mme J. Antoine (terre cuite).

1297. — Cinq médaillons : MM. Arthur Byl, J. Vidal, J. Julien, Chastanet, G. Ancey (terre cuite).

CORDONNIER (A.-A.), S.

1298. — Buste marbre.

1299. — Fleurs de mort (statue plâtre).

COUTAN (J.).

1300. — Portrait de M. Alphand (buste marbre).

DALOU (J.), F.

1301. — Scène bacchique (projet de fontaine).

1302. — Buste de M. L... (bronze).

1303. — Buste de M. Albert Wolf (bronze).

1304. — Buste de M. H. Lozé, préfet de police.

1305. — Buste de Mme Escandon.

DAMPT (J.).

1306. — Bacchante (bronze à cire perdue).

1307. — Portrait de Mlle Moreno de la Comédie-Française (buste marbre).

1308. — Tête d'enfant ; — étude d'après nature sans mise au point (buste marbre).

1309. — Toute la vie (statuette en bois).

DESBOIS (J.), S.

1310. — Léda (statue plâtre).

ESCOULA (J.).

1311. — Angélique ; — le rêve (buste plâtre).

GRANET (P.), A.

1312. — Psyché (statuette marbre).

1313. — La muse des Girondins (tête ; terre cuite).

1314. — Hermès et Bacchus enfant (groupe bronze).

HOMERVILLE-HAGUE.

1315. — Althea (étude en relief).

HUGUES (J.).

1316. — Une Romaine du Borgo (buste marbre).

1317. — Un tireur (statuette br.).

1318. — Jean-Louis (statuette br. ; cire perdue).

1319. — Rieuse (buste bronze)

1320. — Indolence (statuette plâtre).

1321. — Buste de M. Ernest Reyer (terre cuite).

1322. — Femme jouant avec son enfant (groupe marbre).

1323. — L'Immortalité (statue br.).

INJALBERT (J.-A.).

1324. — Mélancolie (statue marbre).

1325. — Enfant au poisson (fontaine, marbre),

1326. — M. E... (buste terre cuite).

1327. — M. F... (buste terre cuite).

1328. — Tête de femme (buste bronze ; cire perdue).

1329. — Nymphes et satyres (bas-relief bronze ; cire perdue).

1330. — Nymphes et satyres (bas-
relief terre cuite).

1331. — Le Colonel A... (buste br.;
cire perdue).

JOUANT (J.), A.

1332. — Portrait de Mme Séverine
(buste plâtre).

LE DUC (A.-J.), A.

1333. — « Range ton pied » (scène
normande; — plâtre).

1334. — Sanglier au ferme (plâtre).

1335. — Buste de M. Taine (marbre).

LENOIR (A.), S.

1336. — Statue de Mme la princesse
de Salerne (marbre).

1337. — Mendiante (statuette plâtre).

1338. — Buste de M. Albert Lenoir (plâtre).

1339. — Médaillon de M. Jules de
Goncourt (bronze).

1340. — Statue de la Force (plâtre).

MEUNIER (C.), S.

1341. — Faucheur (statue plâtre).

1342. — Christ (bronze).

1343. — Mineur (bronze).

1344. — Le Grisou (groupe br.).

1345. — Abatteur (bronze).

1346. — Pêcheur de crevettes.

MULOT (A.-F.).

1347. — Armide (statue marbre).

1348. — Au Hammam (étude br.).

NIEDERHAUSERN-RODO (A. DE).

1349. — Génie de l'Avalanche (partie d'un ensemble).

NOEL (T.).

1350. — Orphée (bronze).

1351. — Buste du Dr F... (bronze).

ORLÉANS (P.-J.).

1352. — Portrait de M. Félix A...
(plâtre).

PETER (V.).

1353. — Rêverie de Muse (marbre).

1354. — Le lion et le rat (marbre).

PROUVÉ (V.).

1355. — Au Crépuscule (panneau
décoratif, pâtes colorées).

RAFFAELLI (J.-F.).

1356. — Le Remouleur (bas-relief
bronze, fondu à cire perdue
par Gruet).

1357. — Buste de vieux (bronze,
fondu à cire perdue par
Gonon.

RINGEL D'ILLZACH, A.

1358. — Marie Stuart (statue
plâtre).

1359. — Cadre contenant sept médaillons (terres cuites et
bronze).

1360. — Médaillon bronze.

1361. — Médaillon bronze.

ROCHE (P.).

1362. — Projet de monument à
Danton.

1363. — Projet de monument à
Carnot.

RODIN (A.), F.

1364. — M. P. Puvis de Chavannes
(buste plâtre).

STREIT (L.).

1365. — Buste de M. M...

1366. — Portrait de M. G...

1367. — Buste de M. F...

VALLGREN (V.).

1368. — Amour maternel (groupe en marbre patiné, commandé par l'État).

VAUCANU (E.).

1369. — Femme normande morte (bronze).

VERNIER (E.-S.).

1370. — Un cadre contenant onze objets (médailles, médaillons et plaquettes.

VITAL-CORNU.

1371. — Portrait de M. le Docteur Levraud, président du conseil municipal de Paris (buste plâtre).

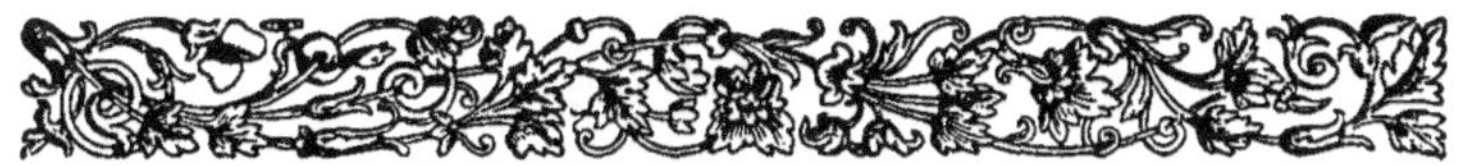

TABLE DES MATIÈRES

PEINTURE

SCULPTURE

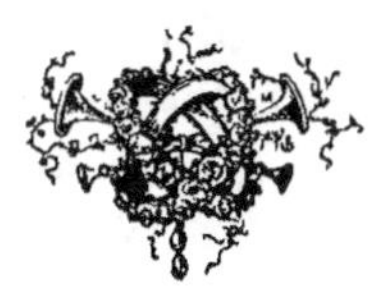

Portrait de Gounod — Portrait of Gounod.

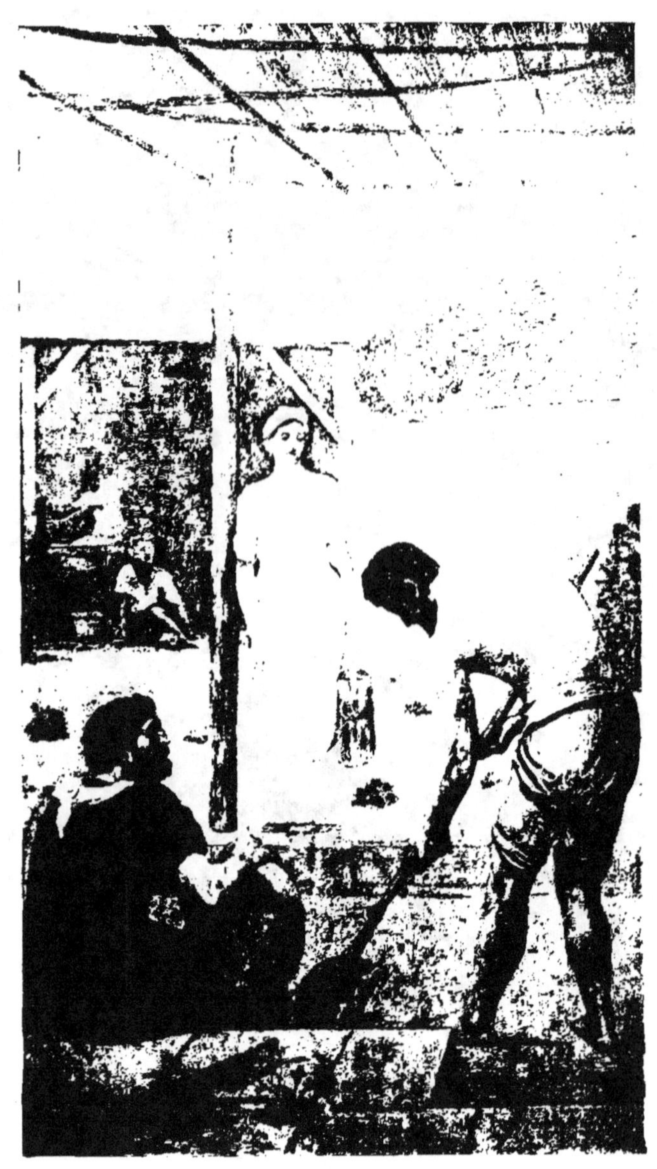

Puvis de Chavannes. 8. La céramique. — Ceramic.

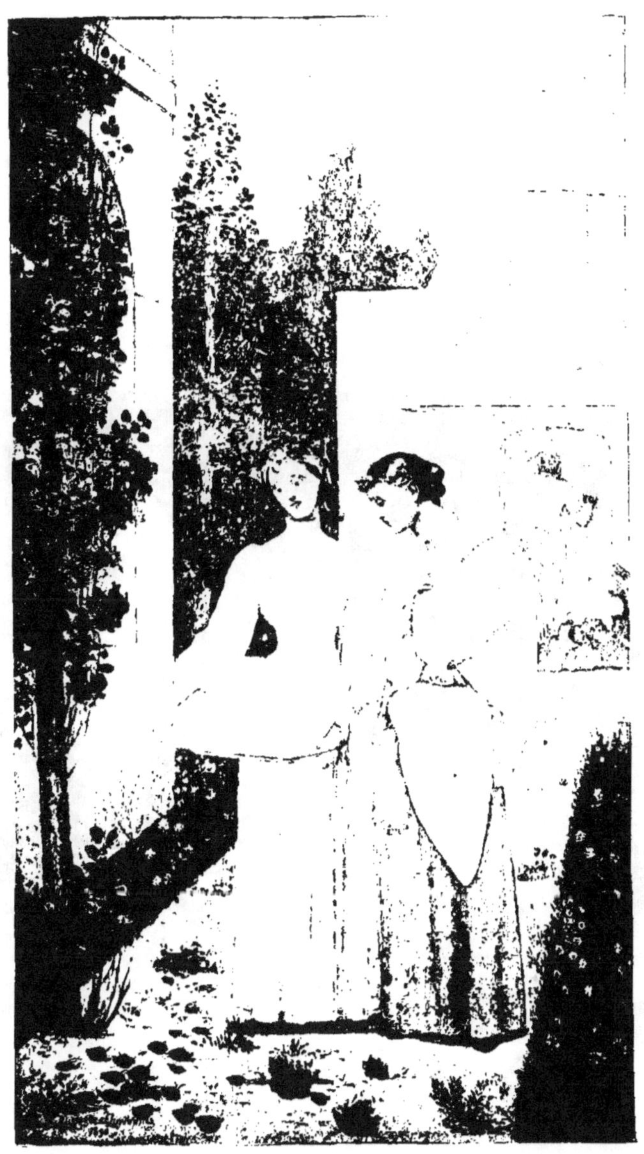

PUVIS DE CHAVANNES. S. *La poterie.* Earthenware.

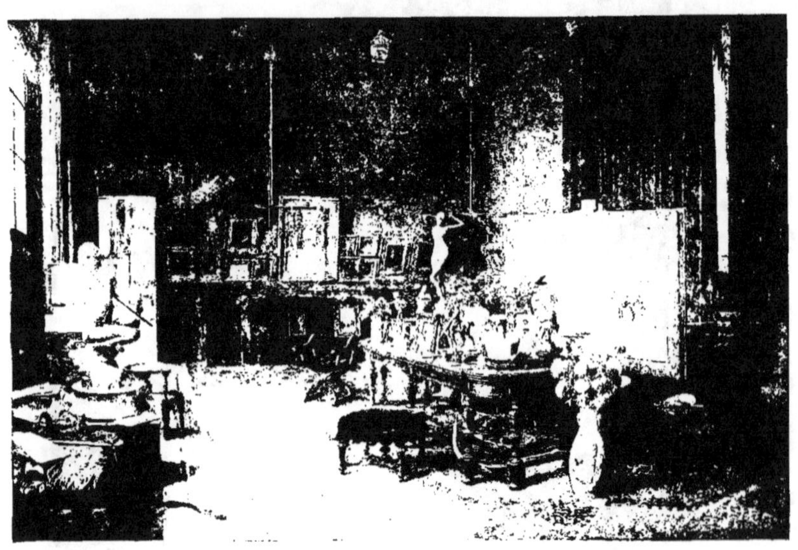

Héliogravure A... Atelier de M. E. Meissonier.   Mr. E. Meissonier's studio.

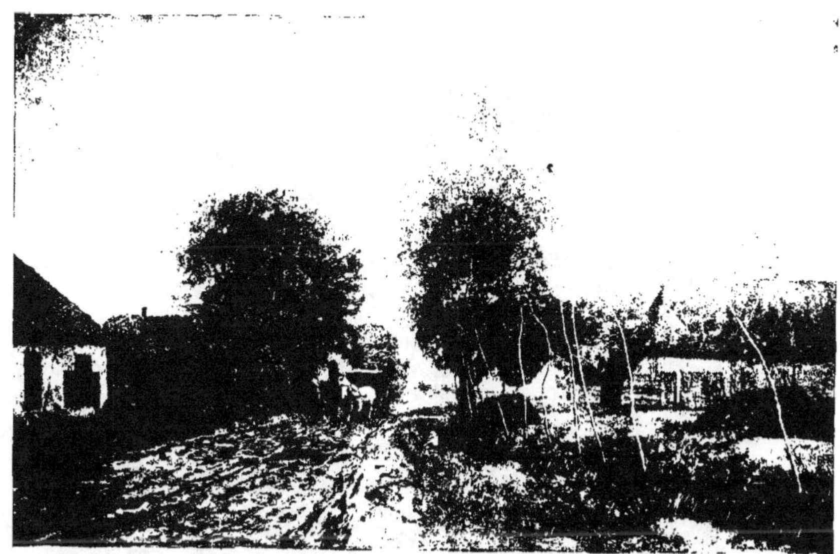

Fig. 5. Route de village (Hollande septentrionale). — A village road (Northern Netherlands).

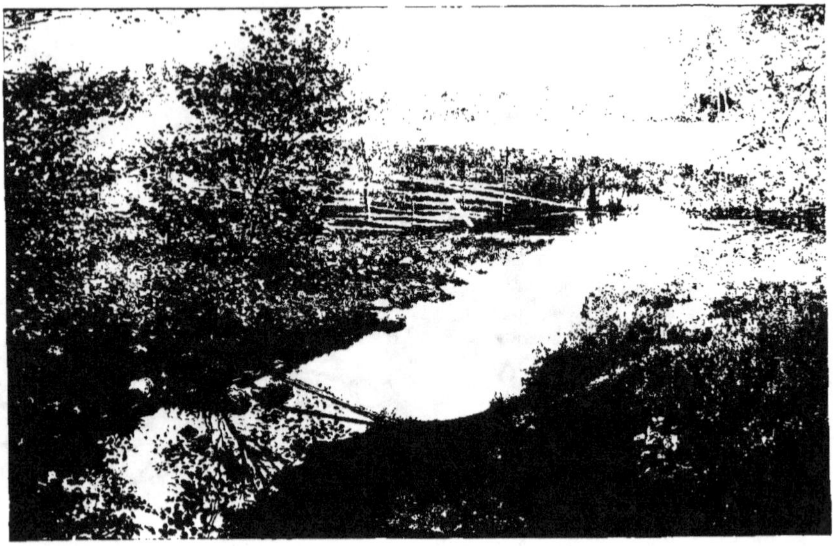

Thegerström. *Soir d'été.*   *Summer evening.*

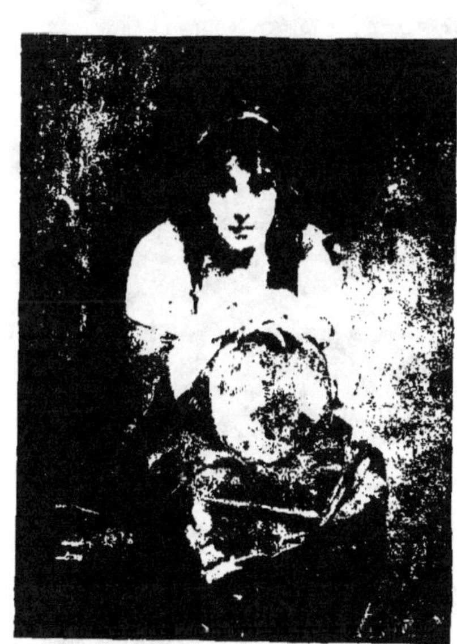

L. DESCHAMPS. S. *Gilda*

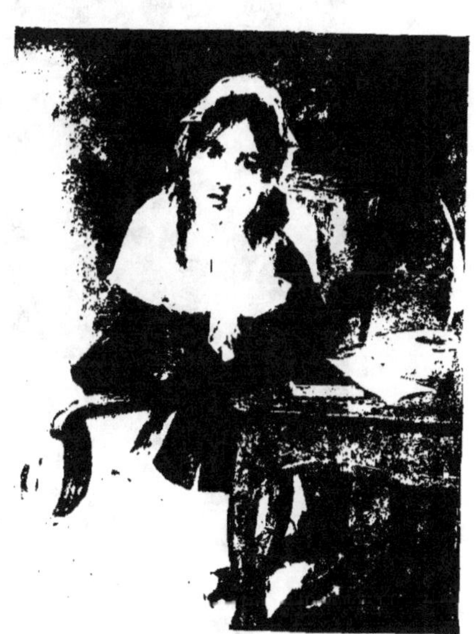

L. DESCHAMPS. S. *Fabienne*.

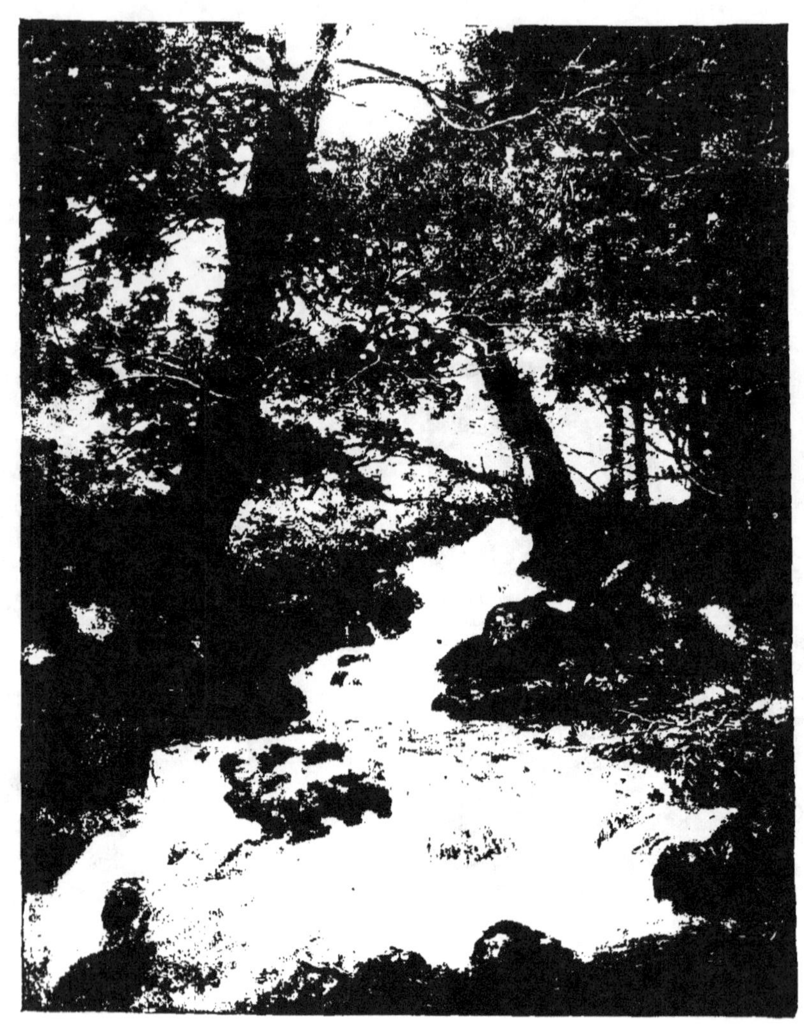

KREUPER. *Torrent.*

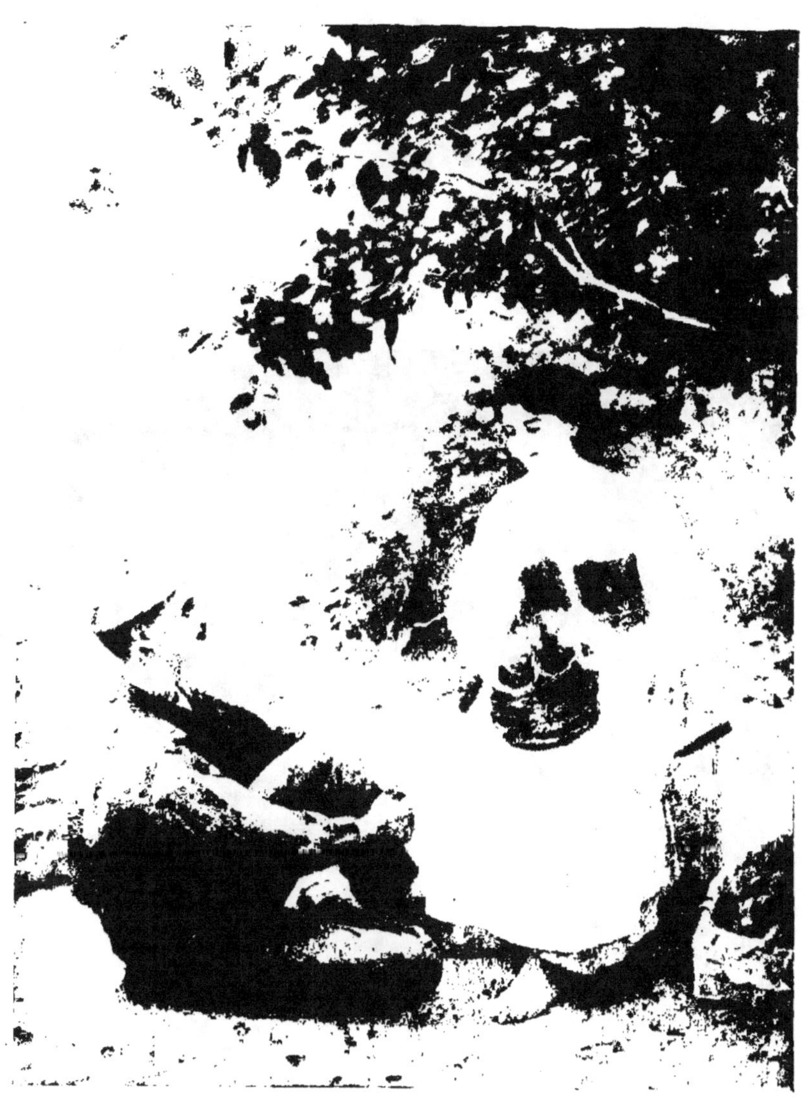

9

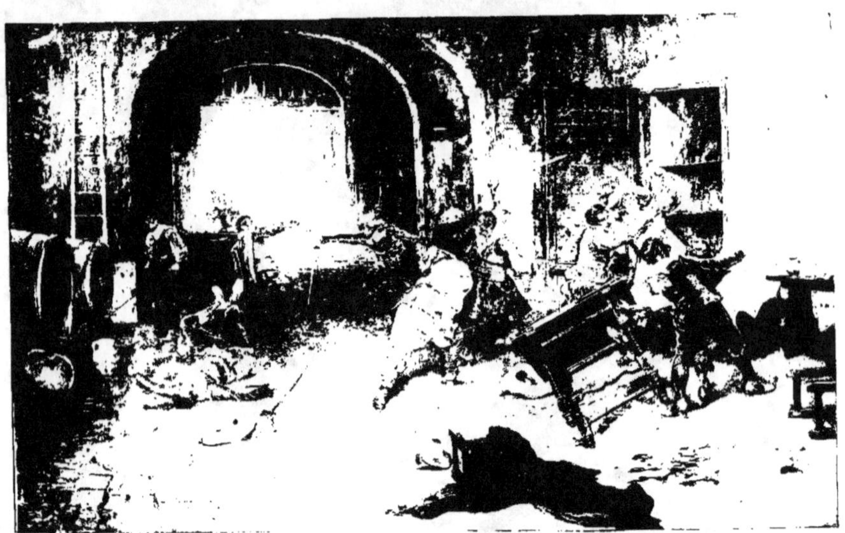

Musée ... Le cabaret — At the public house

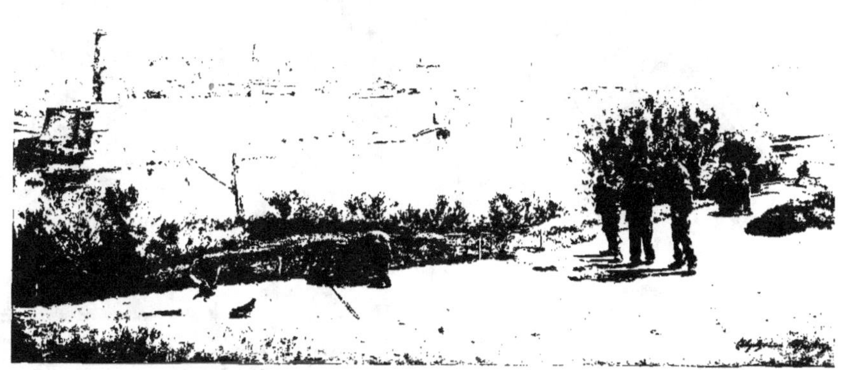

M⁰ ⱼₗₗ. A. S. Entrée du port de Marseille.   Entrance of Marseille's harbour.

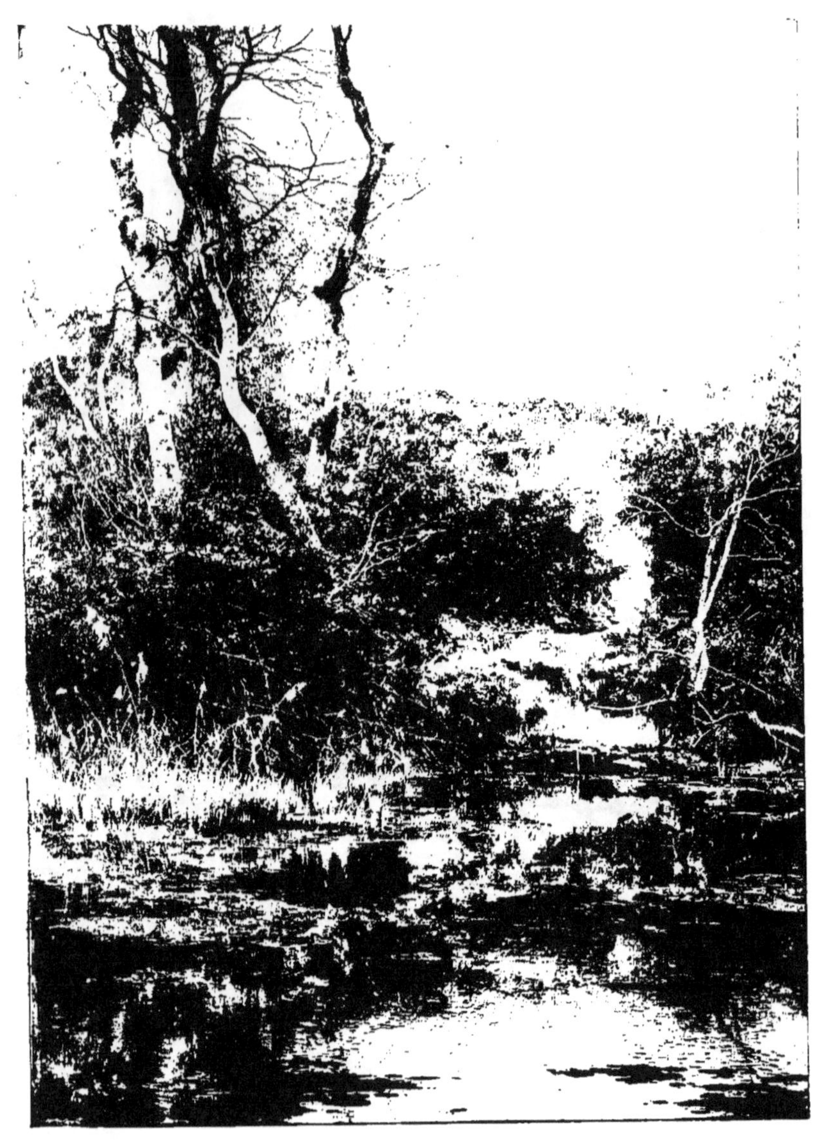

Sanchez Perrier. *En janvier. — In January.*

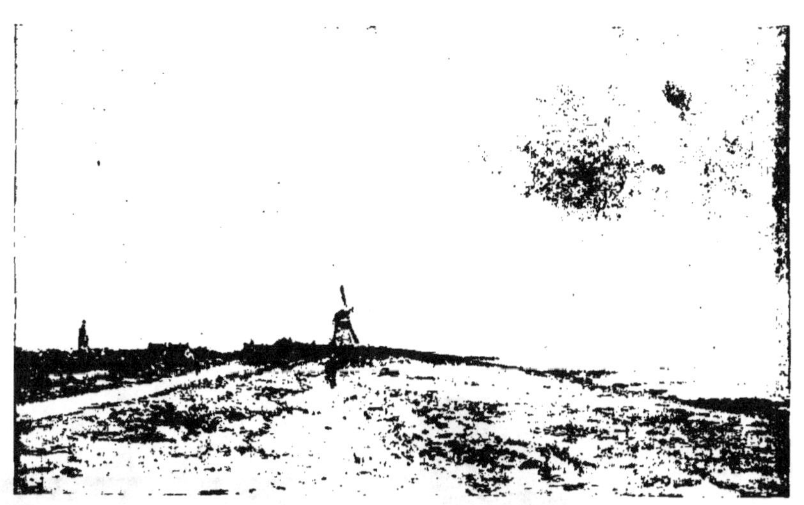

Israël. 8 Septembre. *La Hague.* *September* *La Hague.*

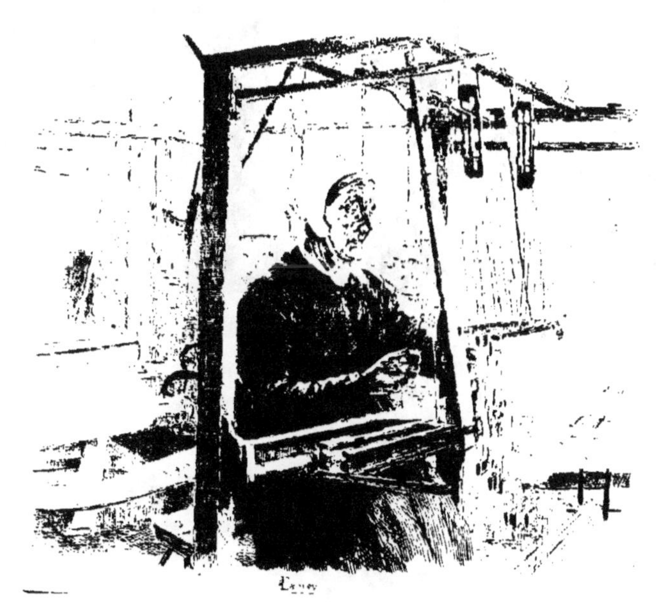

Decamps. *Tisseuse.* *A weaver.*

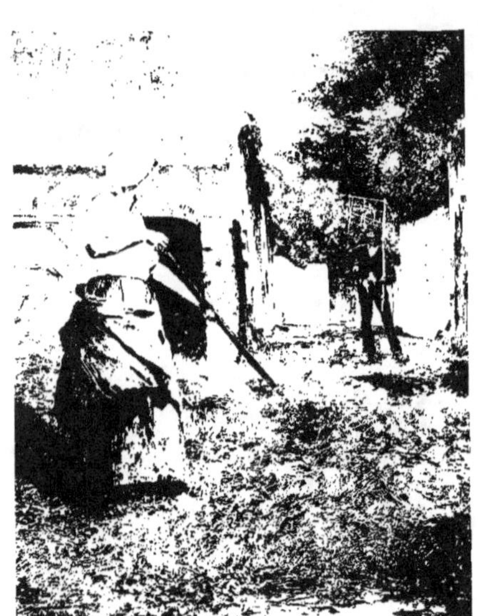

JIMENEZ. Une fille de ferme. — A farm-house maid.

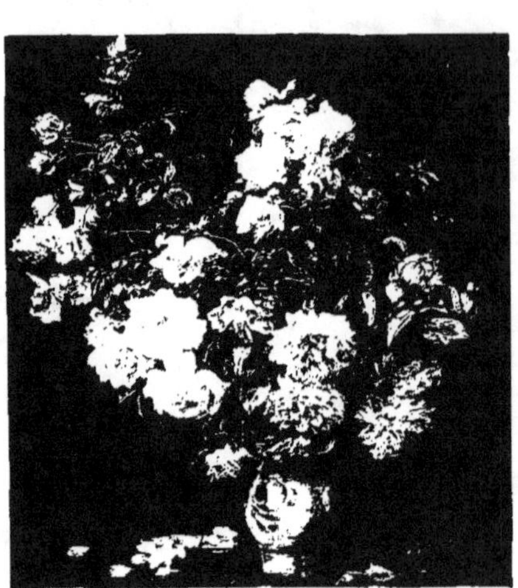

KREYDER. Roses.

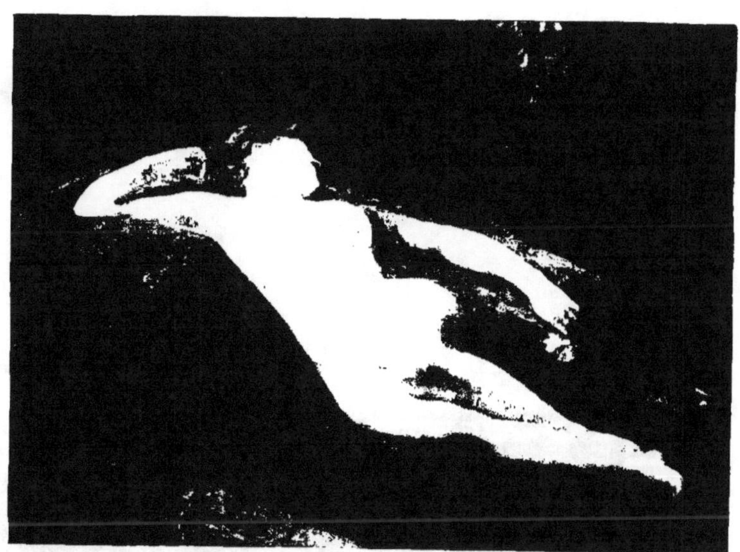

CAROLUS DURAN. S. *Danae.*

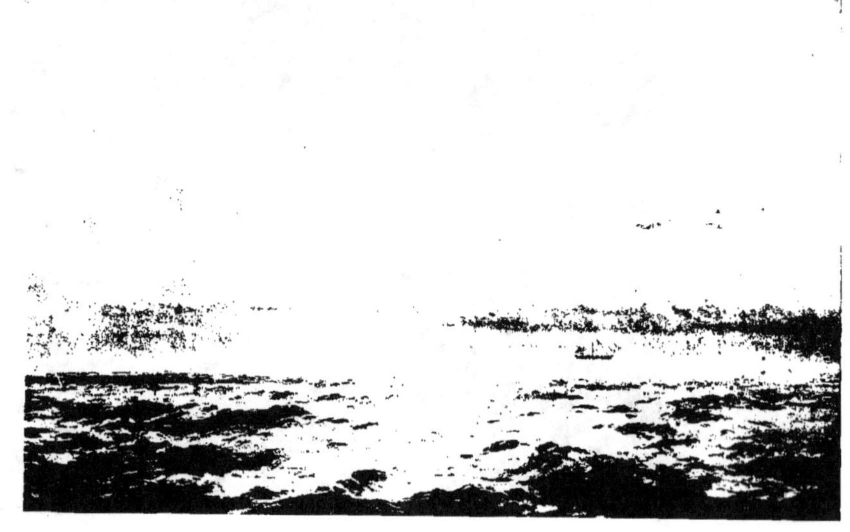

MOORE, S. — La pleine mer, étude à la voile. — Out at sea, study in a sailing cruise.

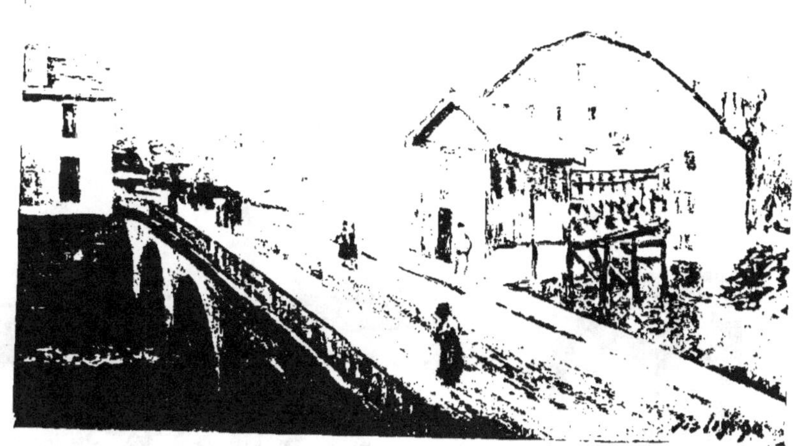

SISLEY. **S.** *La crue du Loing.* — *Loing's flood.*

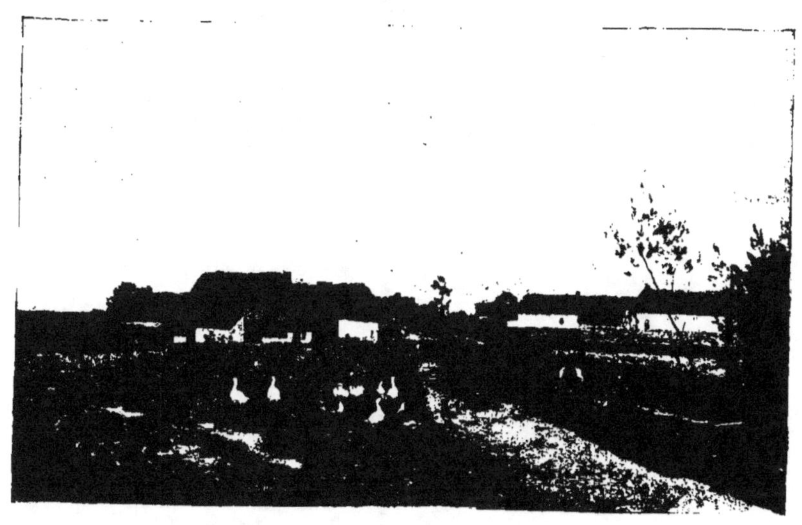

JETTEL. **S.** *Oies devant des chaumières.* — *Geese and cottages.*

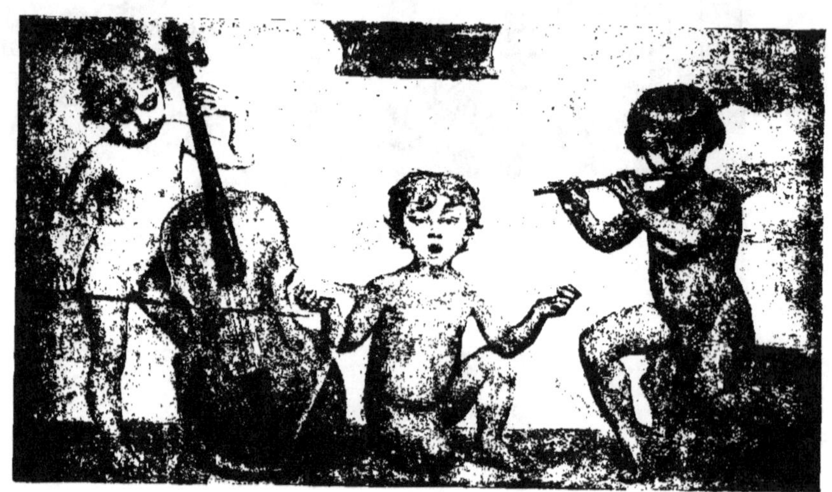

AQUAR. 8. La musique.   Music.

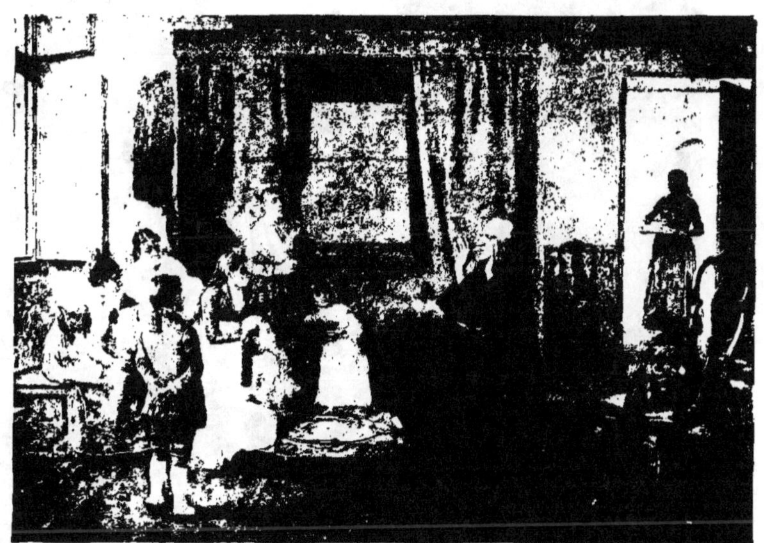

LHERMITTE. *Autour du brasero.* — *Round the stove.*

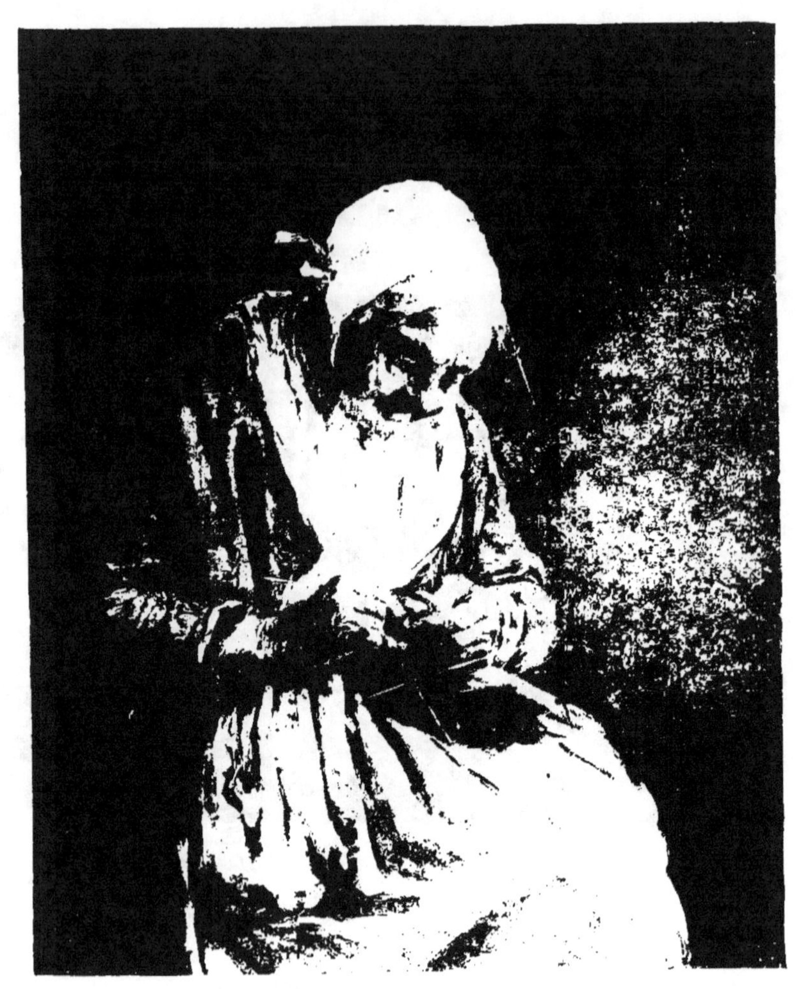

MILLET A.   S. Vieille tricotant. — Old woman knitting.

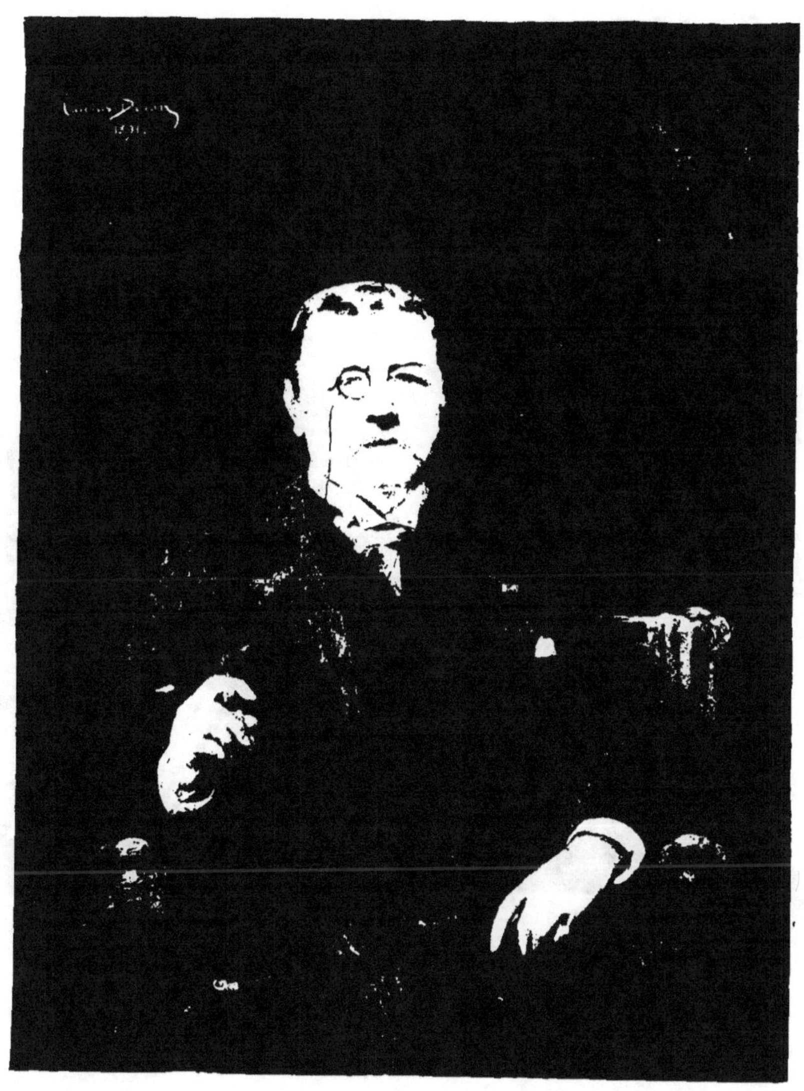

CAROLUS DURAN. **S.** *Portrait du baron d'O.* — *Portrait of the baron of O.*

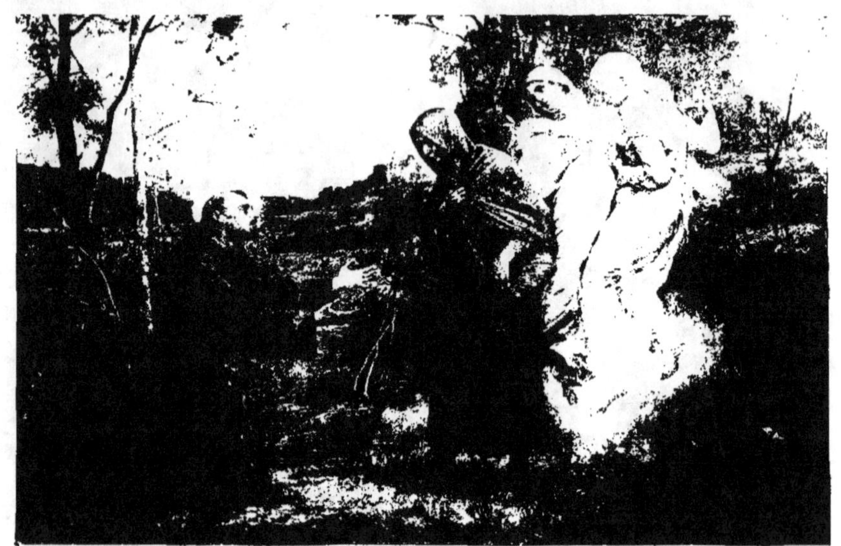

Laron Fr. **A**. *Saint François.   St Francis.*

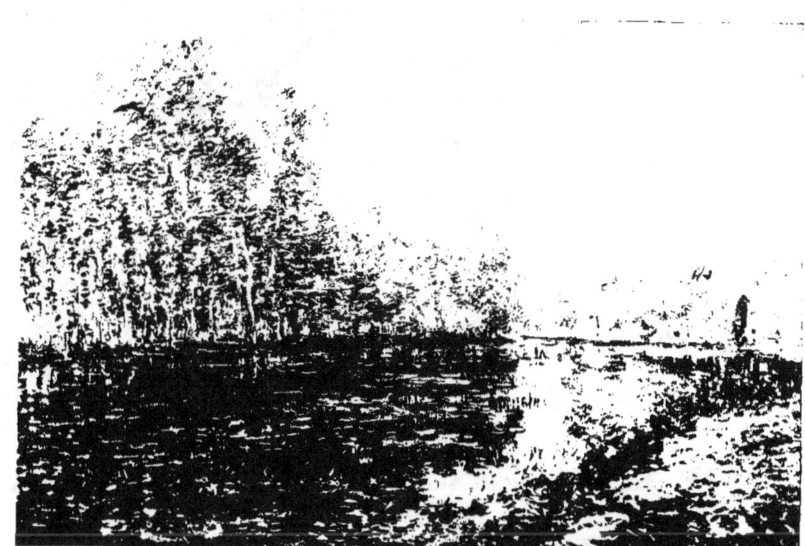

SISLEY. **S.** *Le Loing en été.   The Loing in summer-time.*

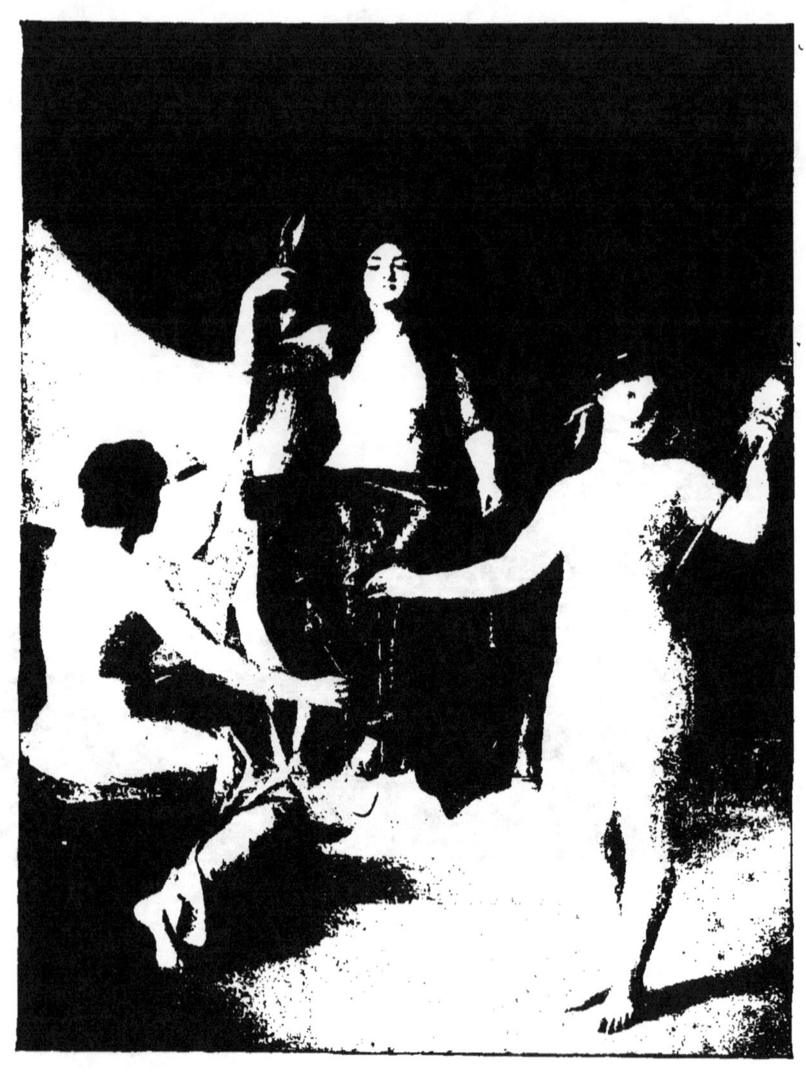

Robbins 1... **A.** *Trois Parques. — The three Fates.*

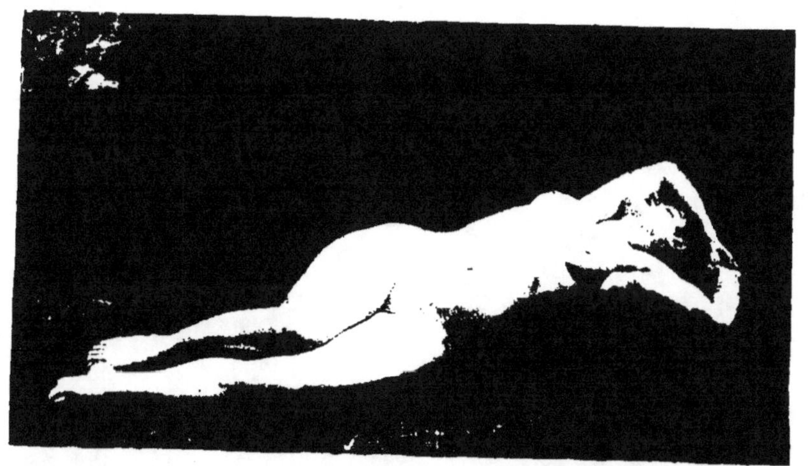

PARROT. *Bacchante endormie.* — *A sleeping bacchant.*

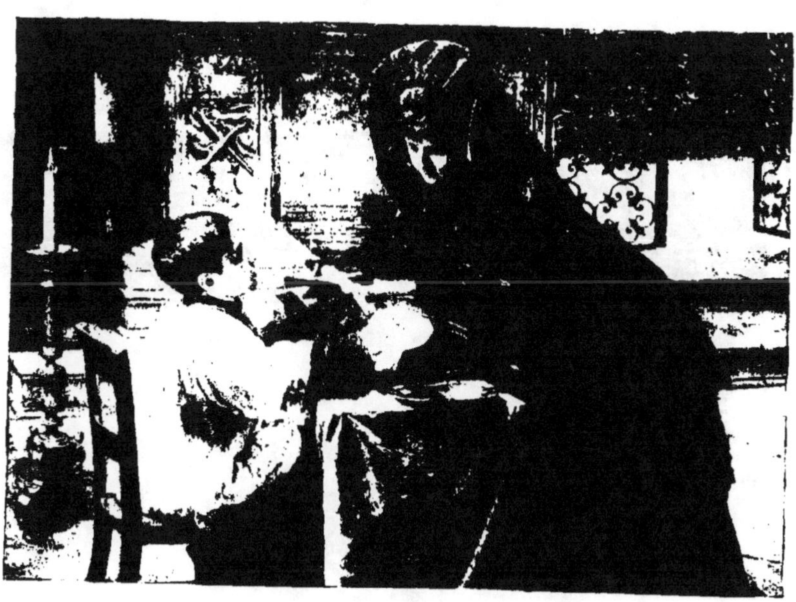

HOFER. *Vendredi Saint.* — *Good friday.*

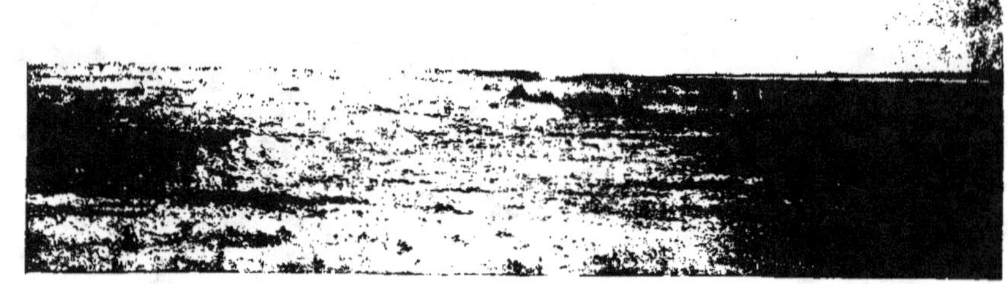

Iwill, S. *Le matin dans la dune.* — *The morning in the downs.*

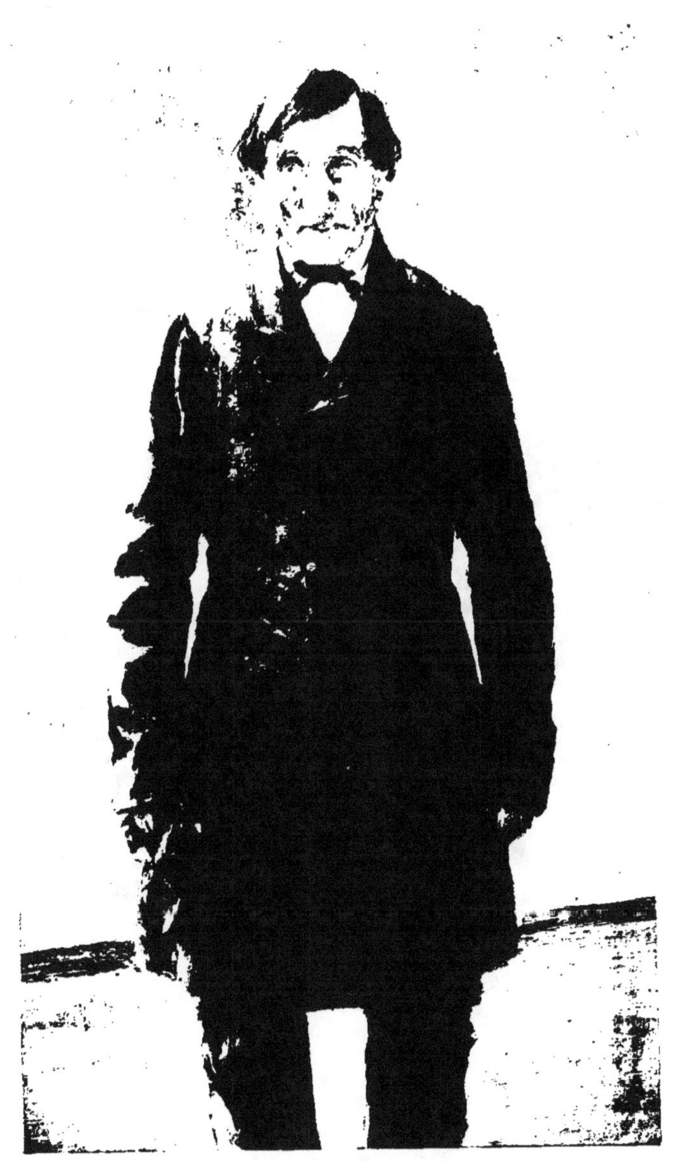

Eug. Carrière. *Portrait.*

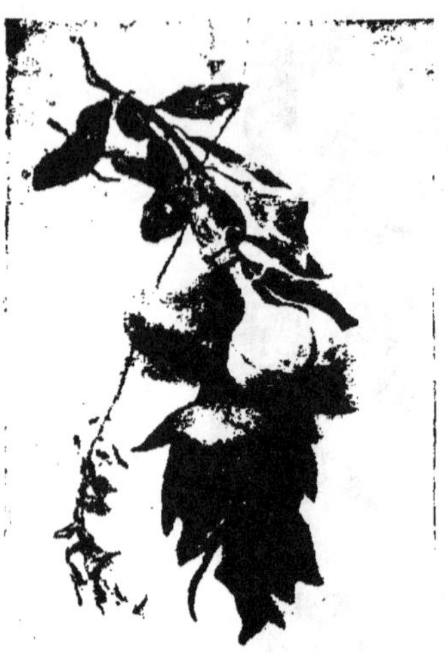

Guillemin. *Bouquet de cuisine.*
A kitchen bunch.

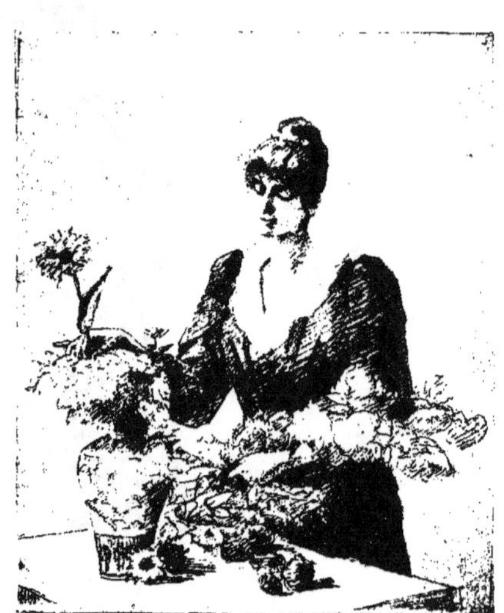

J. Béraud. *A Portrait.*

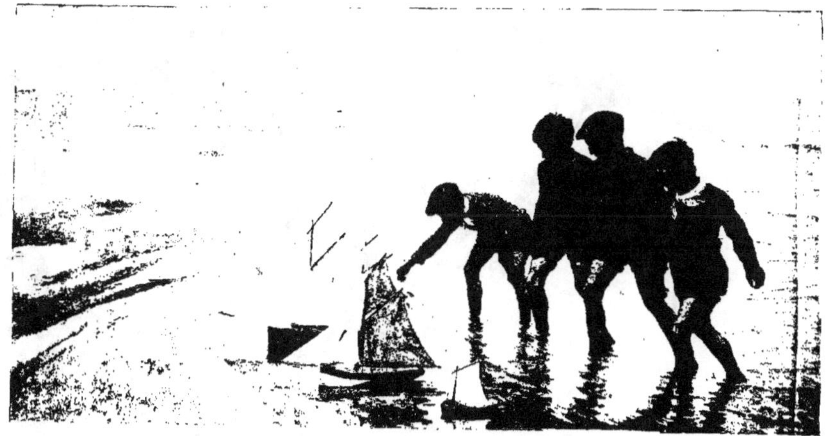

Aquarelle. S. Les petits matelots.   The little sailors.

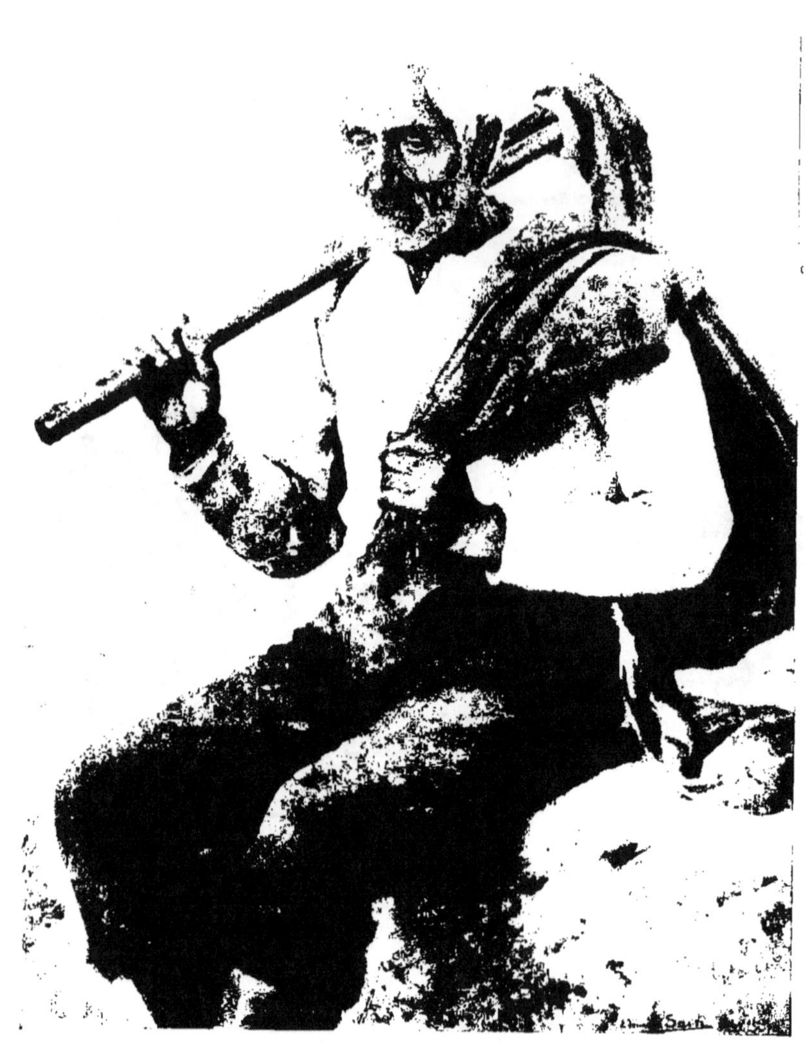

Sans. S *Le vieux paysan Capri .   The old peasant.*

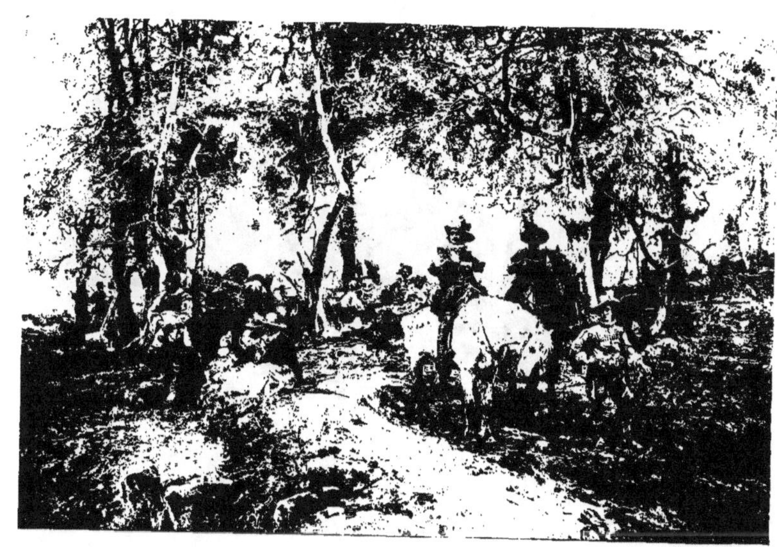

Detaille. Avant-poste.   An out-post.

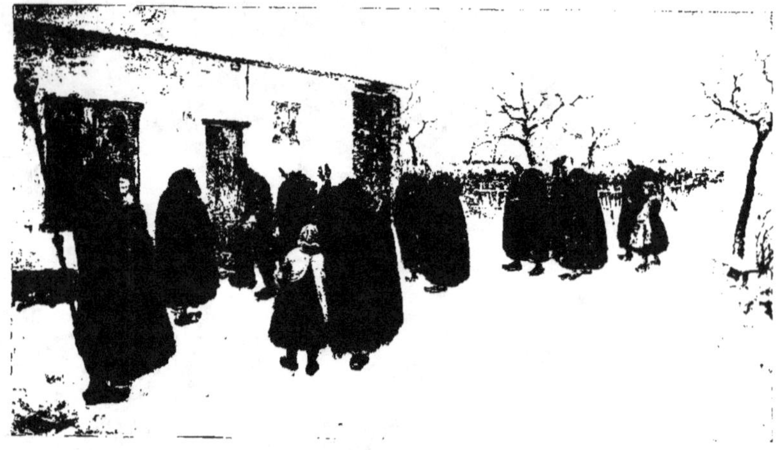

VISTOREAU. S. Dimanche en Zélande. — Sunday in Zeeland.

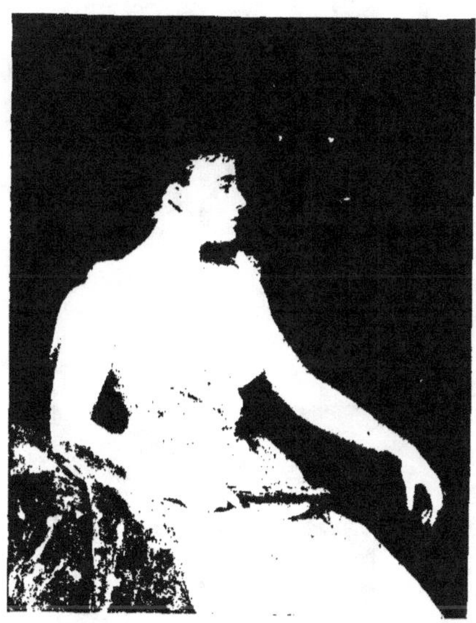

ELL-ROBBINS L... **A.** *Portrait.*

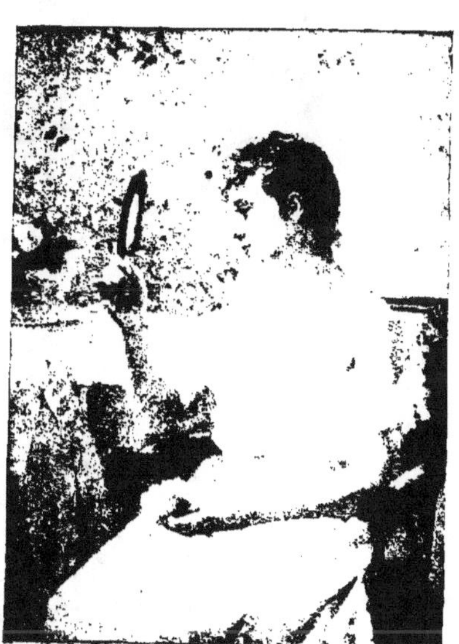

M... L. FERRIER **A.** *[illegible]*

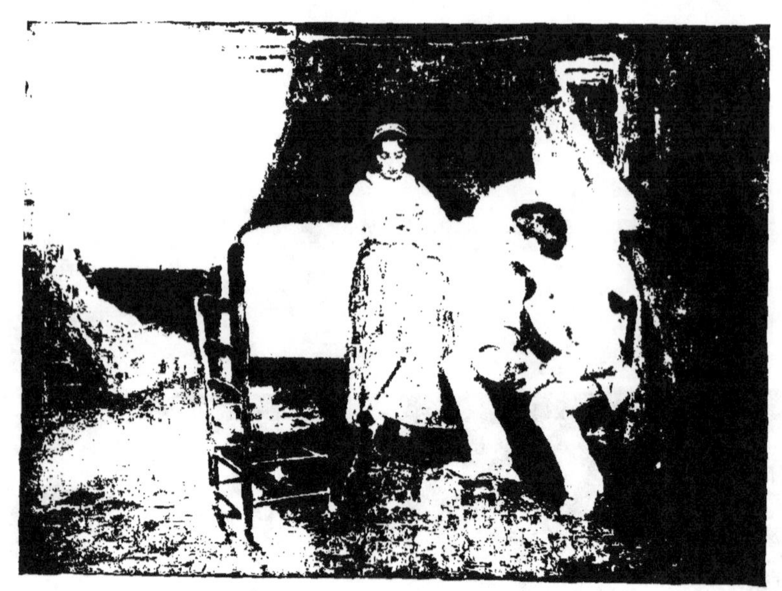

DELACHAUX. *Le fils du Meunier.* — *The miller's son.*

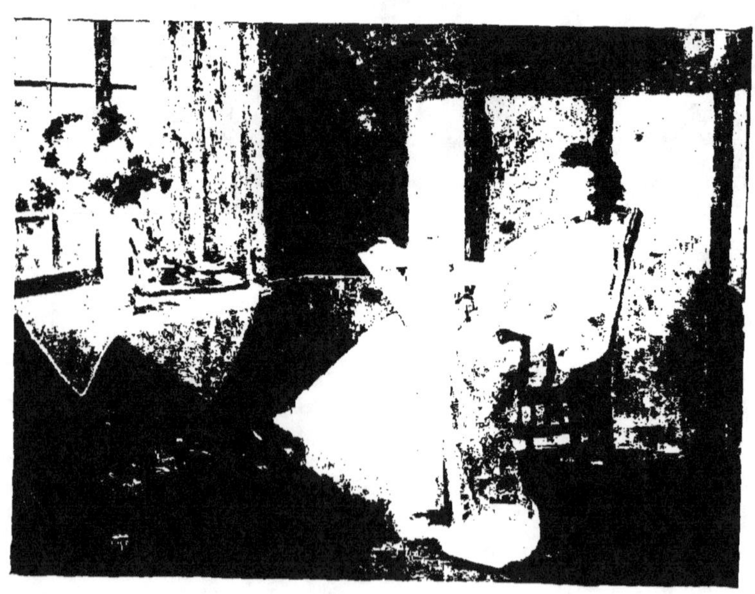

MAREST. *Jeune femme.* — *A young wife.*

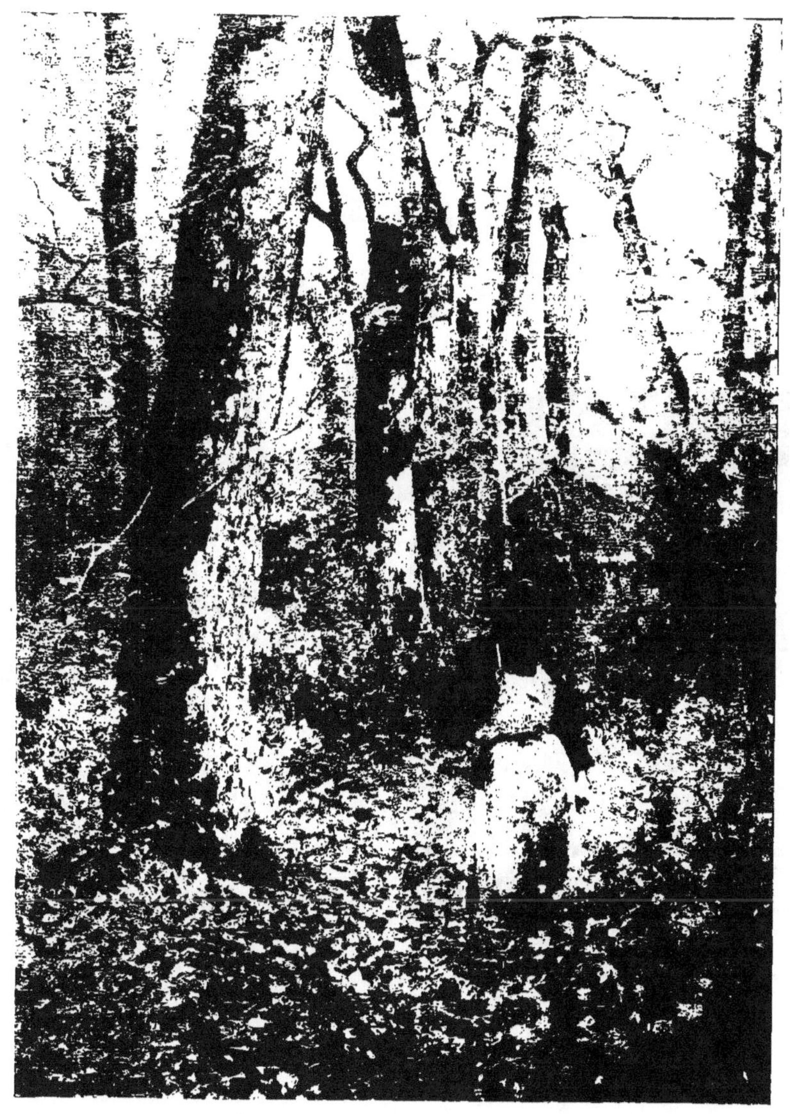

Smith, S. *L'été sous bois. — Woodland in summer-time.*

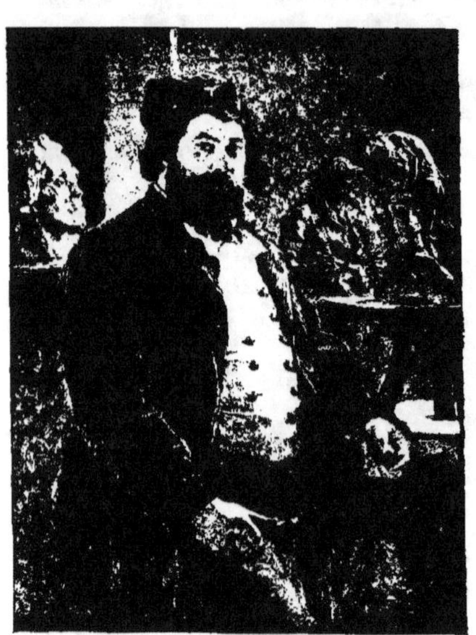

FLOQUET, *Portrait.*

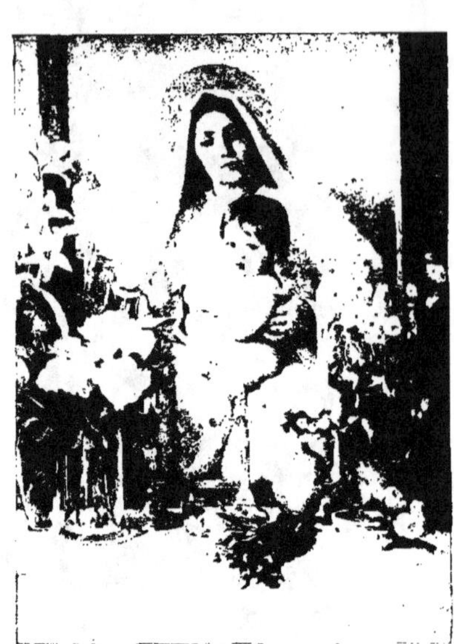

RILDERSTRAS. *Le mois de Marie.*
Saint-Mary's mouth.

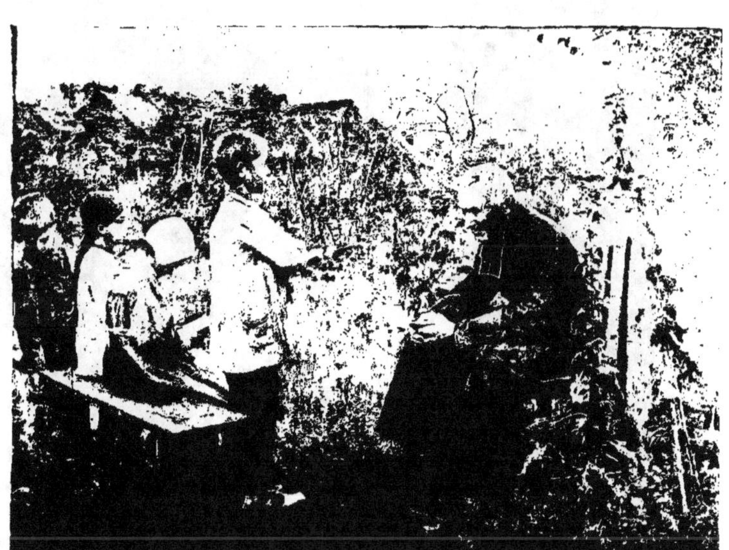

MISSION S. *Le catéchisme.* — *Sunday-school*

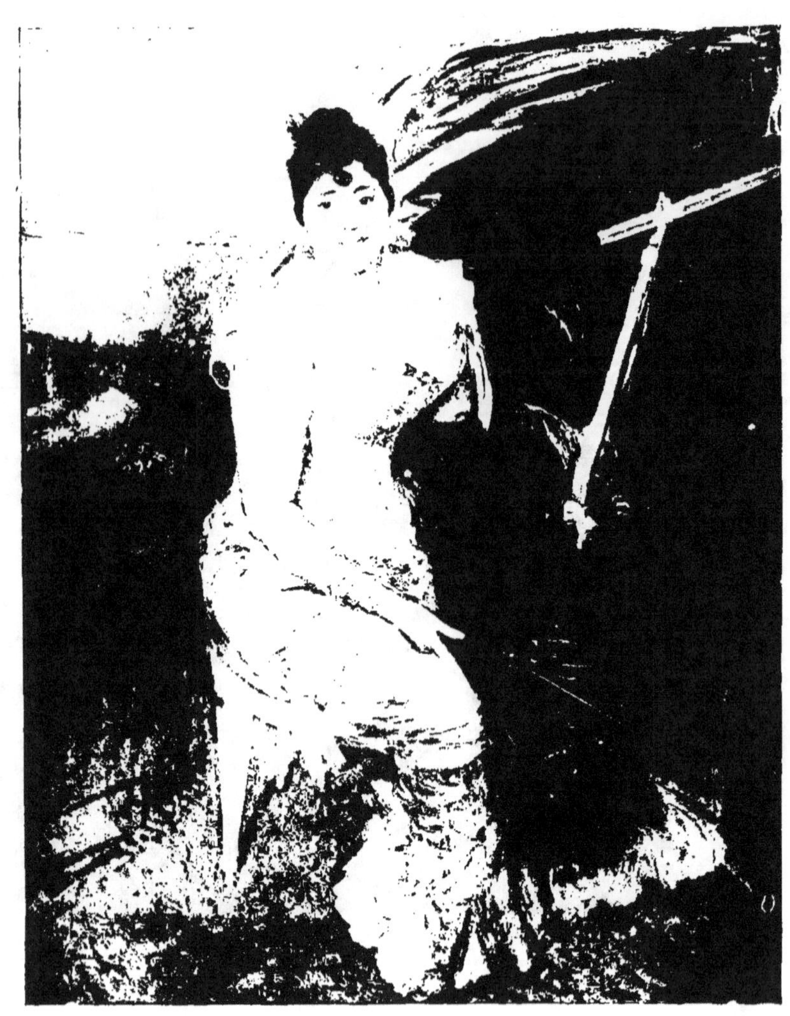

BOLDINI. *Portrait de Mᵐᵉ S.* — *Mrs. S., a portrait.*

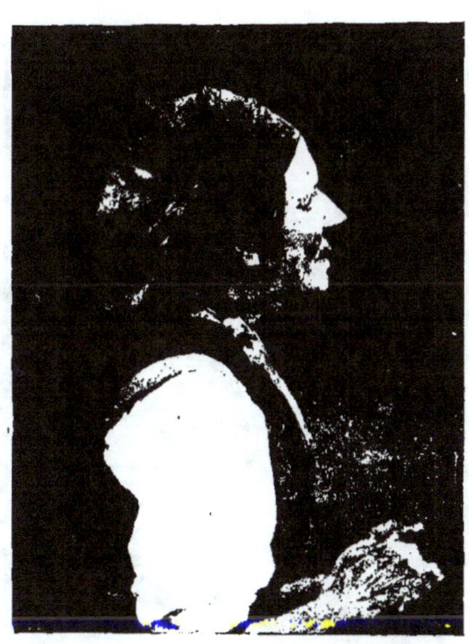

Schwab. *Vieille paysanne.* — *An old peasant-woman.*

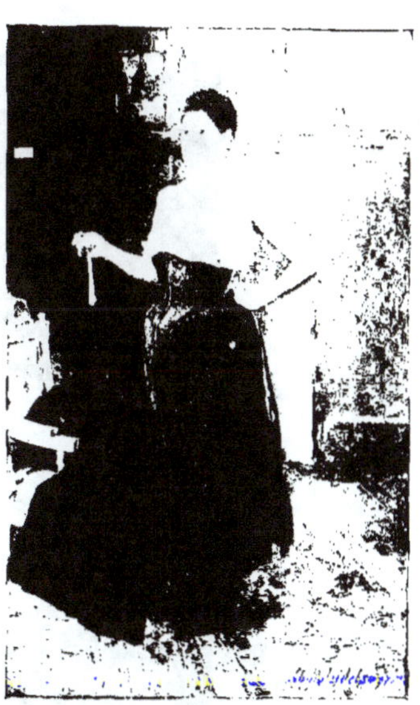

Jensen s. *Après la séance.* — *Over!*

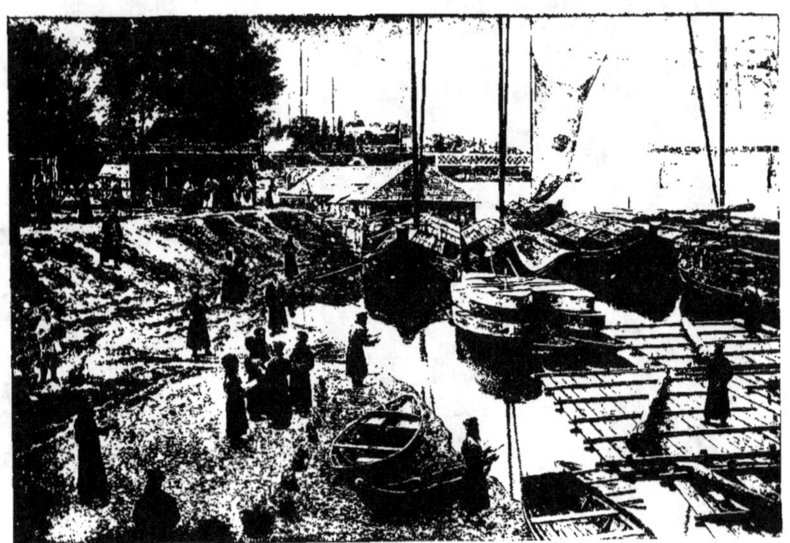

GHERYMSKI. *Juifs polonais.* — *Polish jews.*

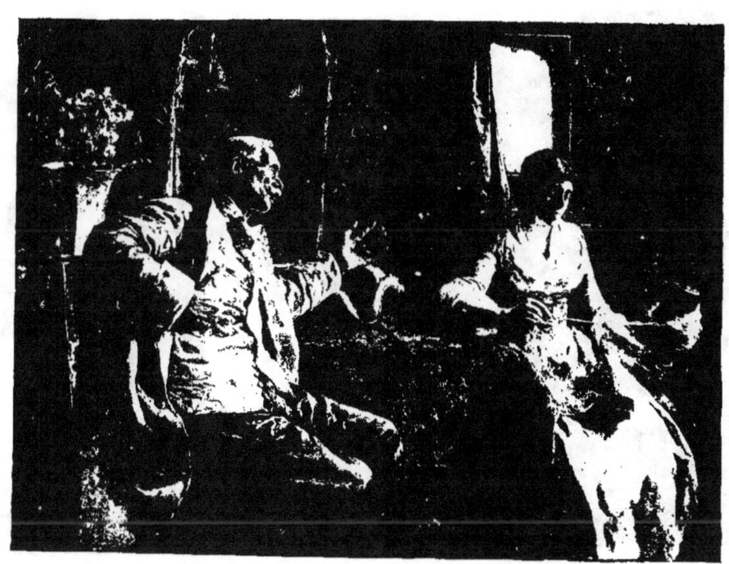

Brunin, *Été de la Saint-Martin.* — Back-Summer.

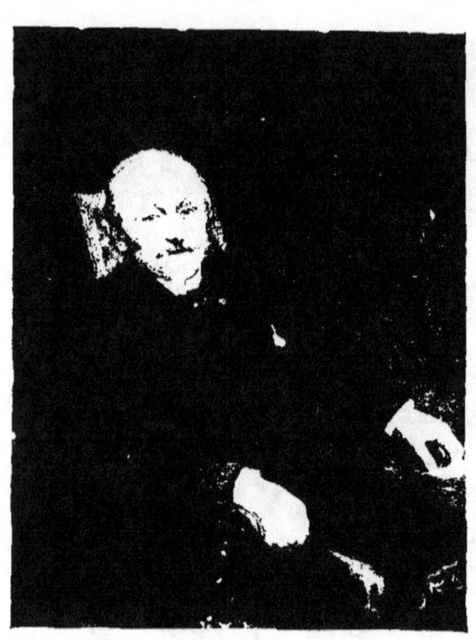

WEERTS. *Portrait de M. Dietz-Monin.*

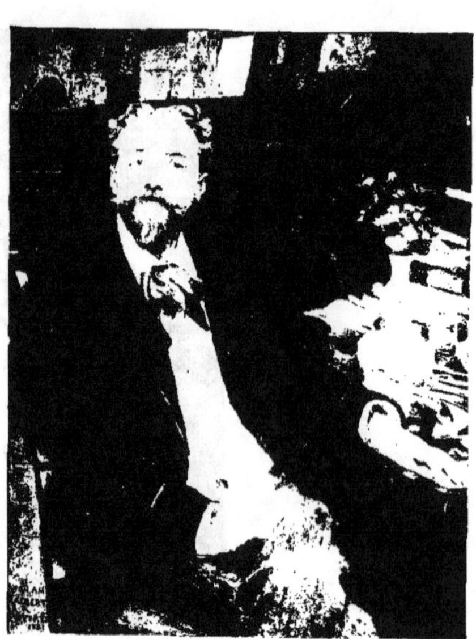

WEERTS. *Portrait de M. Mèert.*

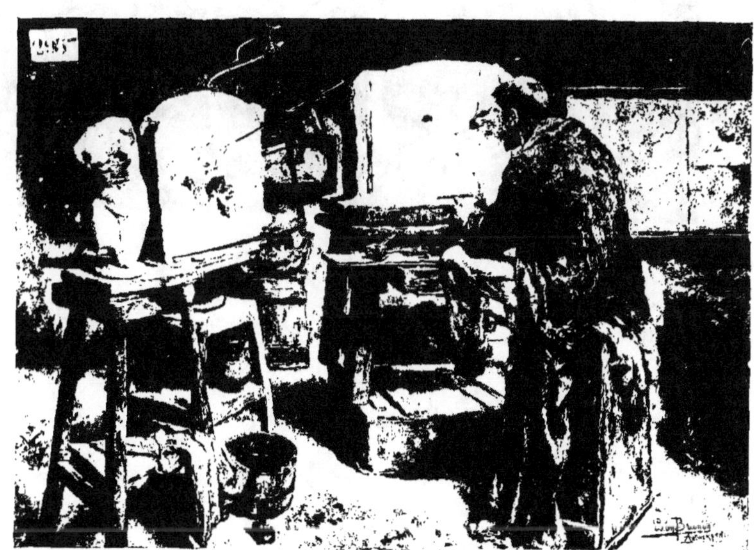

Dessin. *Sculpteur.* — *A sculptor*

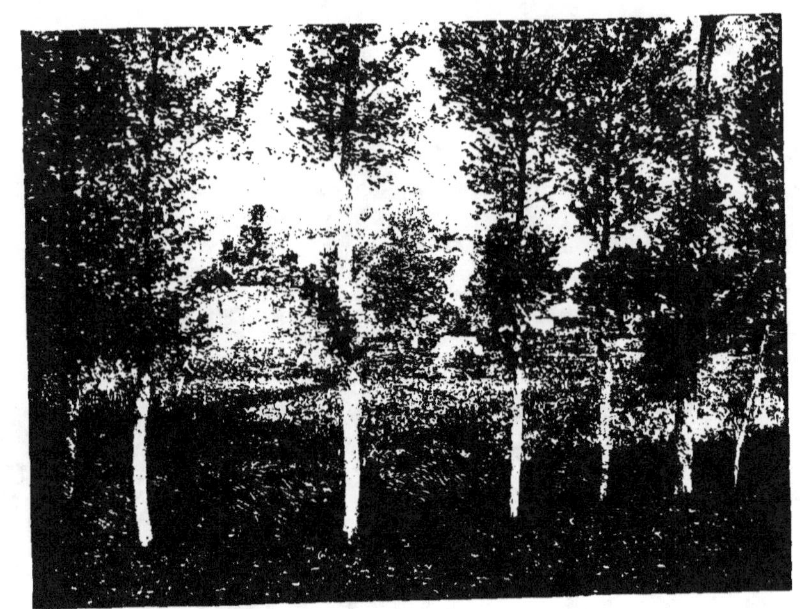

WEYERMANN. *Matinée. — Morning.*

CHAMPEAUX. *L'île des Arméniens. — The island of the Armenians*

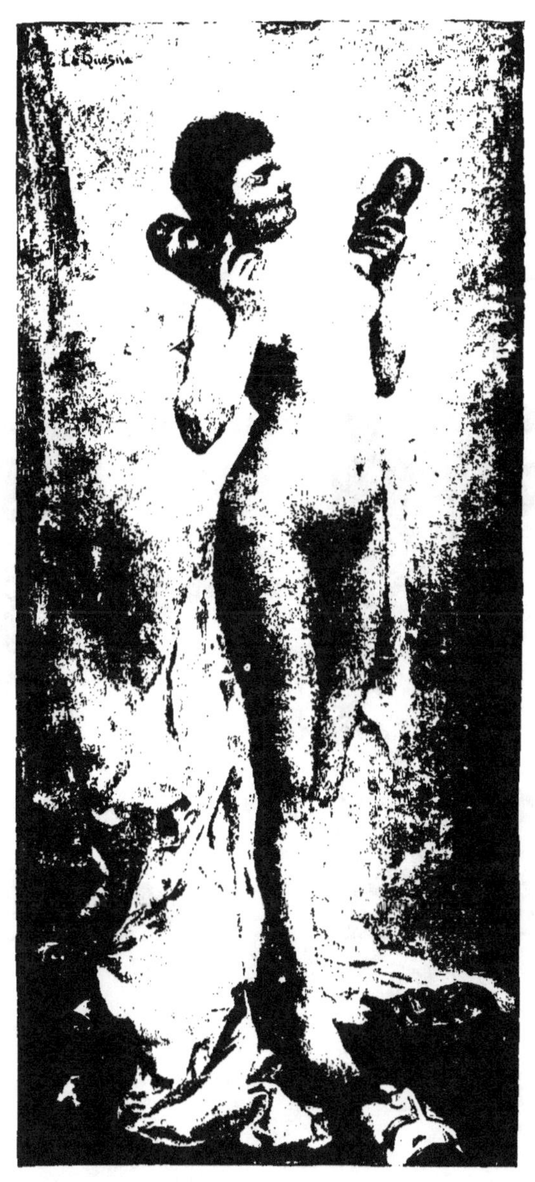

Le Quesne. *La femme aux masques.*
The woman with the masks.

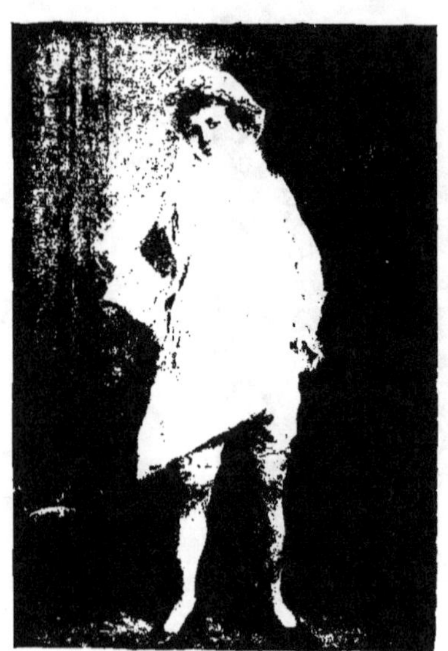

CALLOT. *Portrait.* — *A portrait.*

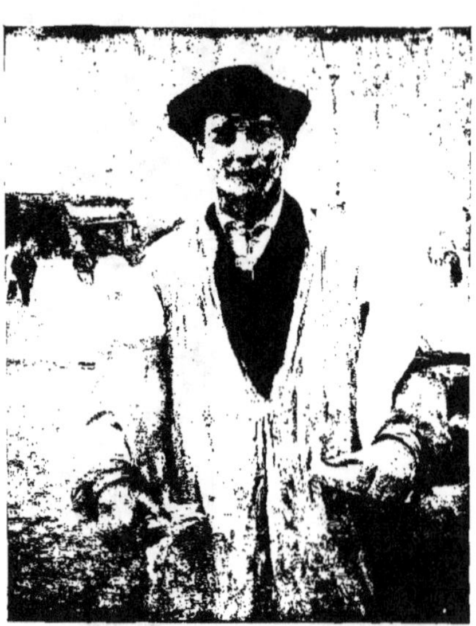

VON STETTEN. *Le petit mouleur.* — *The little moulder.*

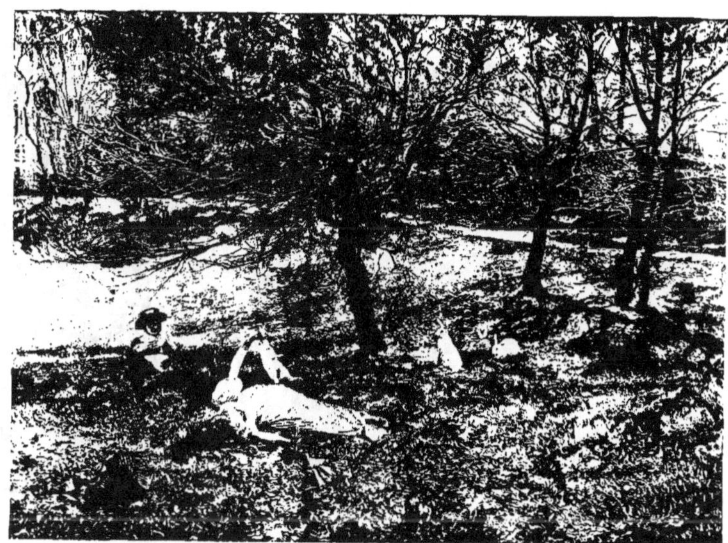

GRÖNVOLD, *Paysage.* — Landscape.

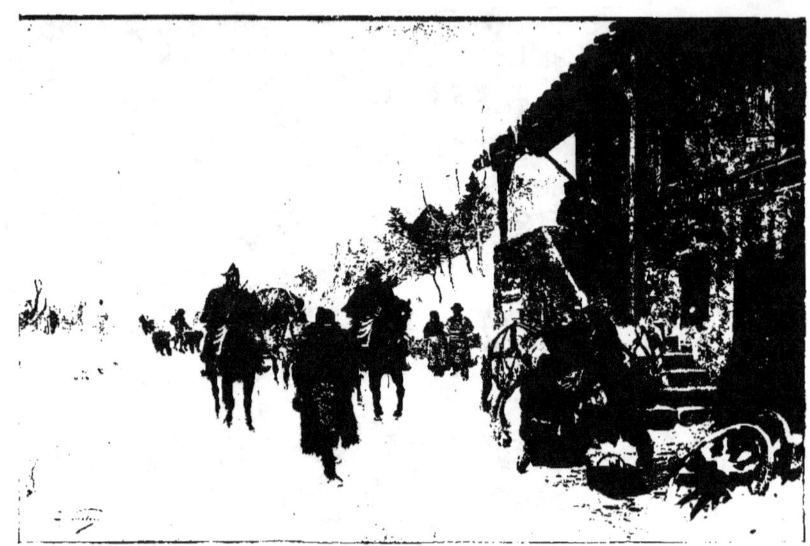

Castres. *Conduite à la frontière. — Conveyd out of the land to the border.*

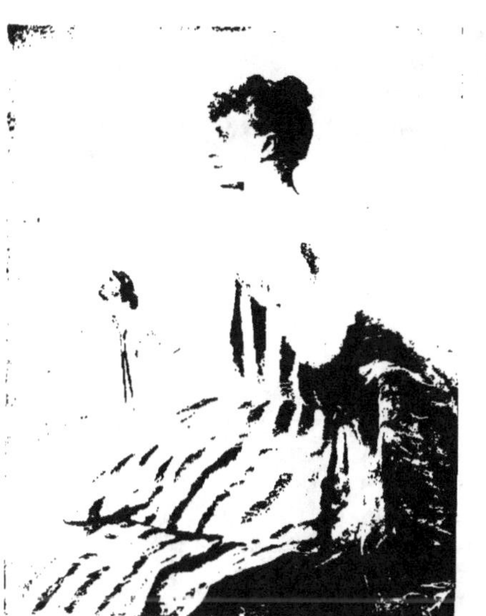

Helleu S. Portrait de Mᵐᵉ H

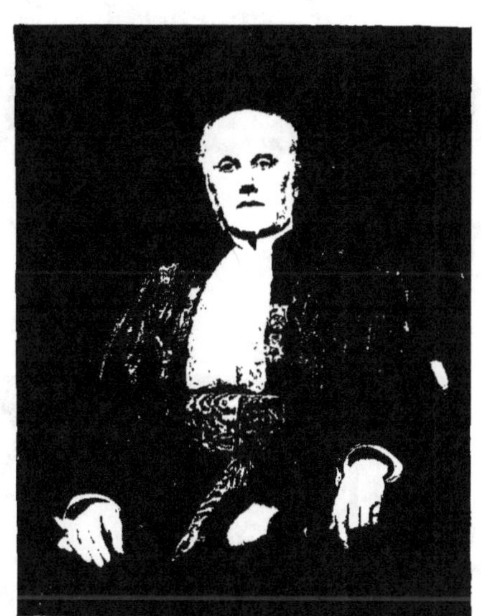

Pannet P., Portrait.

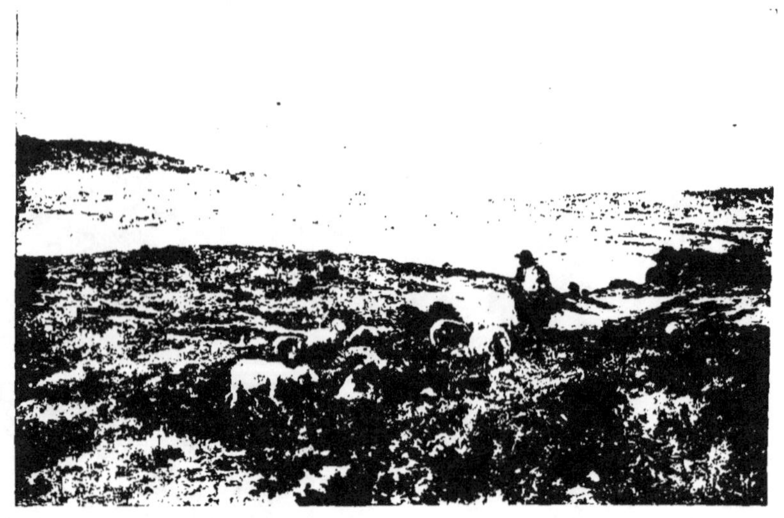

BERNARD. S. *Garrigues de l'Hérault.* — *Moors of Hérault.*

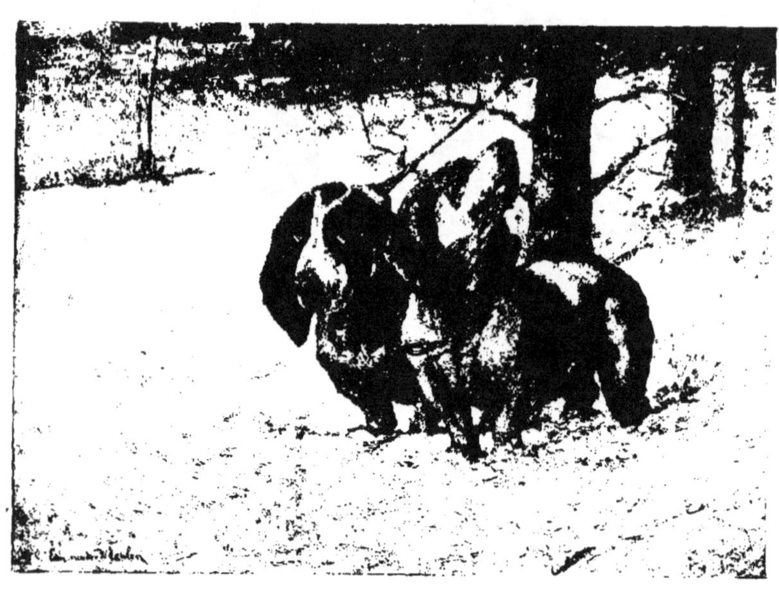

VAN DER MEULEN. *Relais de chiens.* — *A stage of dogs.*

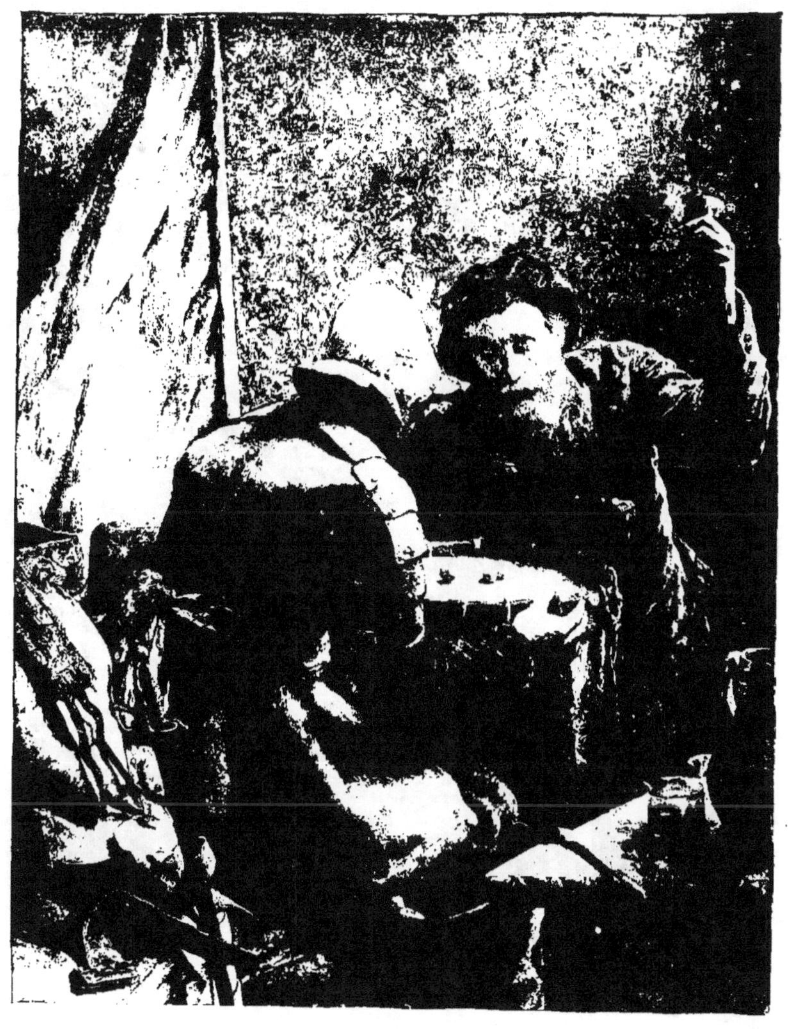

Brunin. — *Joueurs.* — *Gamblers.*

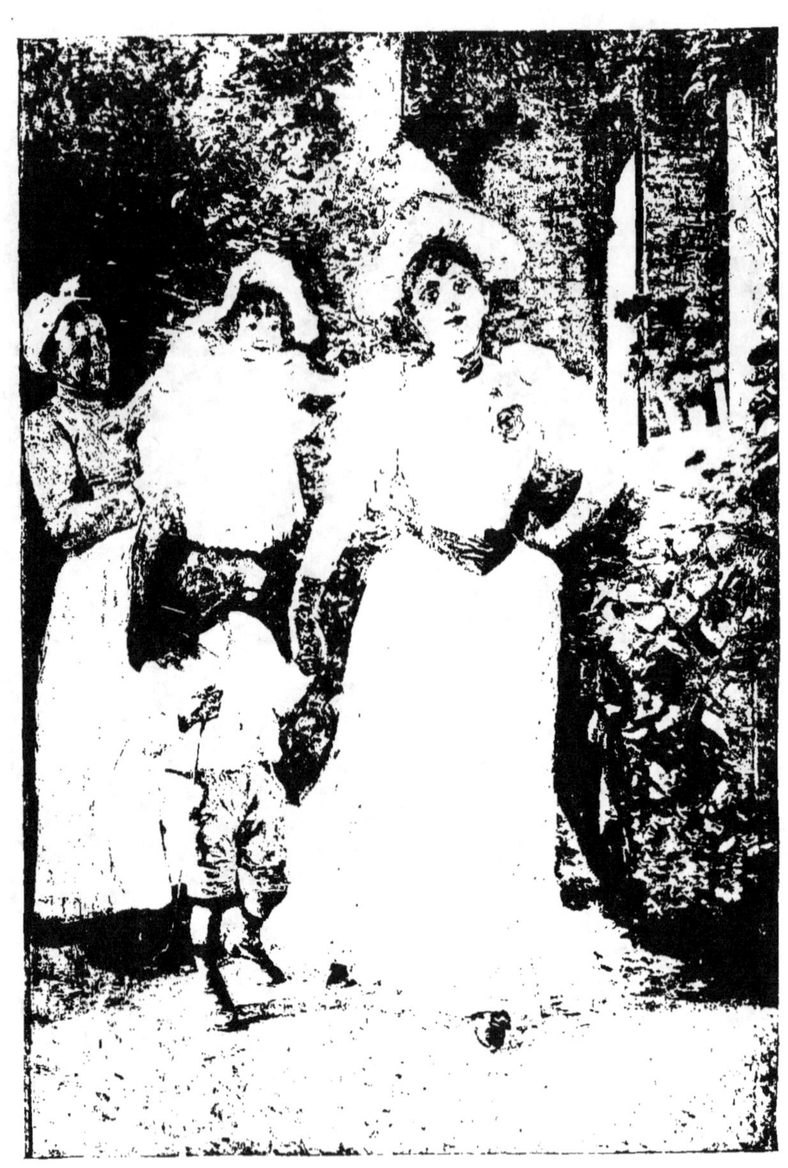

FOUQUET. *Au soleil*. — *In the sunshine*

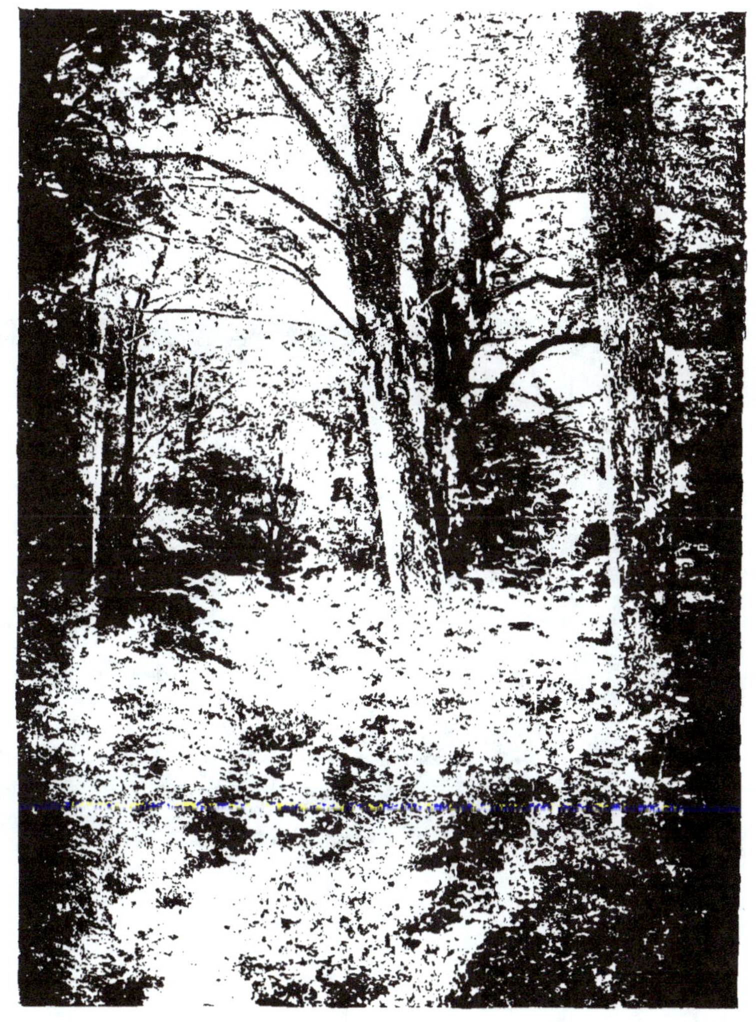

Série S. *L'été sous bois.* — *Woodland in summer-time.*

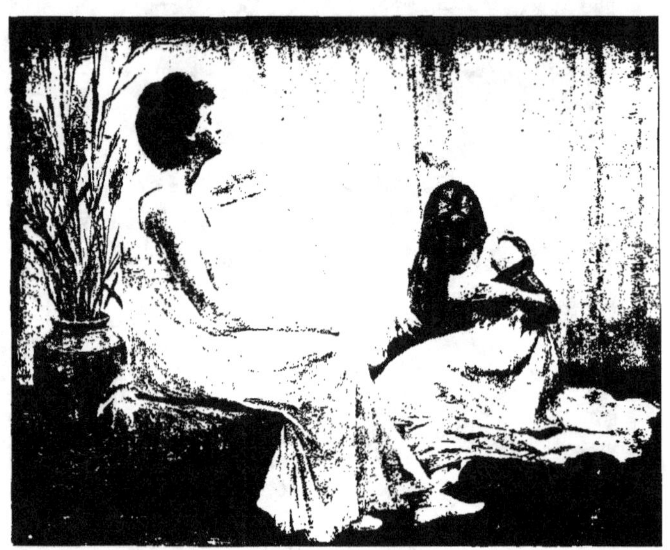

XXXI. Une chansonnette.   A song.

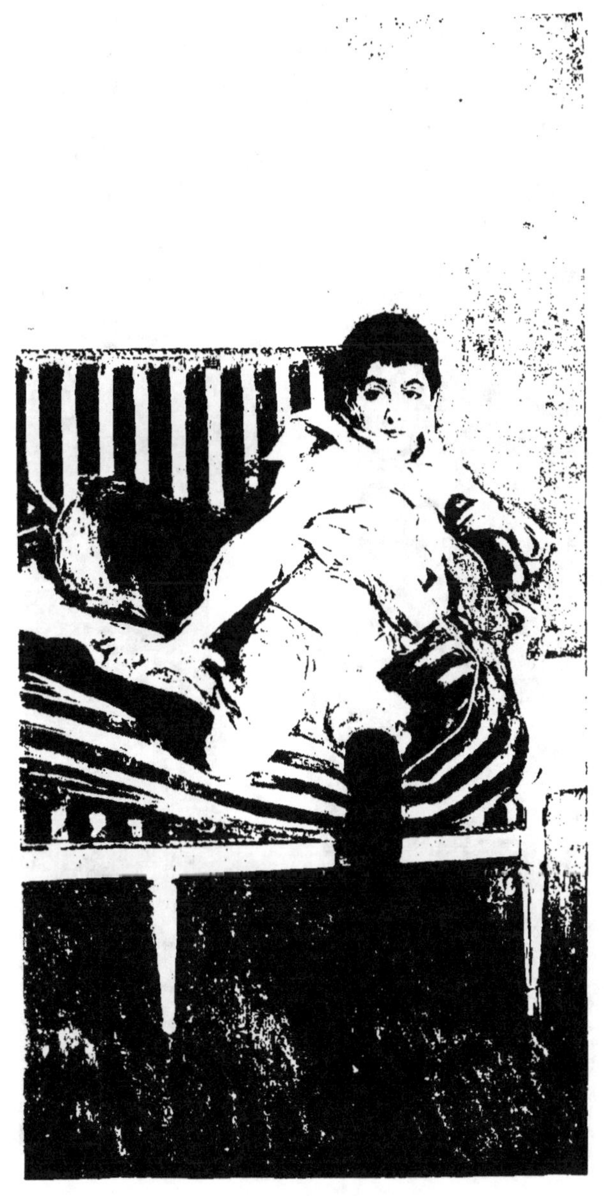

Boldini. *Portrait de M. S.*

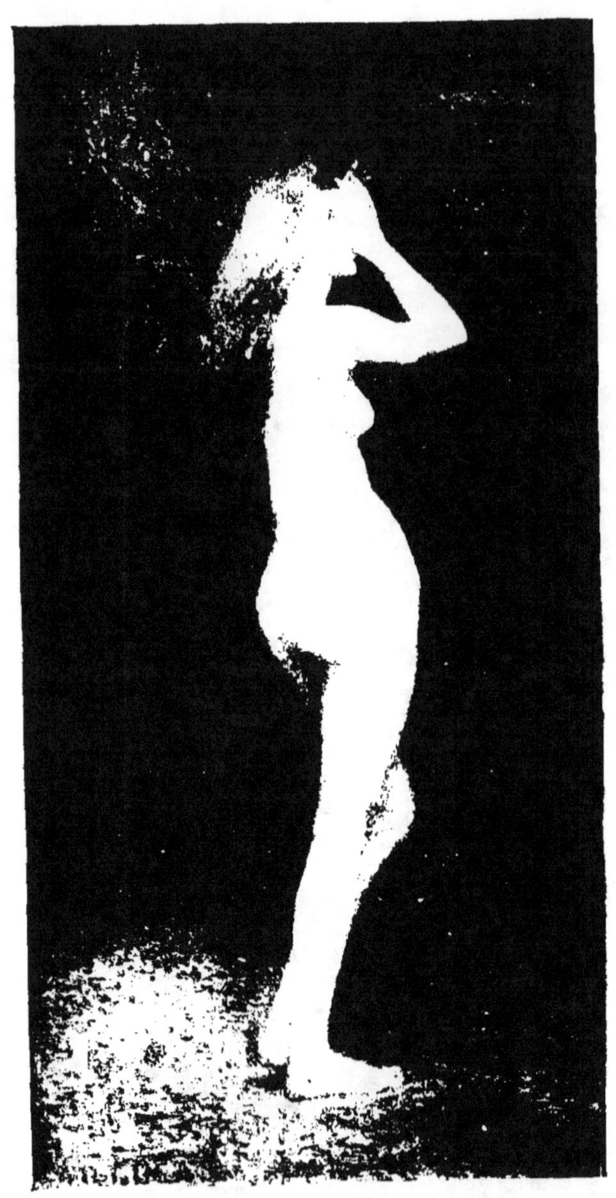

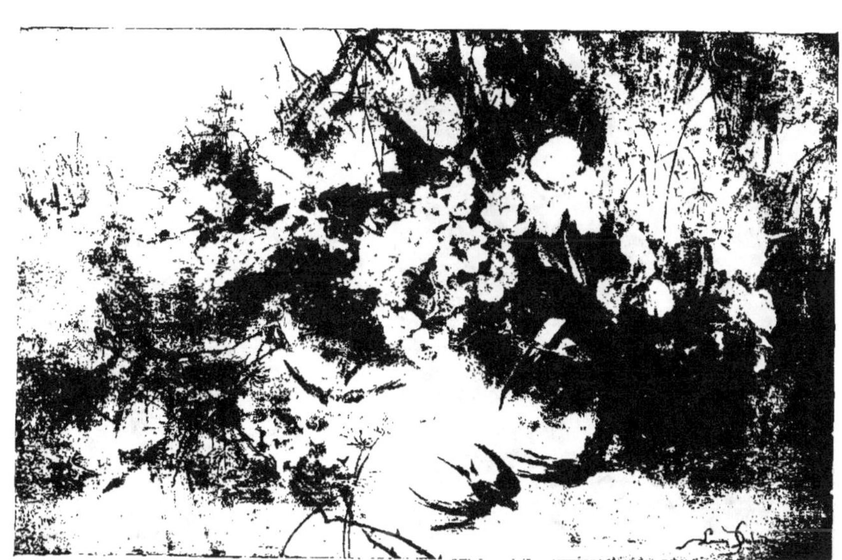

Desbordes Mme L... Avril. — April.

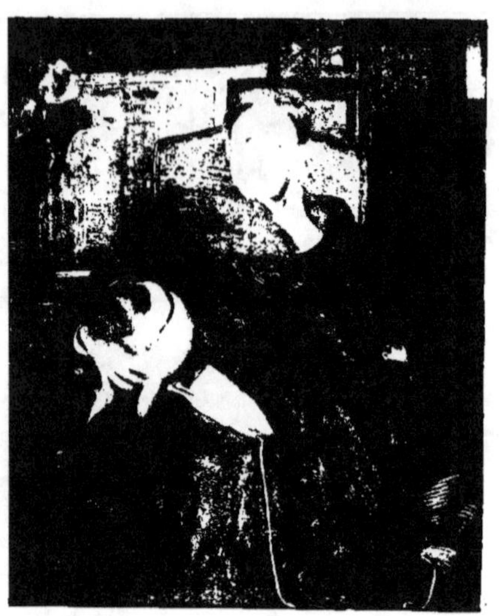

Blanche. S. *Portrait de M[me] E. Blanche.*
Portrait of Mrs. E. Blanche.

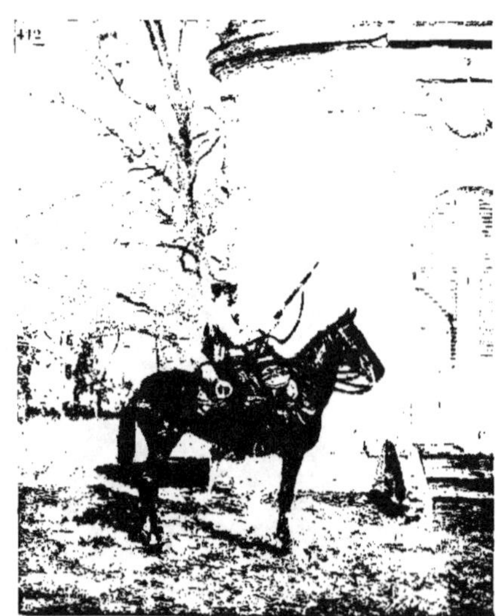

Fardou. Dax. *En vedette.*
As a vedette.

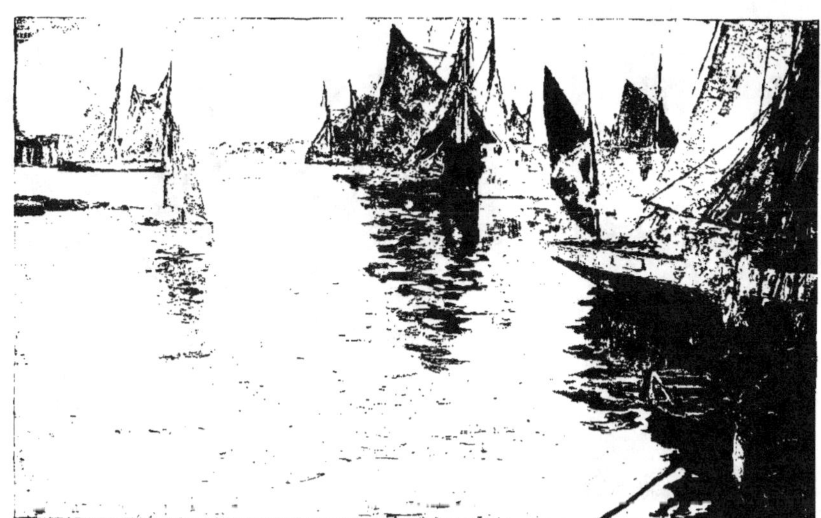

Port. — A harbour.

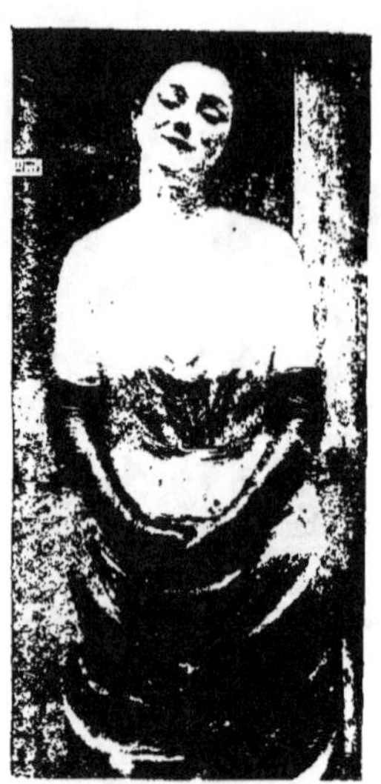

SINTA. Portrait
de Mme Yvette Guilbert.
Portrait of Mrs. Yvette Guilbert

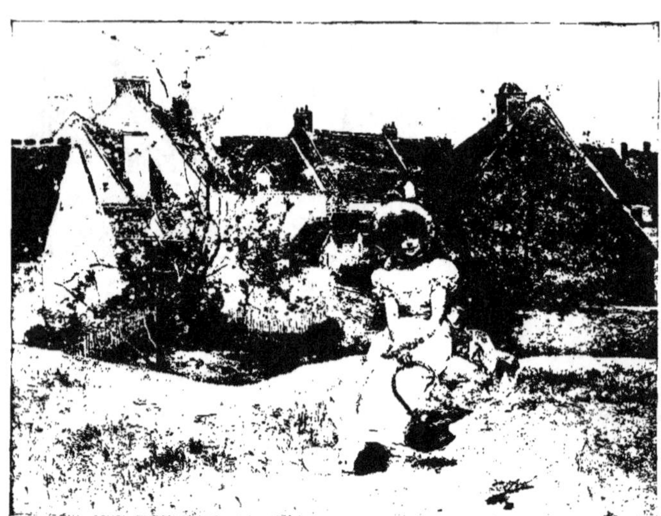

Avrugen, Avril.   April.

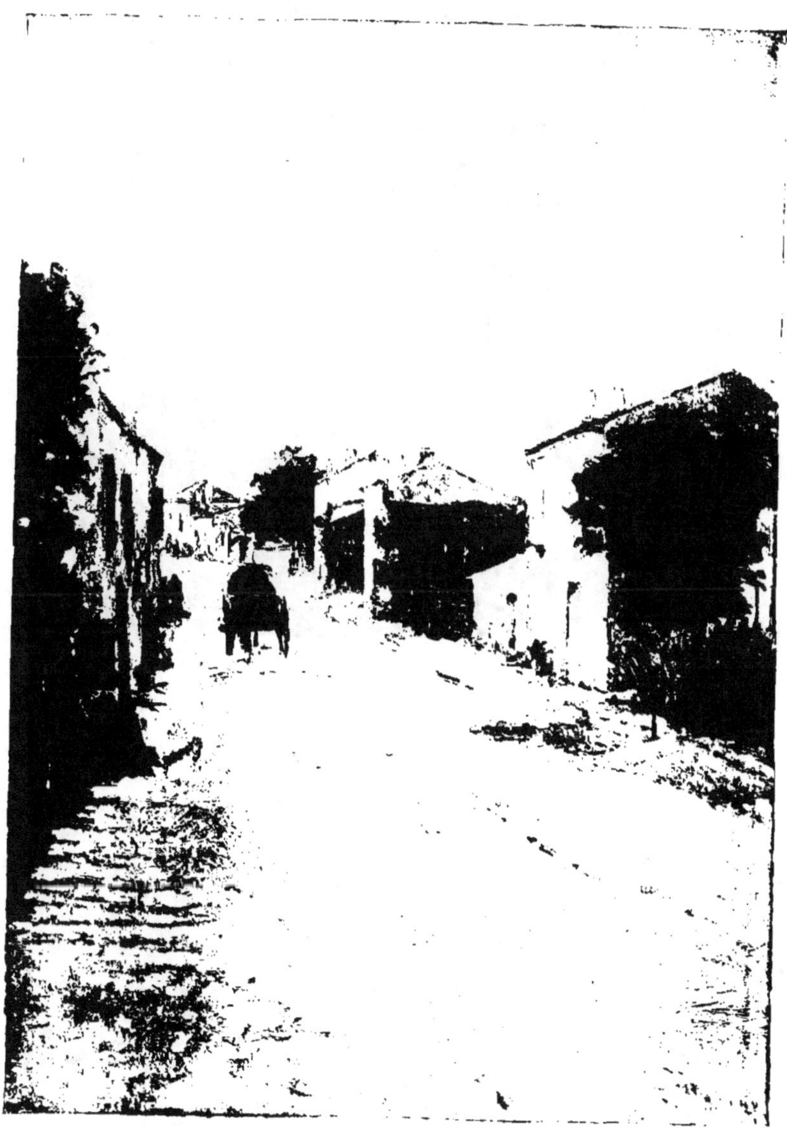

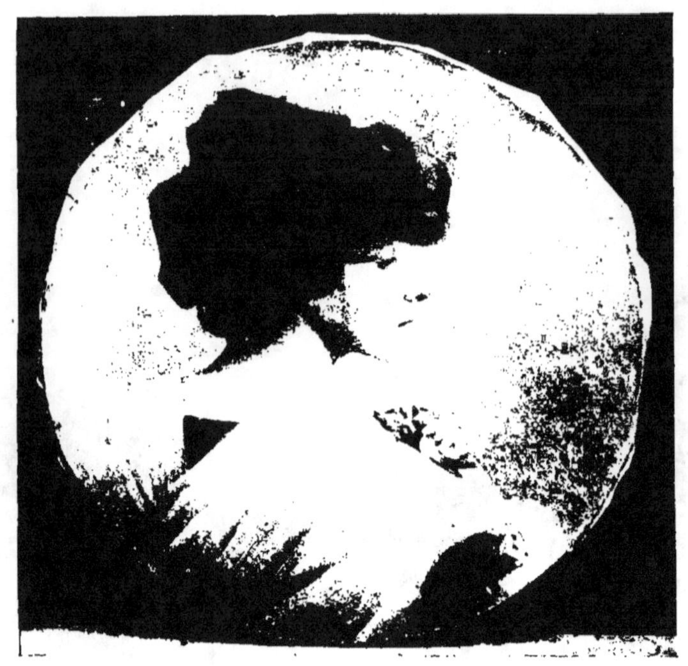

Nevin. S. Fantaisie. — A Lady.

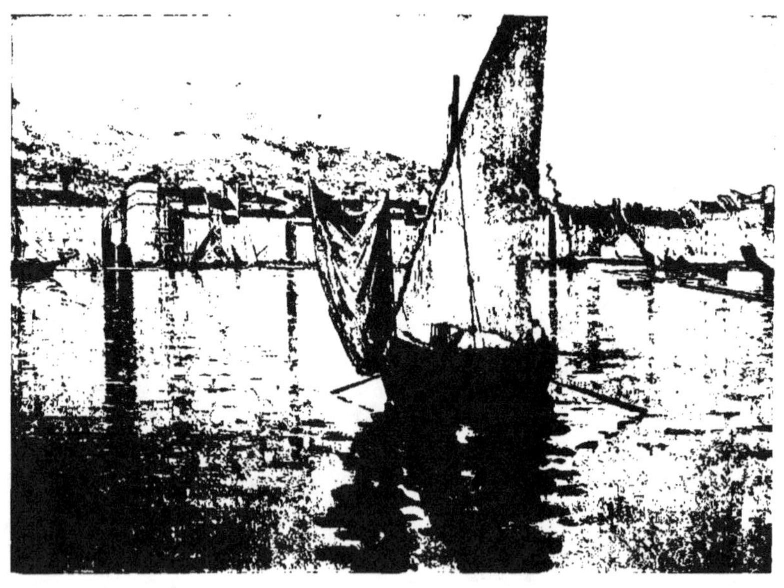

Dauphin. Vieux port. — An old harbour.

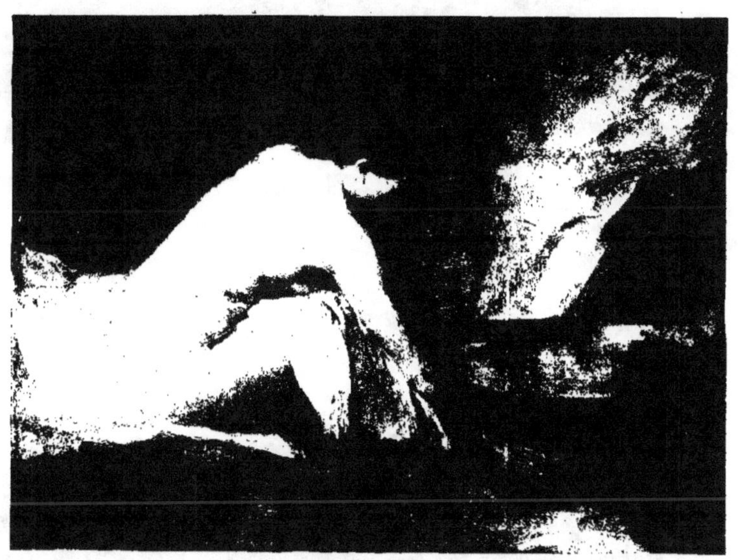

BRETON. Bain.   Bath.

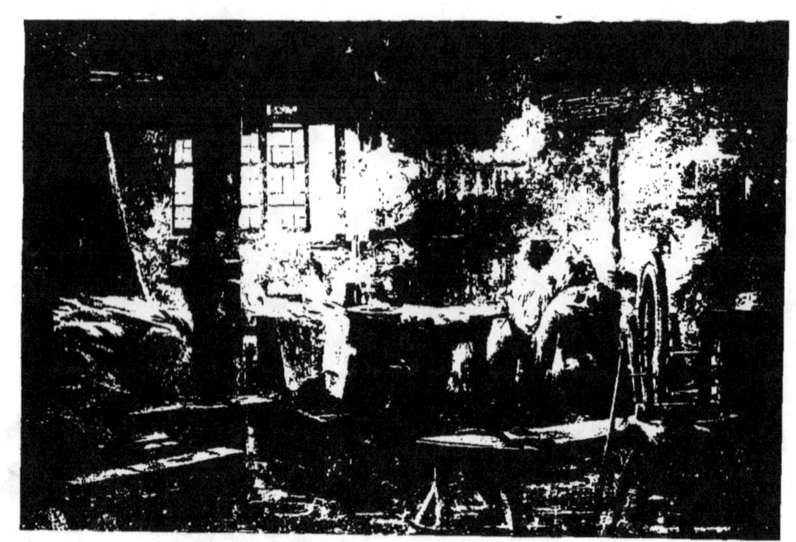

MARCIUS. *Les voiles.*   *Sails, ho!*

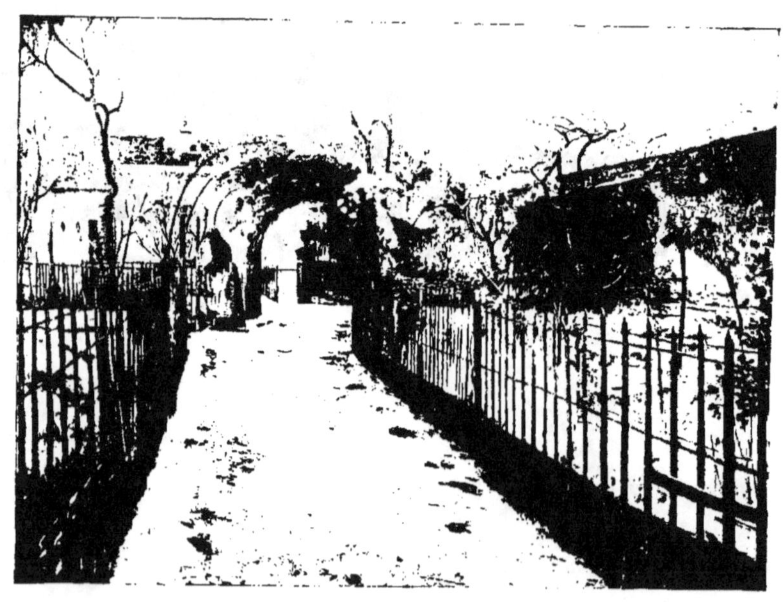

RUSIÑOL. *Jardin d'hiver.* — *Winter-garden.*

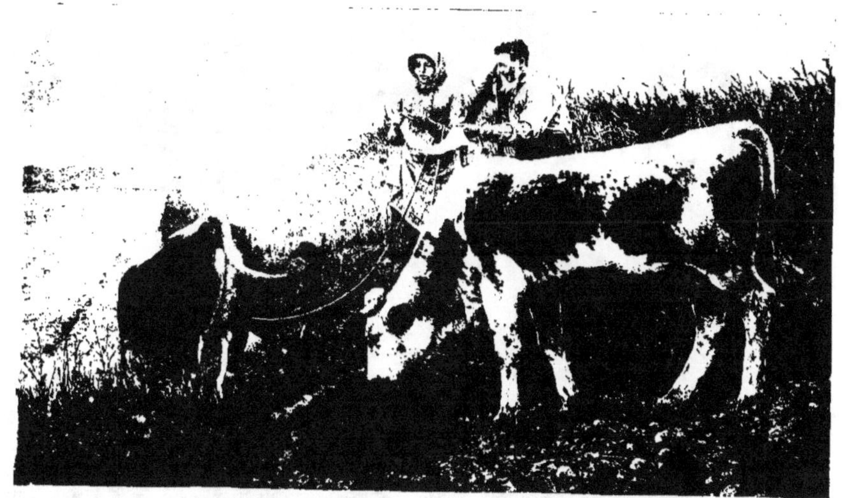

Simon. **A.** Aux champs. — In the fields.

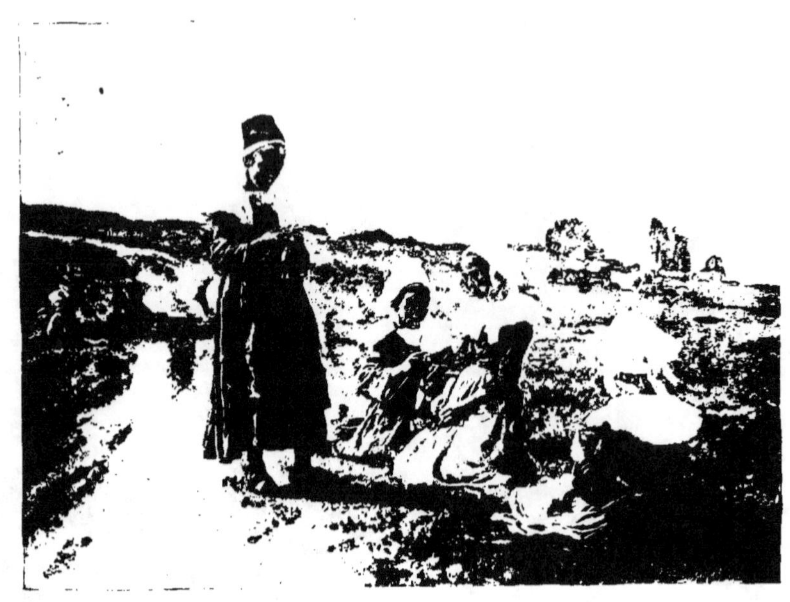

Gros I.. S. *Tricoteuses.* — *Knitters.*

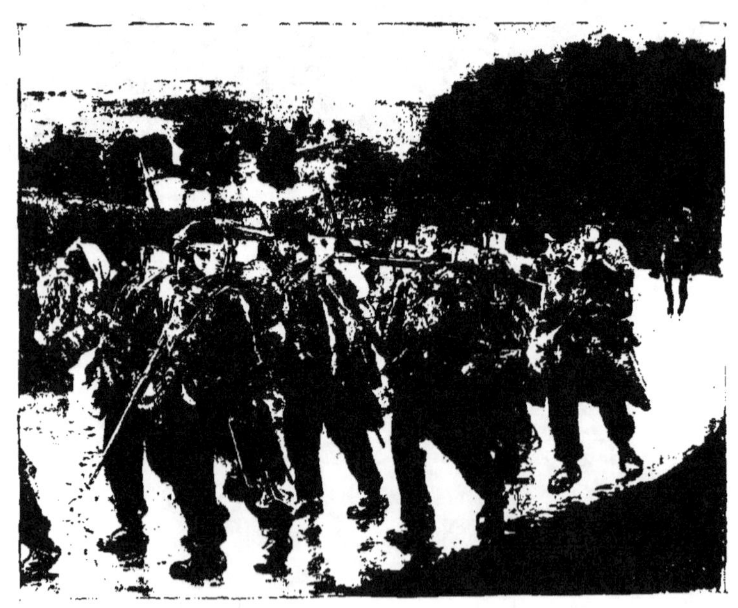

Jeanniot. *Les mobiles.* — *The mobiles.*

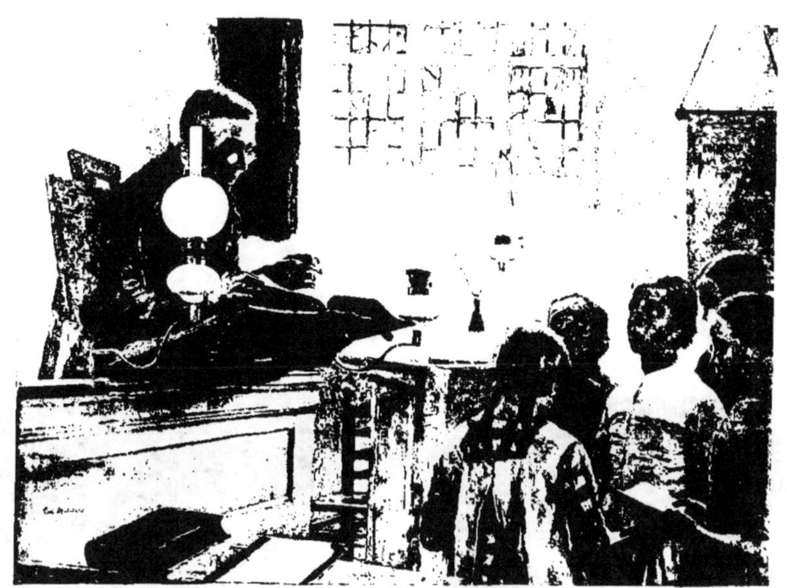

MELCHERS. *Maître de chœur.* — *Choir-master.*

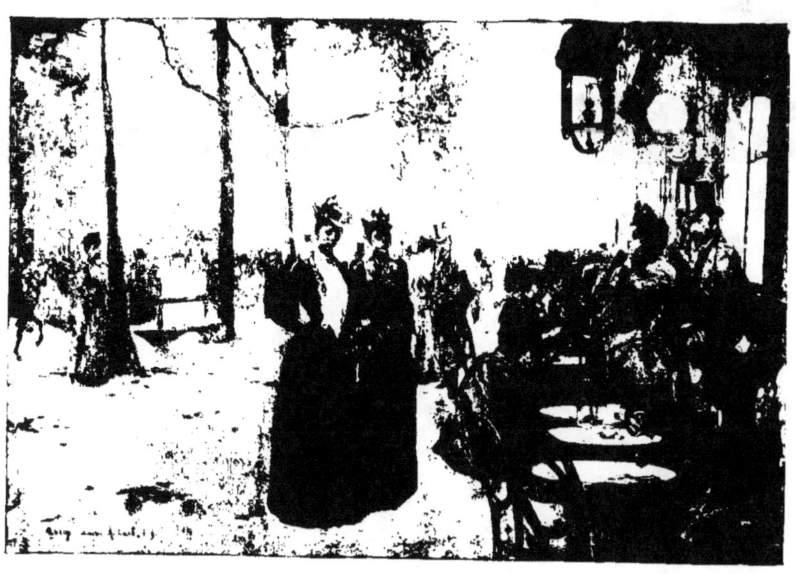

LEROY SAINT-AUBERT. *Soir d'octobre.* — *An october evening.*

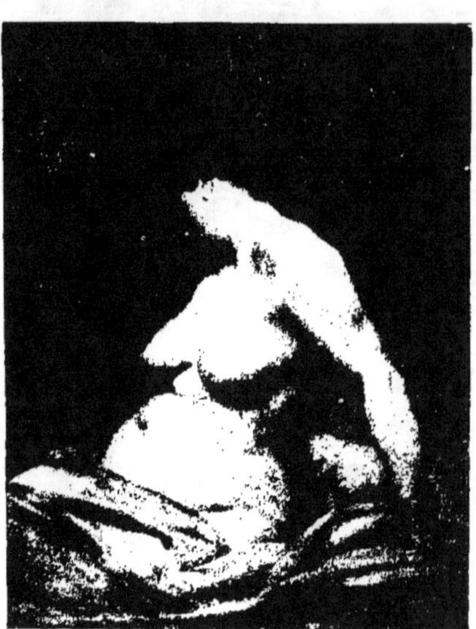

MANGUIN. *Tub*

BRESSY. *Étude. — Study.*

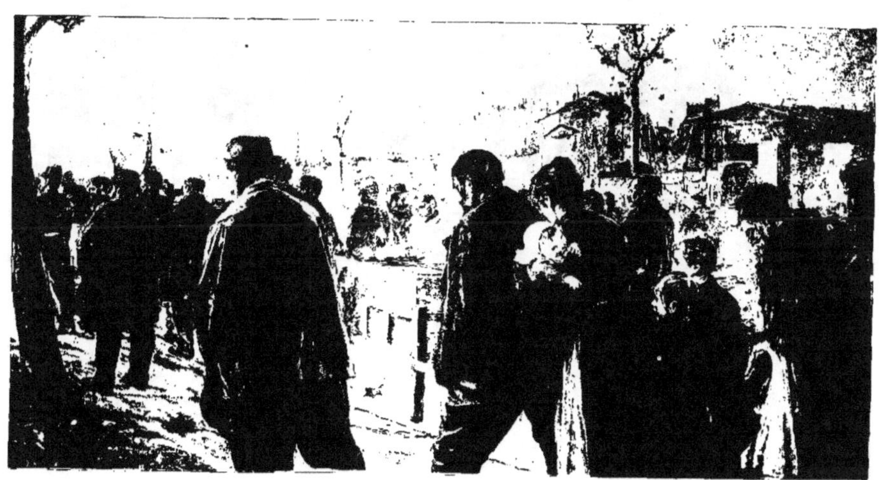

LUNA. *Les ignorés.*   *The unknown ones.*

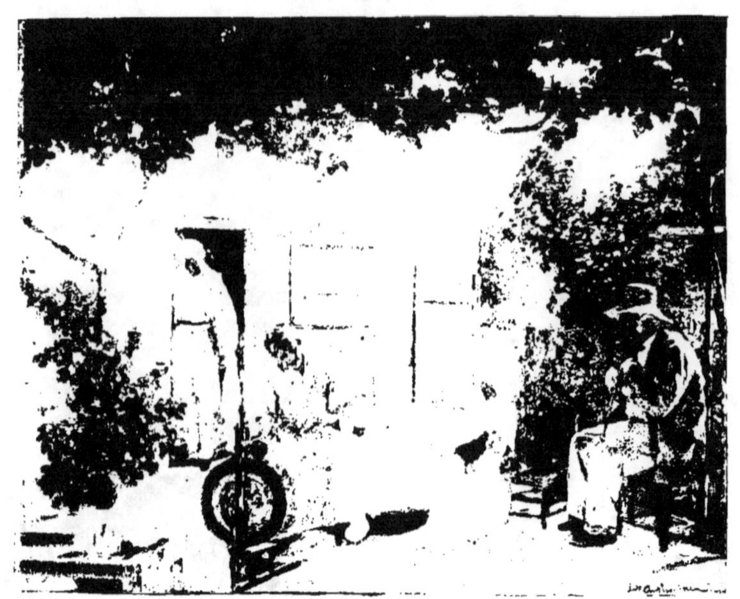

ANTHONISSEN. **A.** *Cour.* — *A yard.*

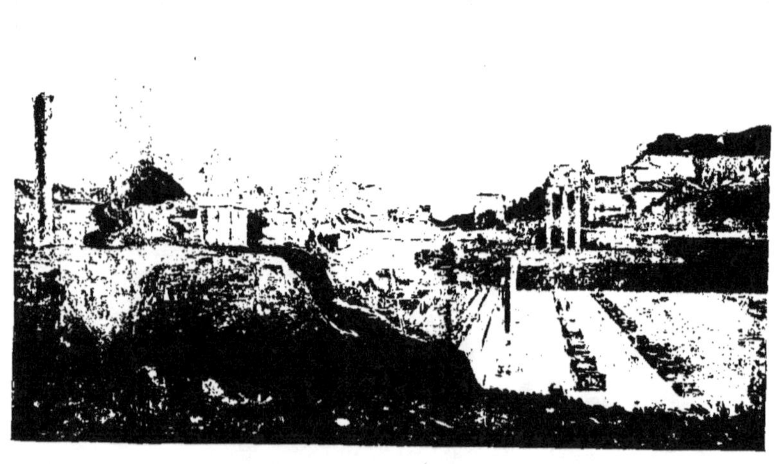

DUMOULIN L. . S. *Le Forum.* — *The Forum.*

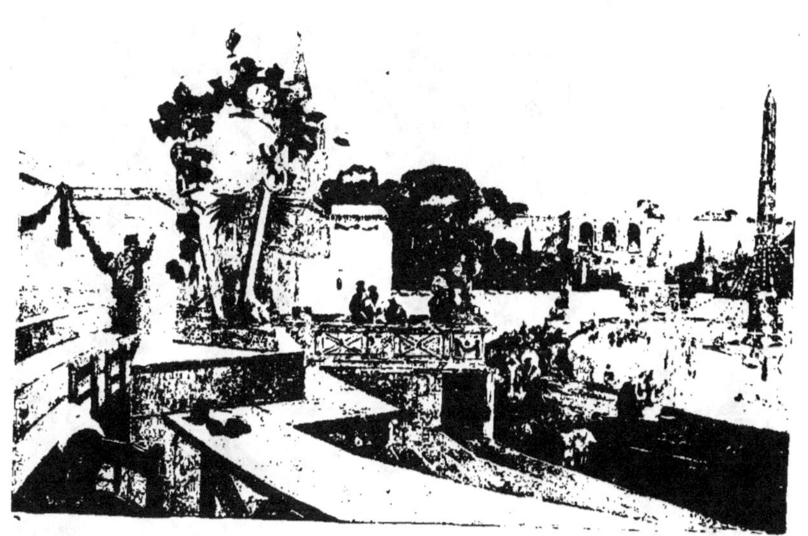

DAUMIER H... *La place du peuple avant l'ouverture du carnaval.*
The People's place before carnival's opening.

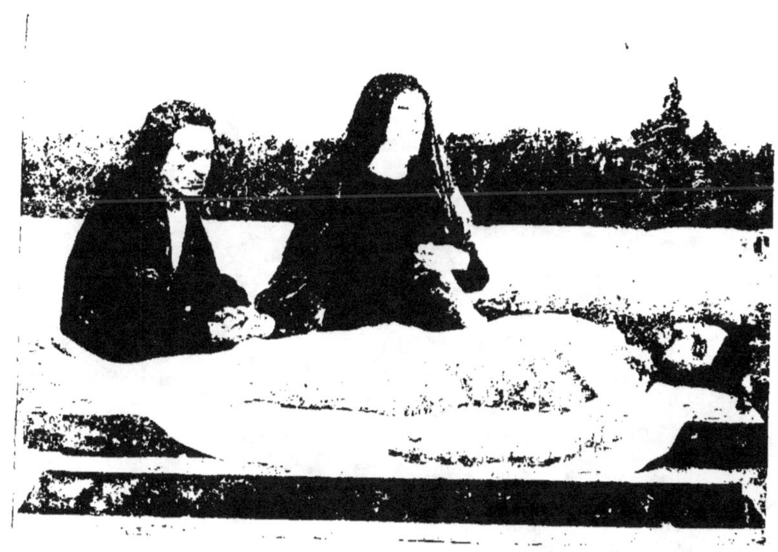

KLINGER. *Pieta.*

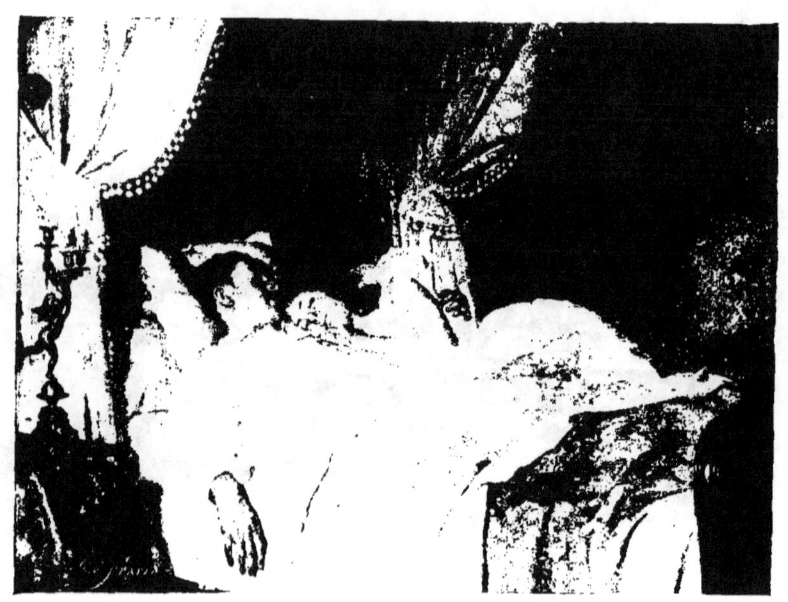

FRAPPA J.-S. *Mariage d'inclination. — A love-match.*

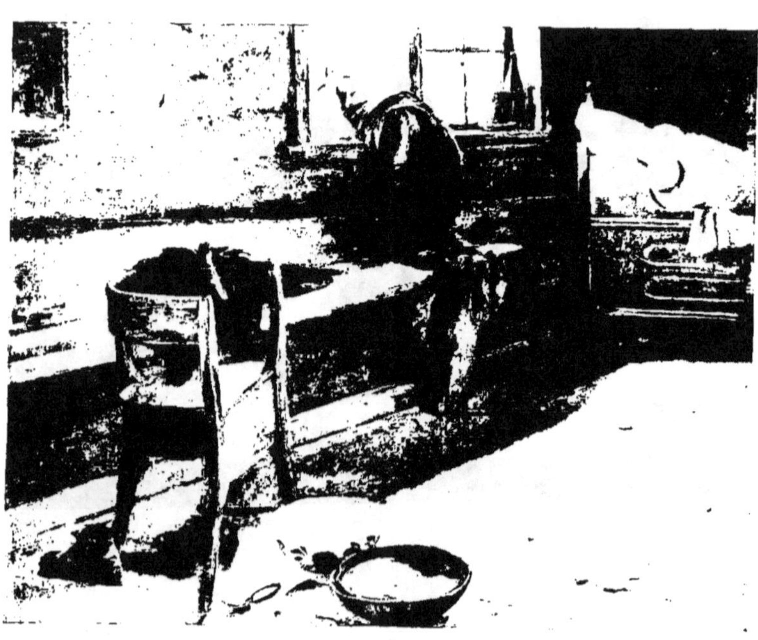

GRŒNVOLD. *Déjeuner. — A breakfast.*

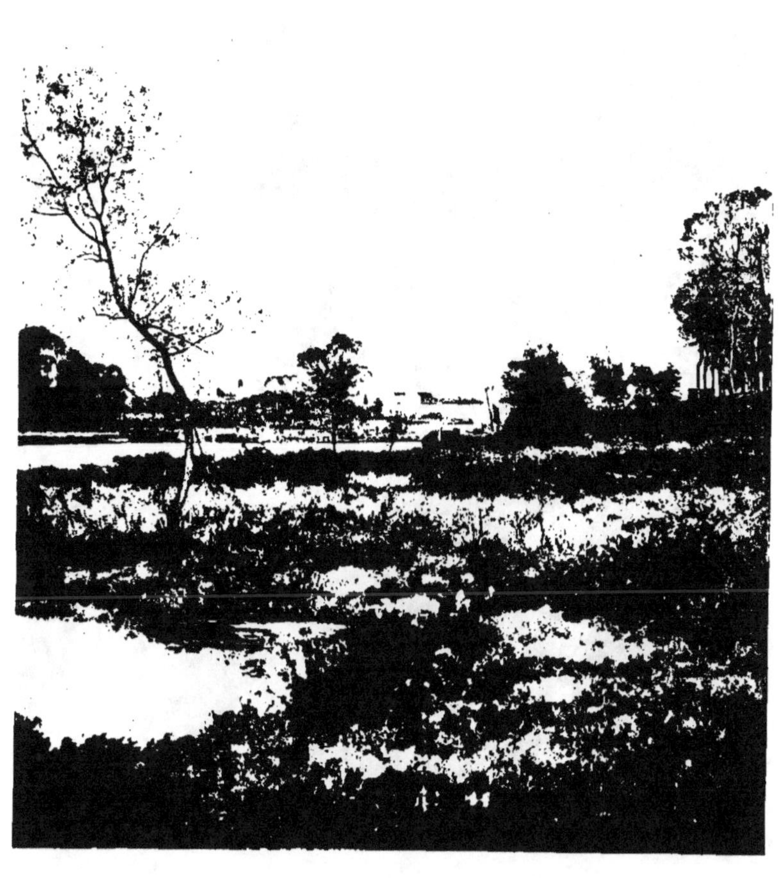

Paysage. Panneau destiné à l'Hôtel de Ville.
A panel painted for the Hôtel de Ville.

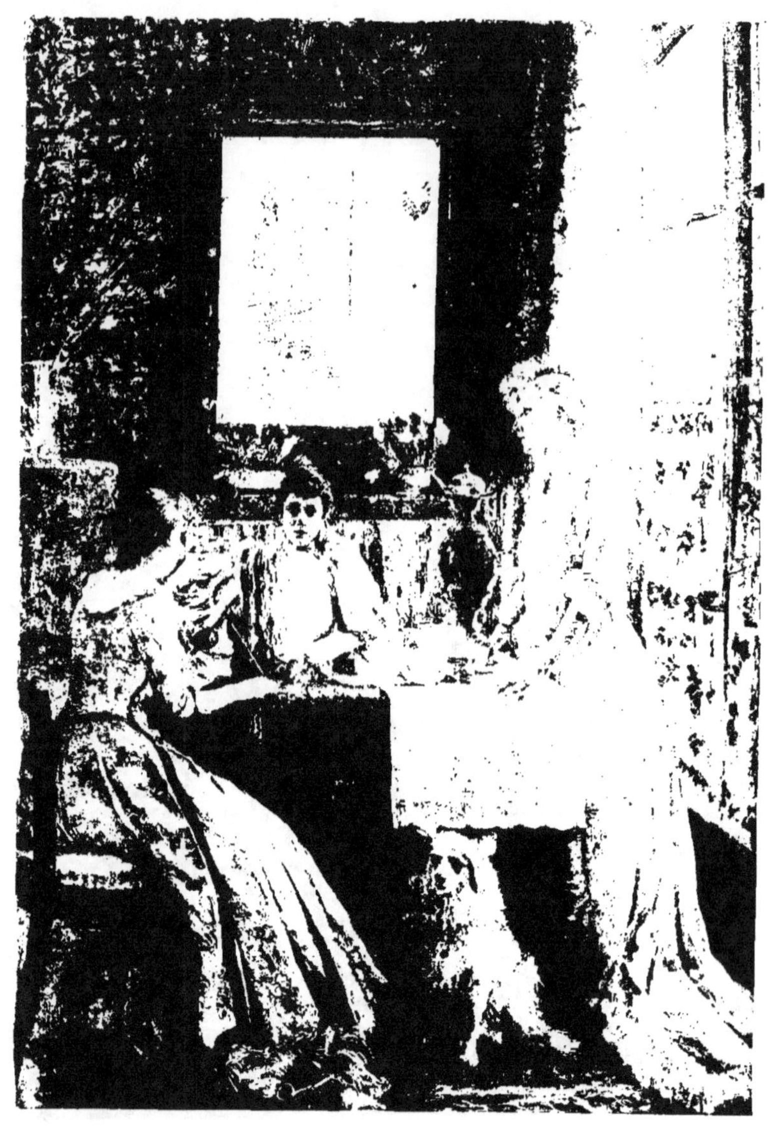

BRESLAU L. S. *Jeunes filles (intérieur).* — *Girls at home*

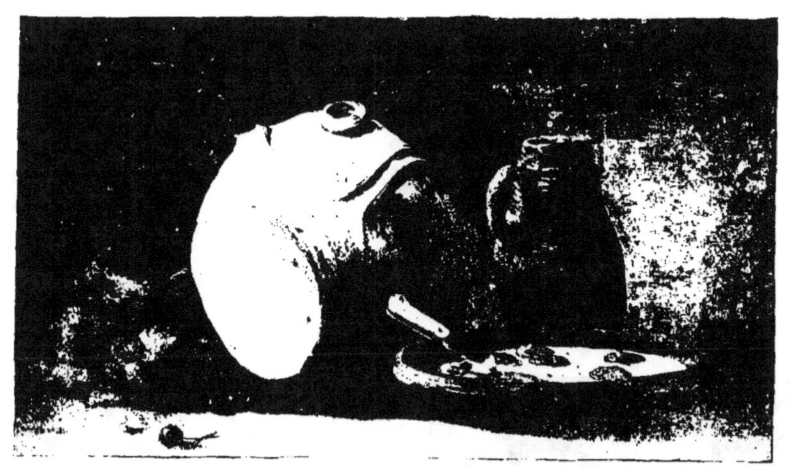

RIBOT. S. *Œufs sur le plat.* -- *Fried eggs.*

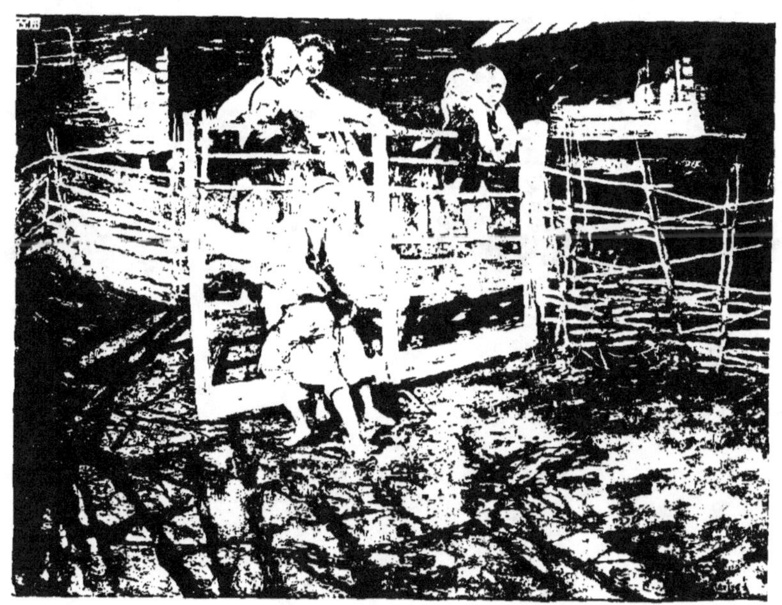

OSTERLIND. *La barrière.* — *The gate.*

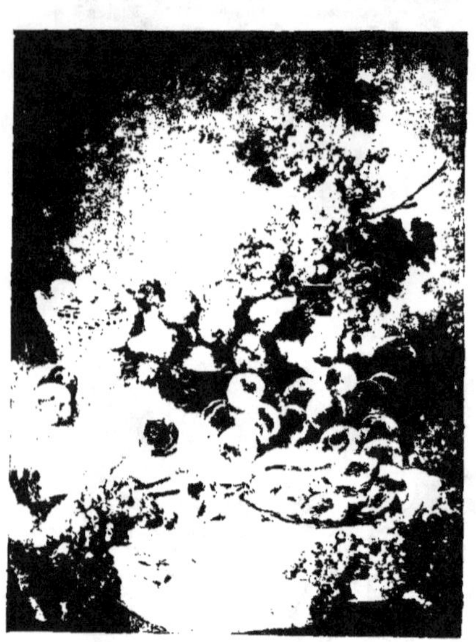

LEMAIRE (M.). *Pêches et raisins.*
Peaches and grapes.

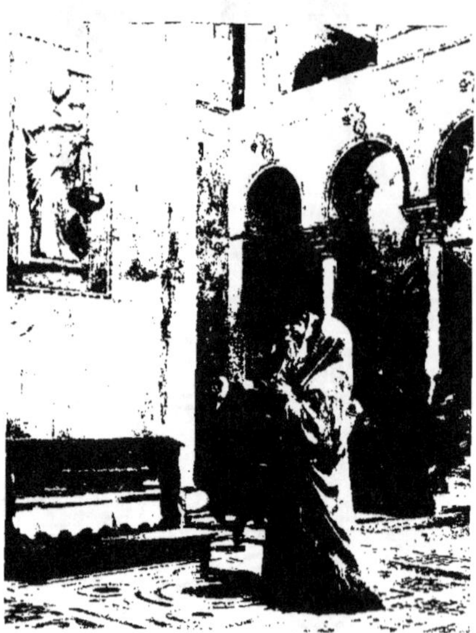

CLAUDE (G.). *Invocation à la madone.*
Prayer to the madone.

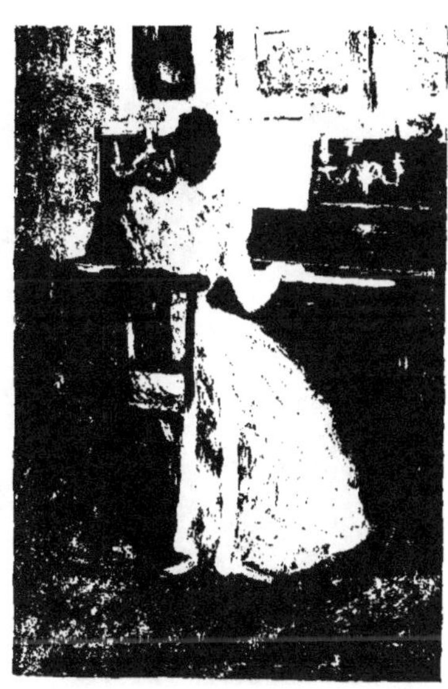

CALDWELL. *Avant le bal.* — *Before the ball.*

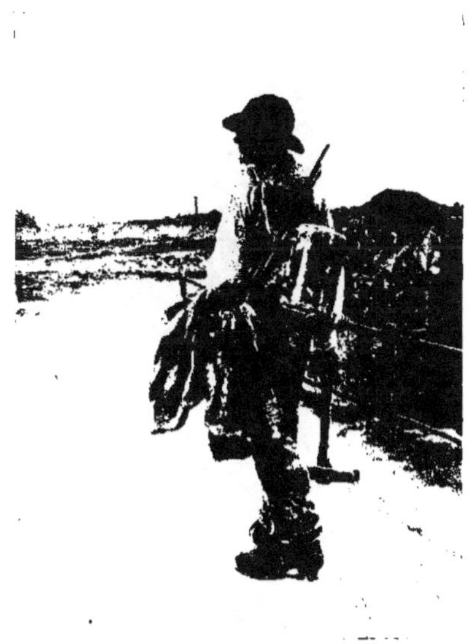

HAGBORG, S. *Un mineur (Suède).* — *A miner (Sweden).*

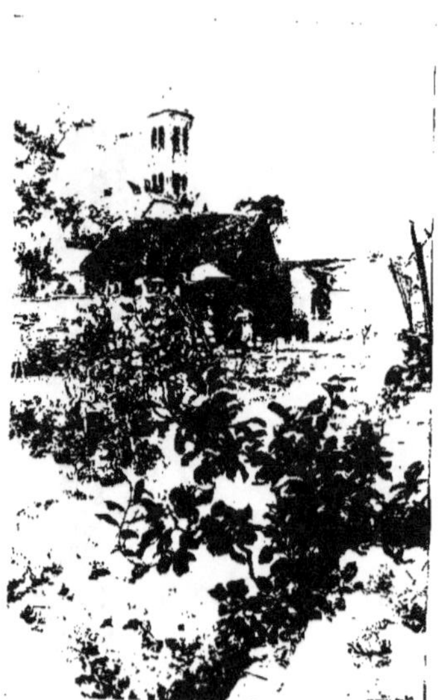

RIBARZ. S. *Panneau décoratif pommier de Calvi.*
A decorative panel A Calvi apple-tree.

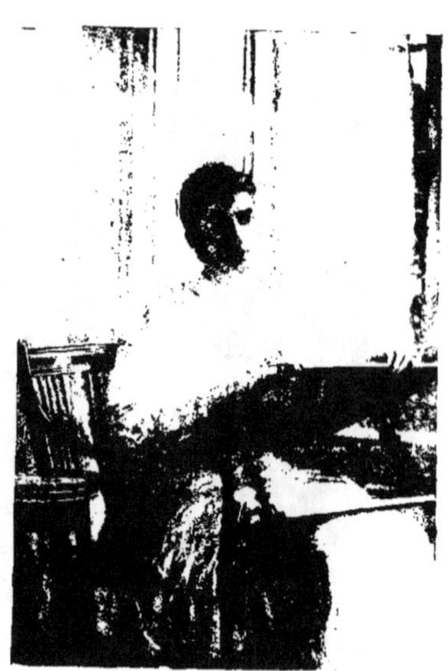

MORAND. **A.** *Portrait.*

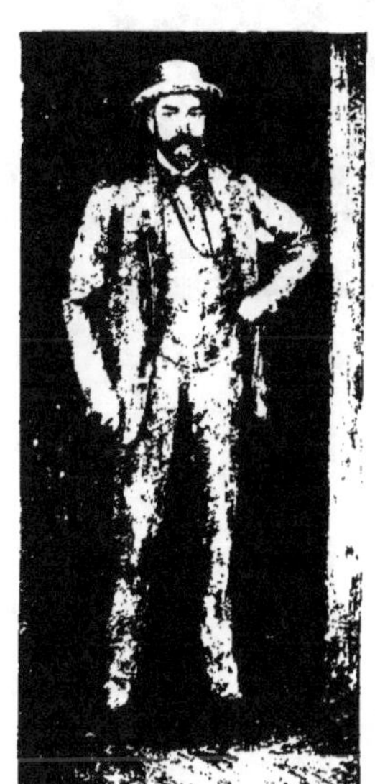

BOISSEAU. *Portrait de M. G.*
M. G., a portrait.

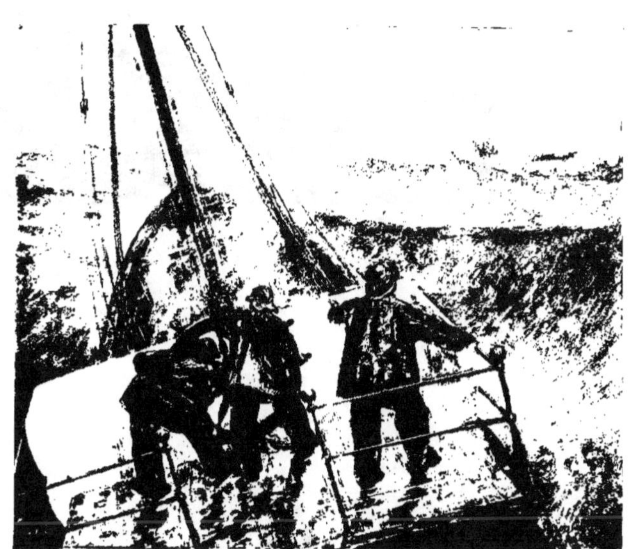

MONTENARD. *Étude de mer.* — *A sea study.*

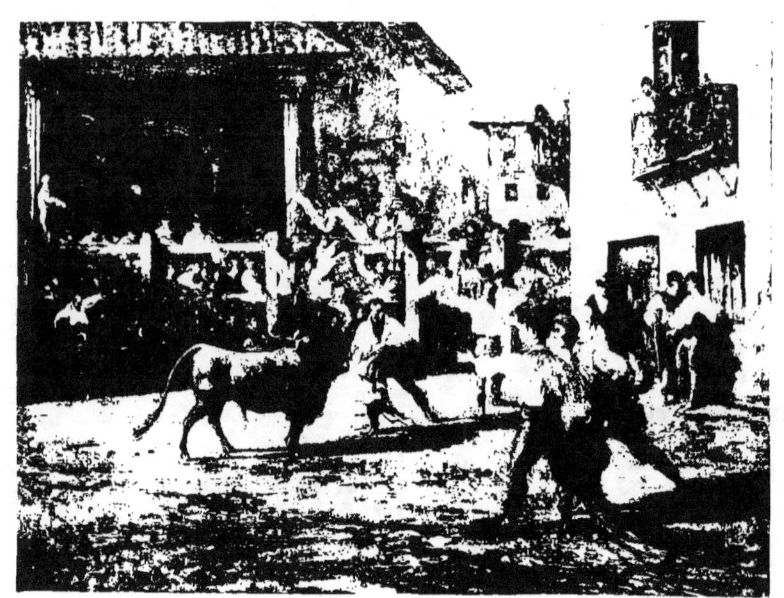

COTTIN G.-S. *Torillada.* — *A torillada.*

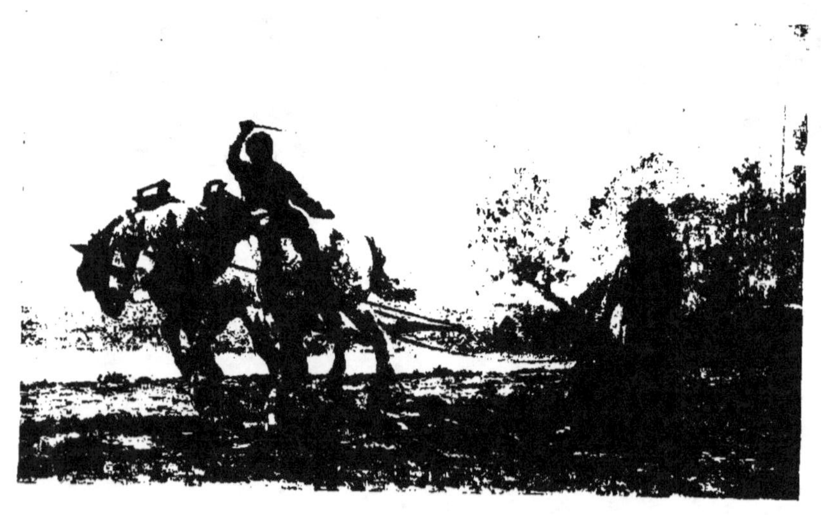

BARNES P.-A.-S. *Matinée d'octobre.* — *An october morning.*

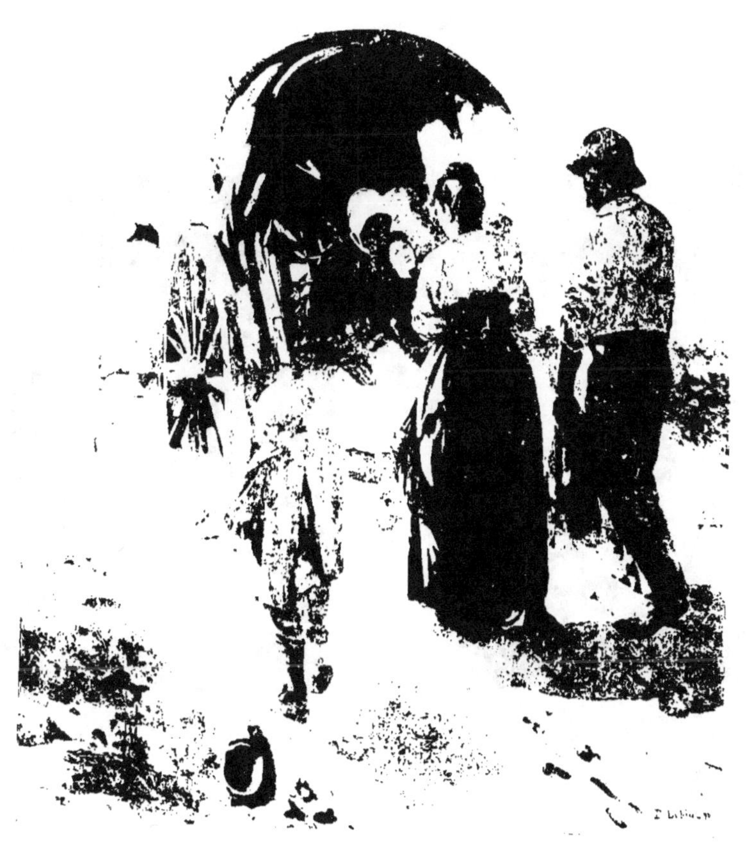

Léon Misère.   Destitution

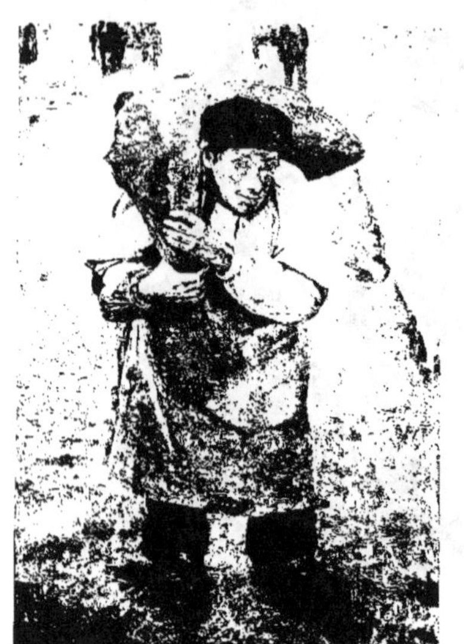

DAGNAUX. *Bossu.* A hunch-back.

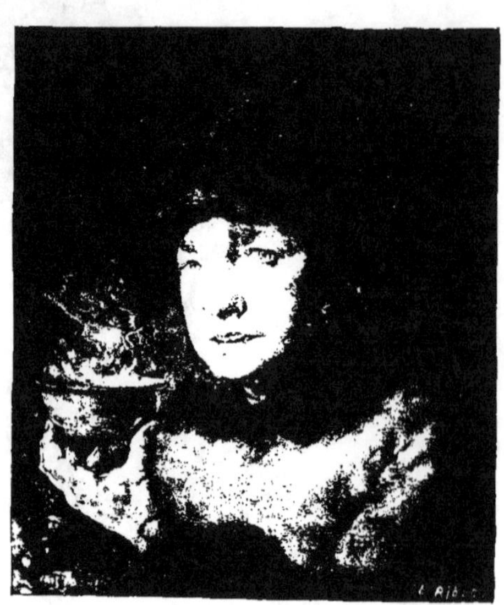

RICHET, E. *Le bonnet rouge.* The red cap.

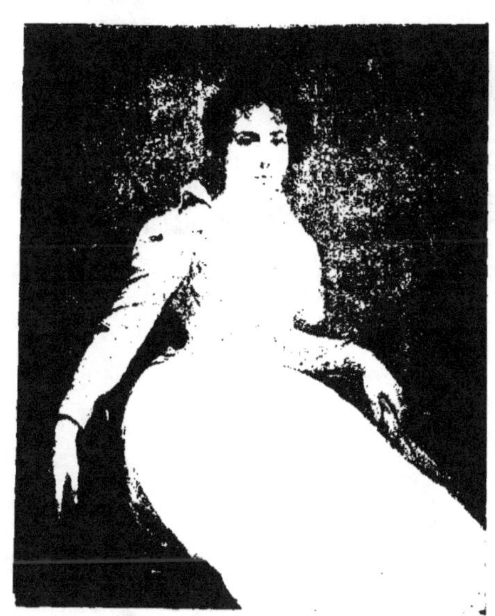

COLLINS G. *Portrait de M*ll* M. D.* — *Miss M. D., a portrait.*

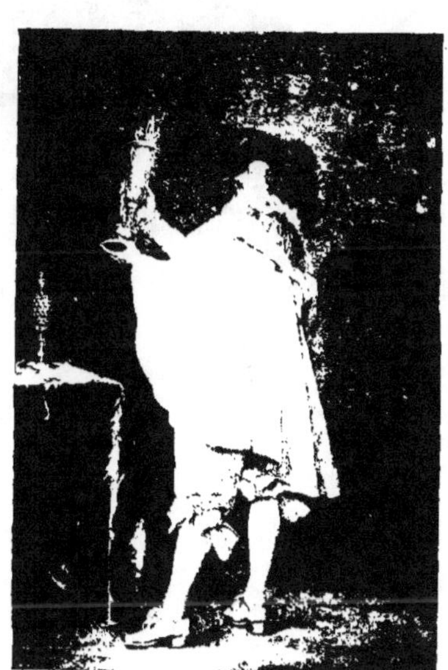

LASREL. *Gentilhomme.* — *A nobleman.*

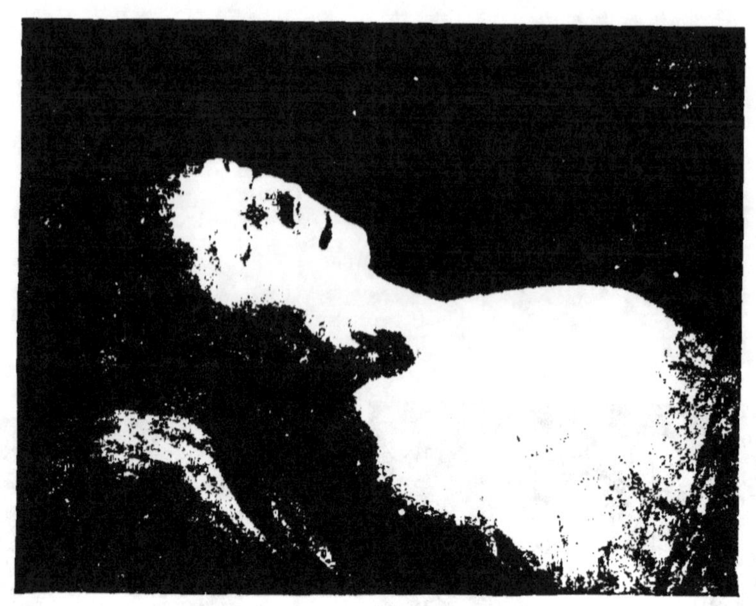

FRAITS J. S. *La dormeuse.* — *The sleeper.*

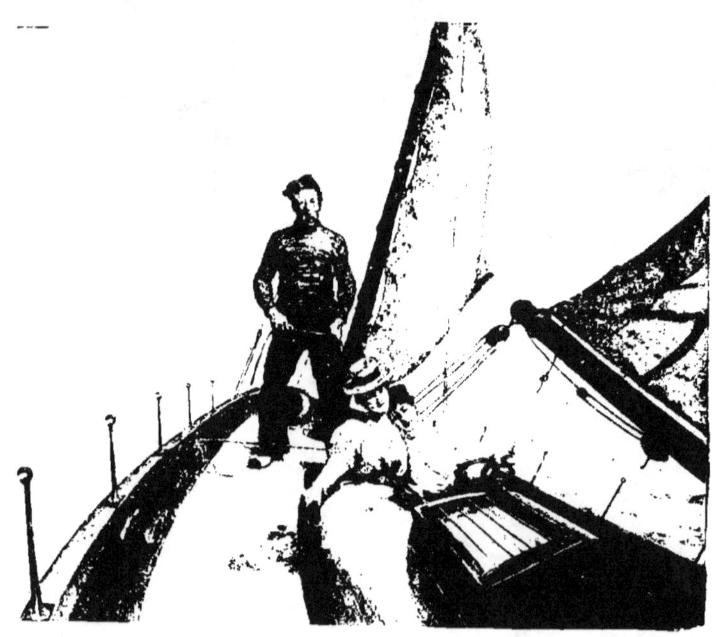

JOURDAIN R. S. *Yachting.*

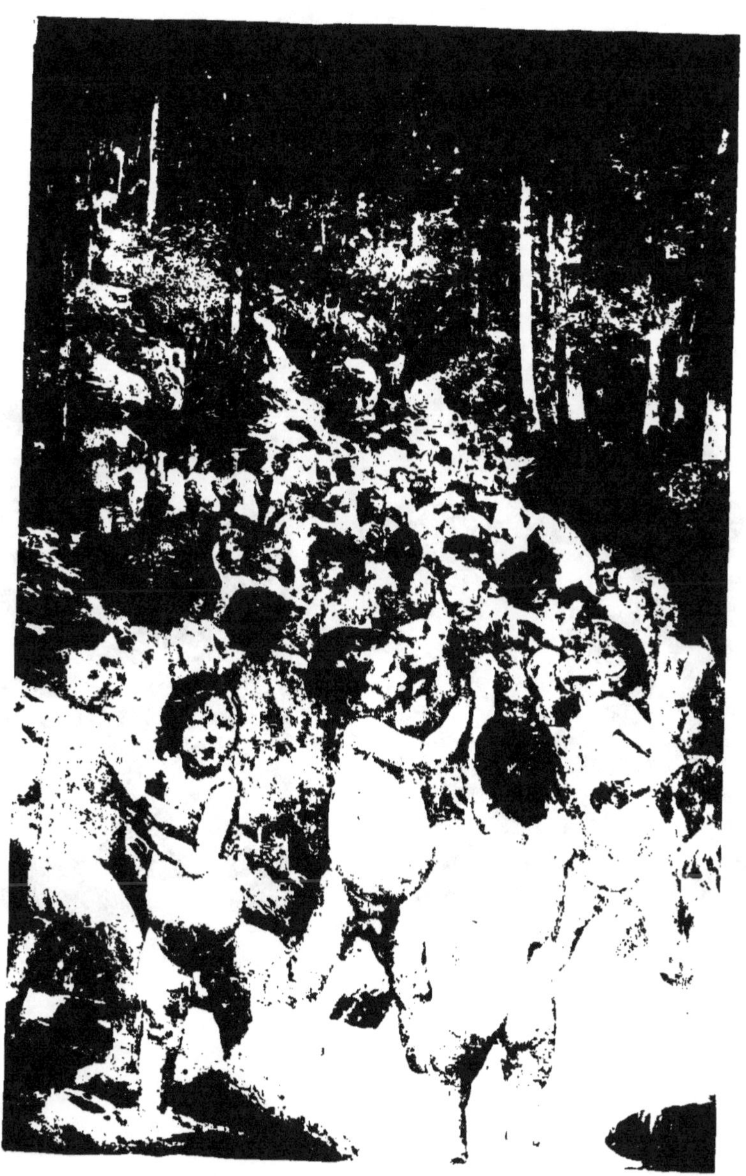

Fantin-Latour. — Le ruisseau. — Photo B.

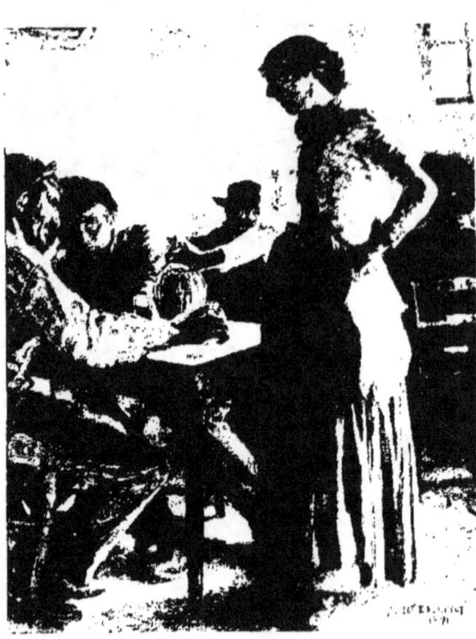

LHERMITTE. S. Glaneuses; fin de journée.
Gleaners at the end of a day's work.

LHERMITTE. S. Cabaret italien. — *An italian public-house.*

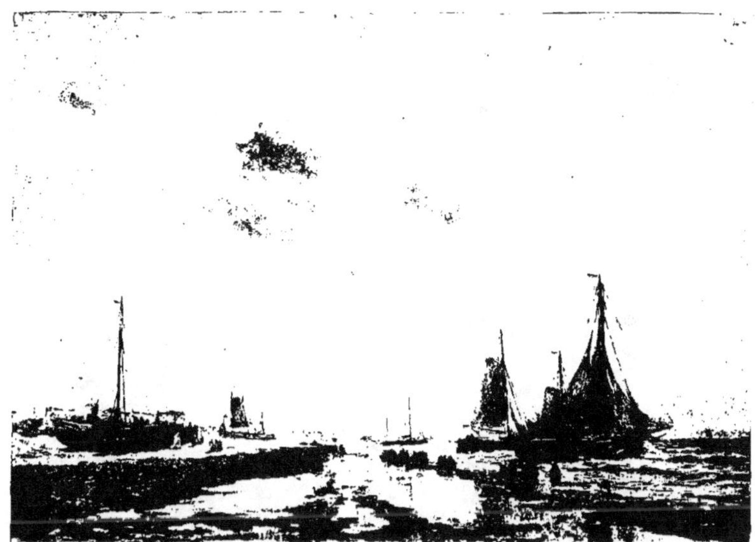

Mesdag. S. Mer de 91; au bord de la mer. — At the sea-side

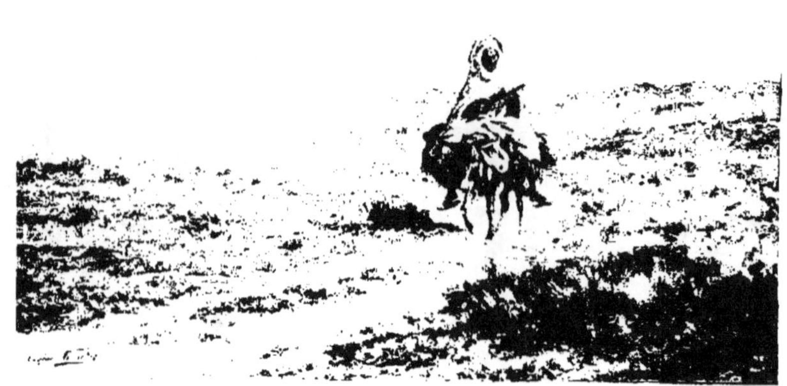

GIRARDET. **A**. *En Algérie.*   *In Algeria.*

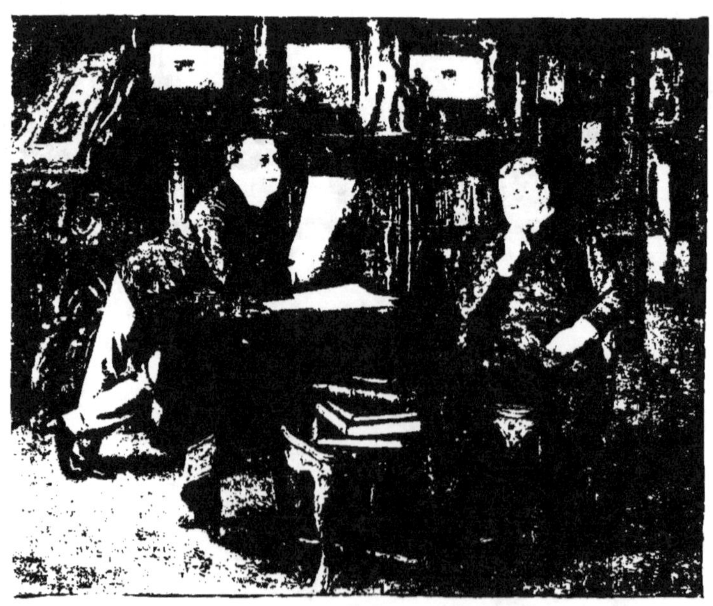

FRIANT. **S**. *Portrait de M. Coquelin et de son fils.*
Portraits of Mr. Coquelin and his son

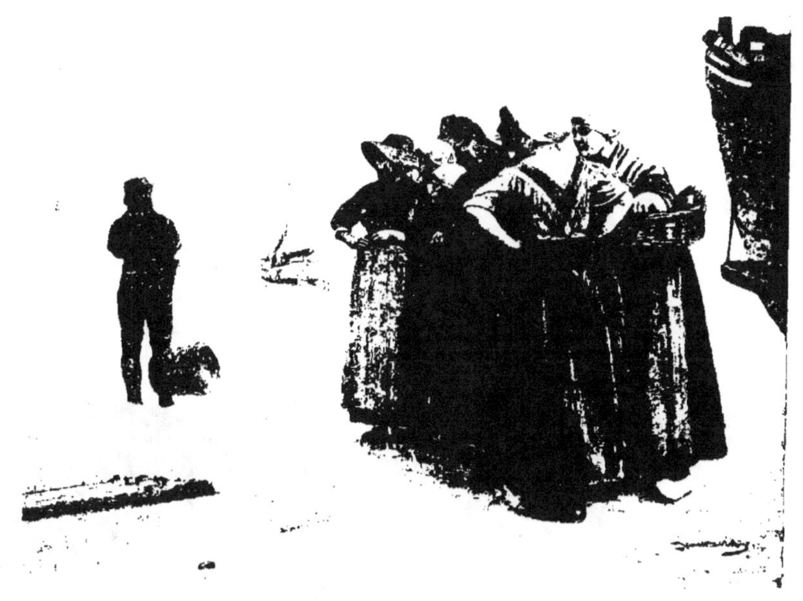

Johann Braun. *L'attente Hollande.*   *Waiting Netherland.*

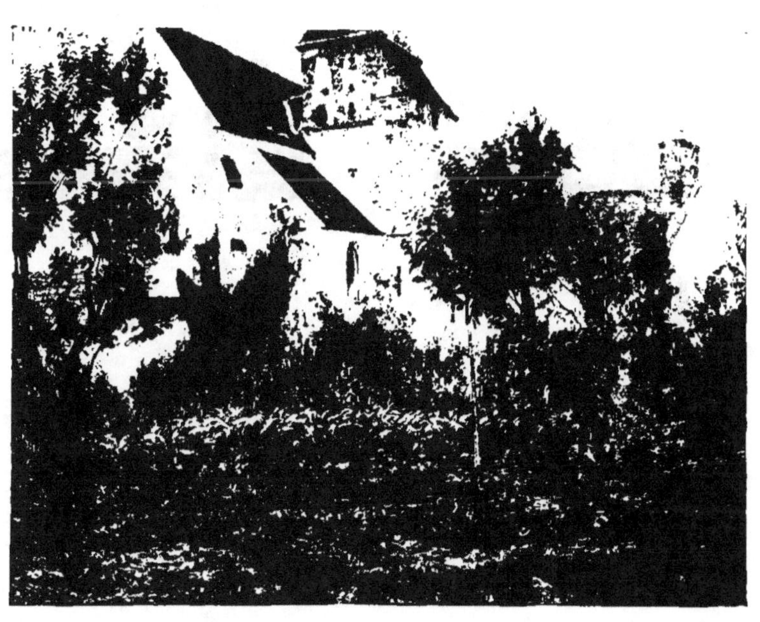

Haver. *Le jardin.*   *The garden.*

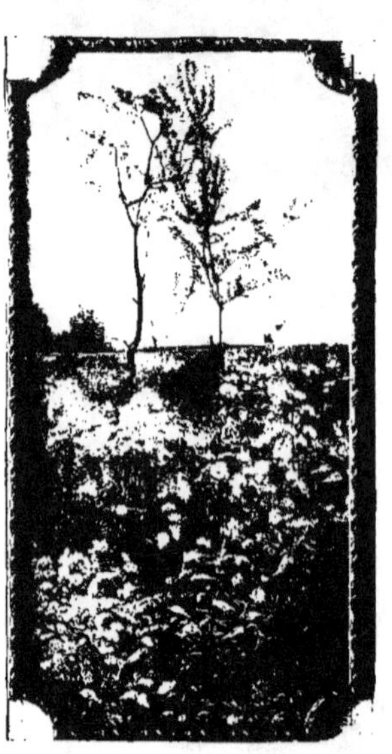

MARCHAL. **A.** *Panneau décoratif.*
A decorative panel.

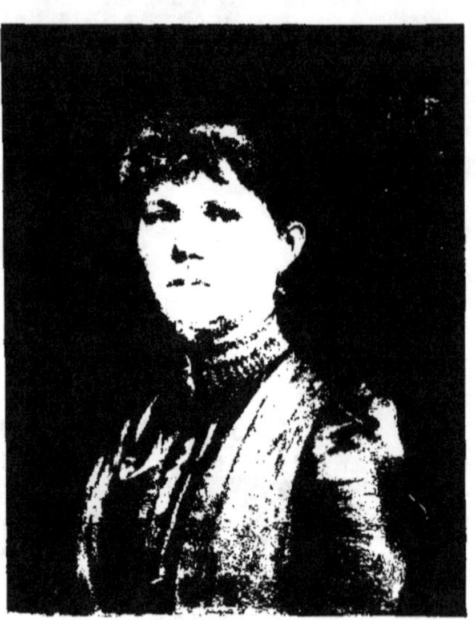

DELECLUZE. *Portrait.*   *Portrait.*

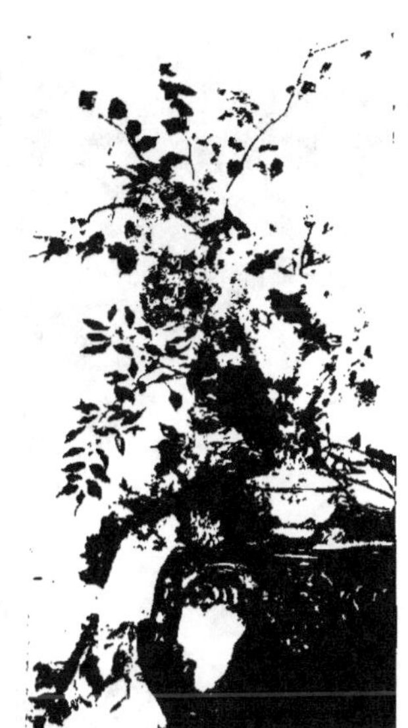

LEMAITRE, G. *Fleurs d'automne.*
Autumn flowers.

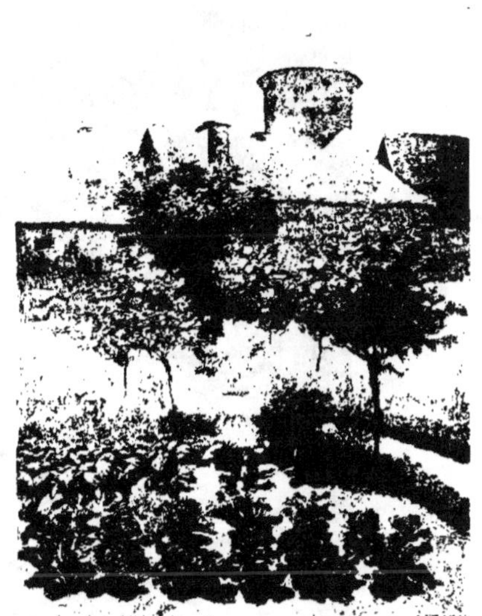

FULLONTON. *Un jardin. — A garden.*

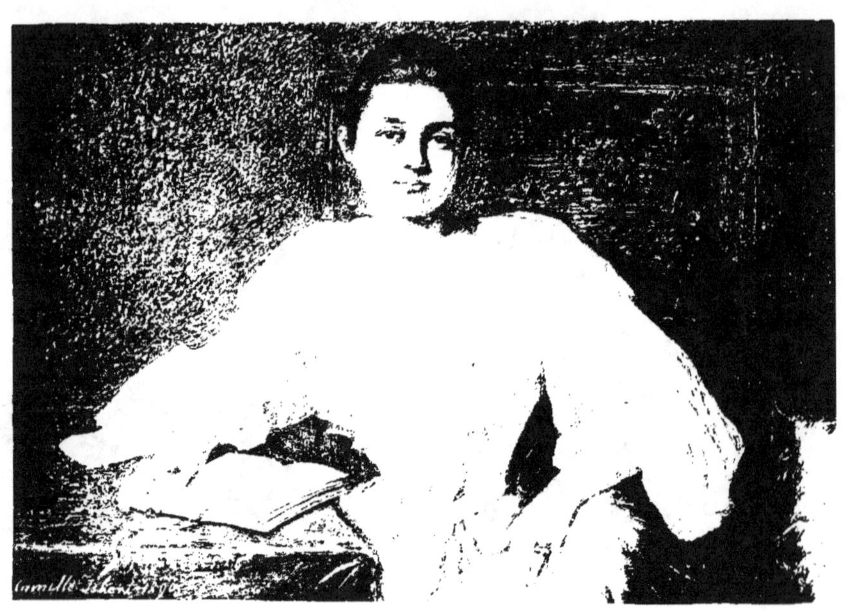

Portrait de Mme Lazare W. — Mrs. Lazare W., a portrait.

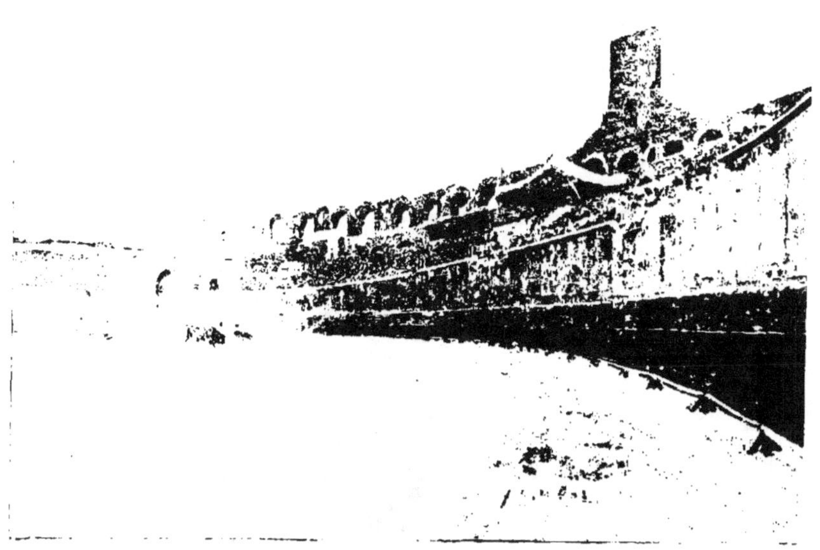

Montenard. S. *Les arènes d'Arles.* The arena of Arles.

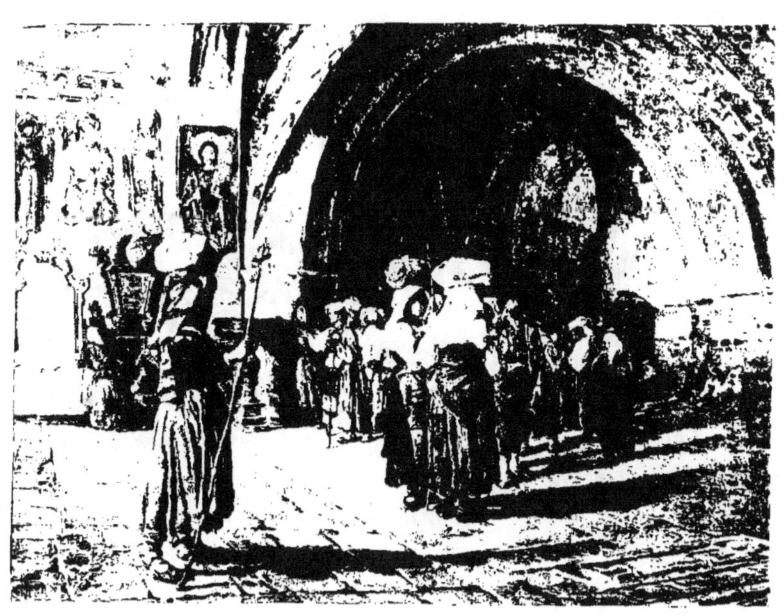

Nourse. *Le pardon.* The pardon.

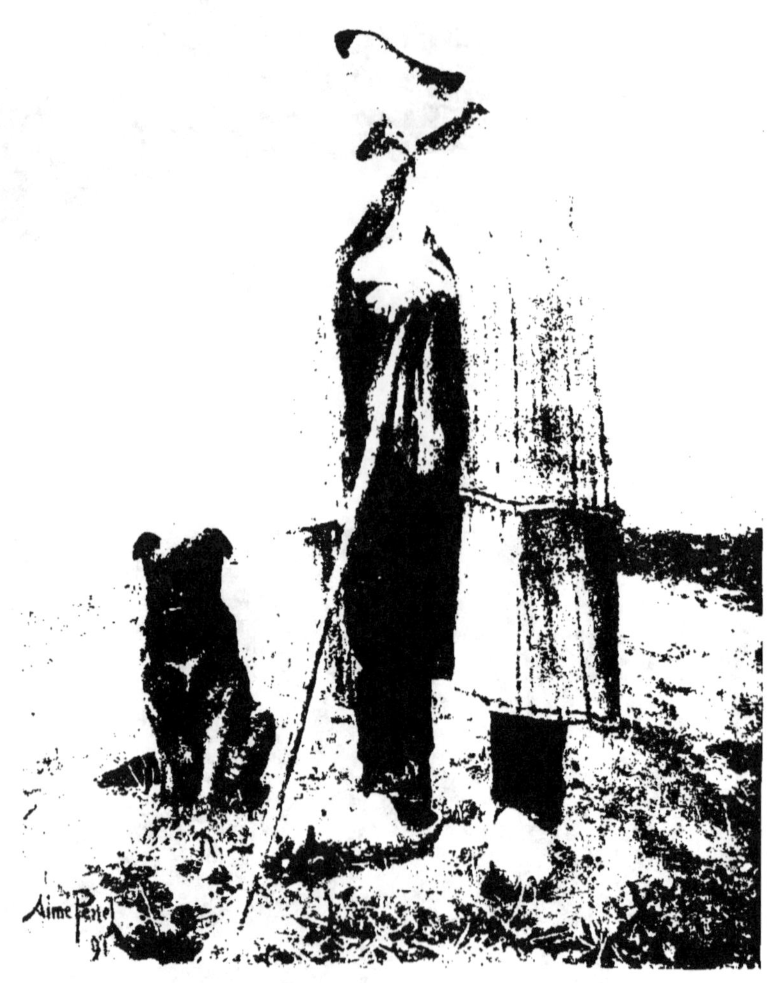

PERRET A. - *A. Berger. - A shepherd.*

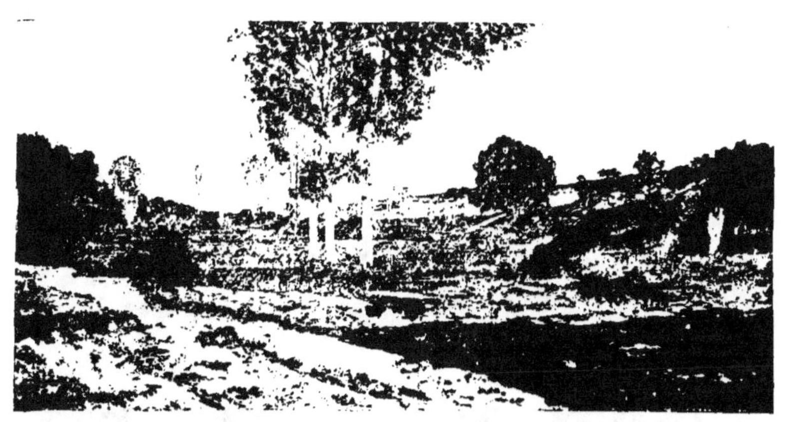

Carrier. **A.** Vallée.   A dale.

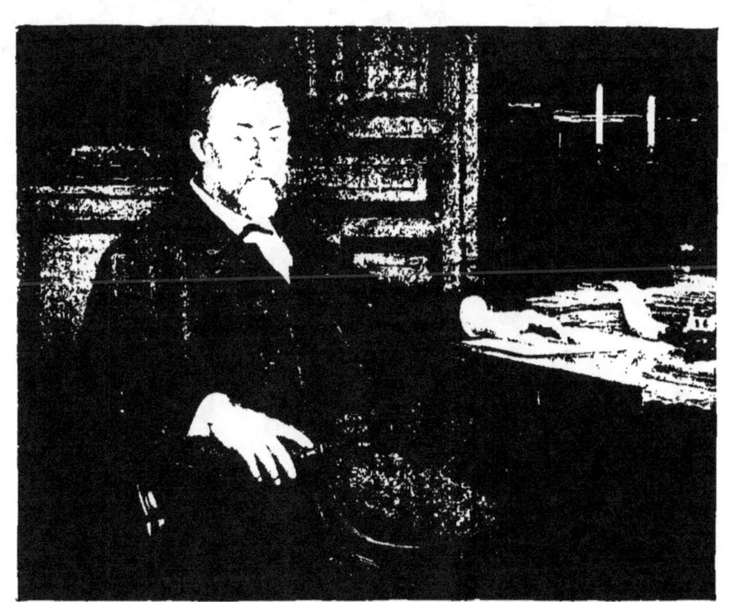

Girardet. **S.** Portrait de M. B.   Mr. B., a portrait.

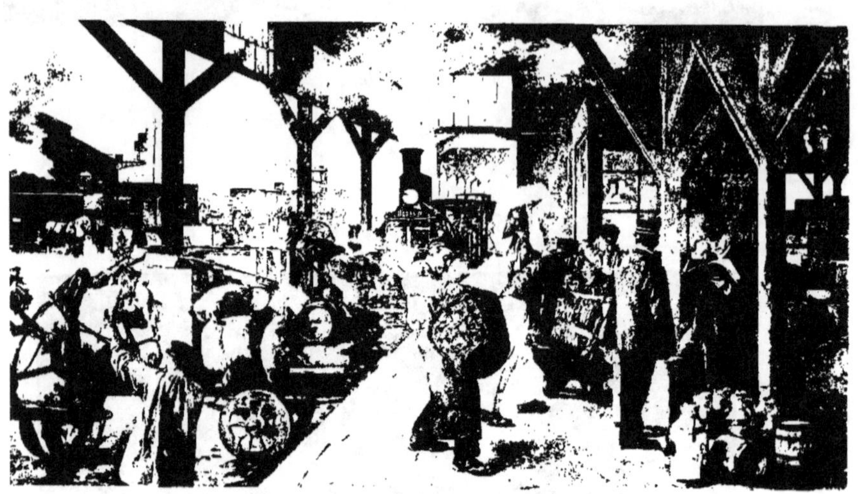

COURBET. Gare de marchandises — A goods station.

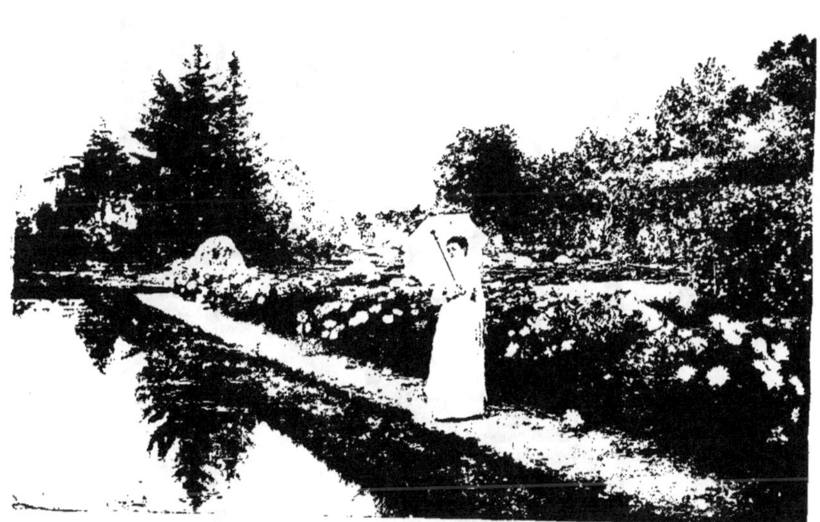

Gravure 1 : La châtelaine — The lady of the house.

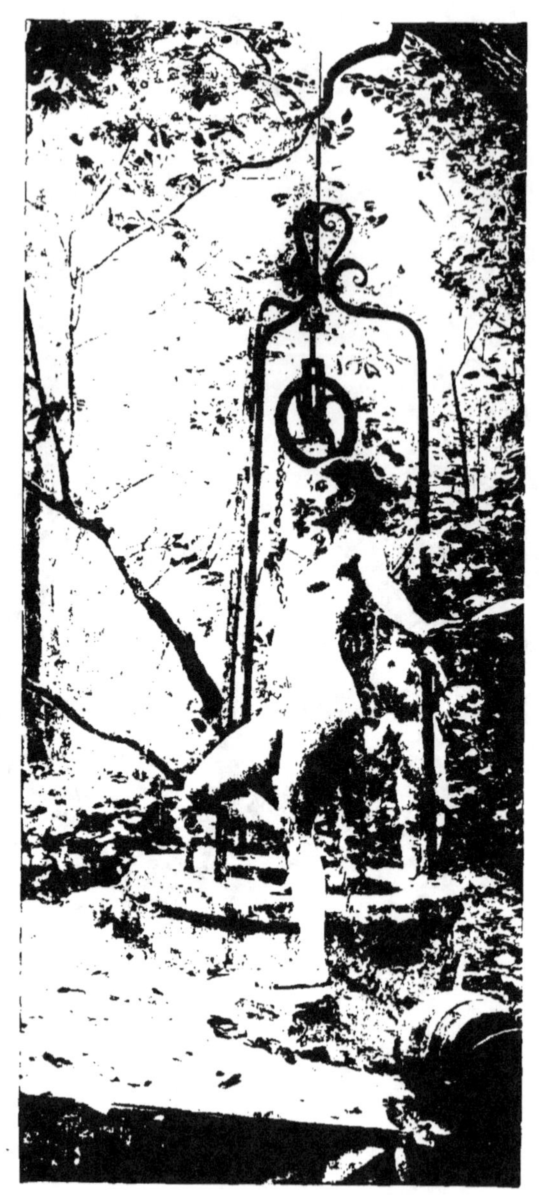

Hynais. *Vérité.* — *Truth.*

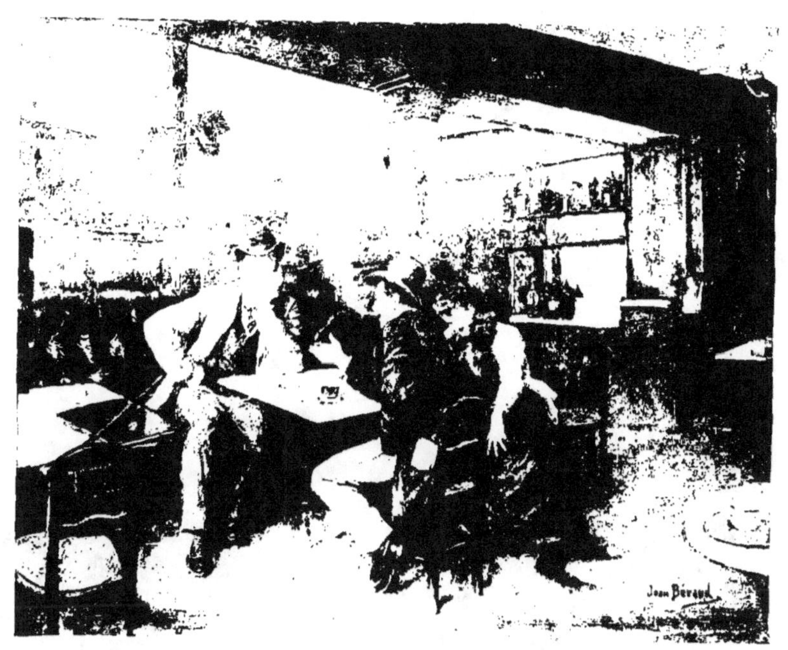

Béraud J.. S. Au café-concert. — At the music-hall.

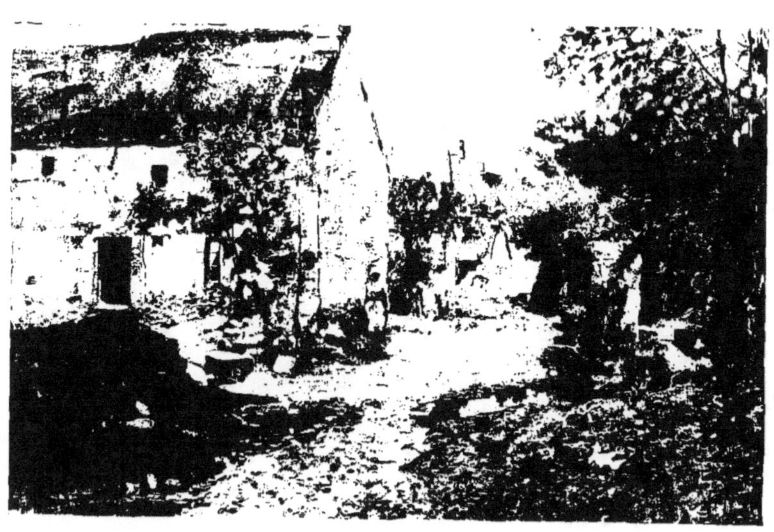

Durst A.. S. La Hague (rue de Gréville). — La Hague (Gréville street).

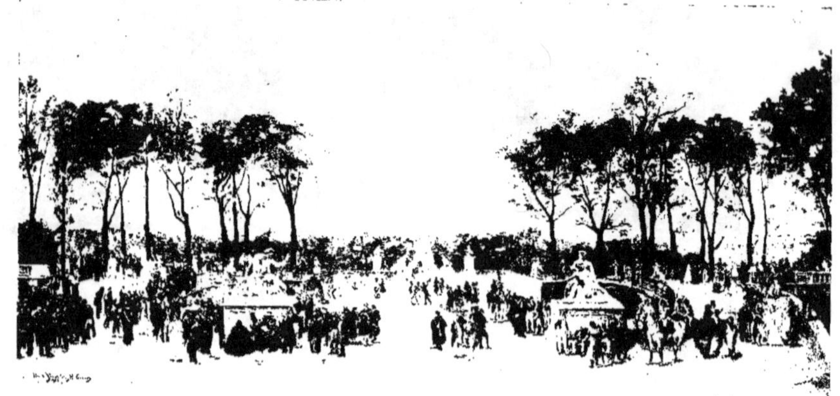

STEVENS ET GERVEX. *Esquisses du Panorama du jardin des Tuileries.*
Sketches of the panorama of the Tuileries.

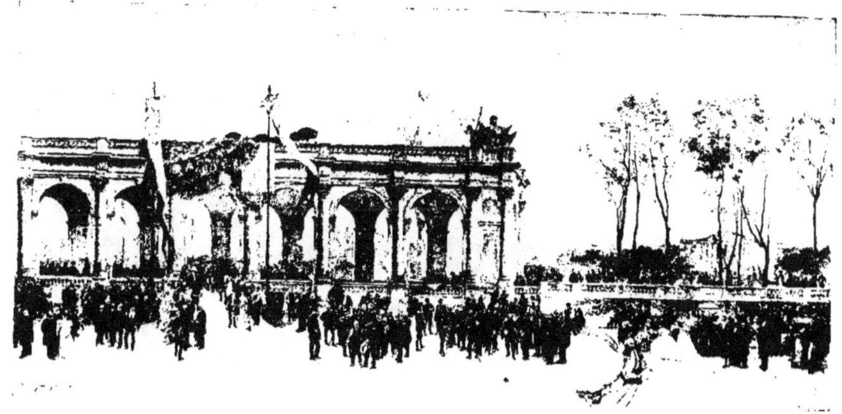

STEVENS ET GERVEX. *Esquisses du Panorama du jardin des Tuileries*
Sketches of the Panorama of the Tuileries.

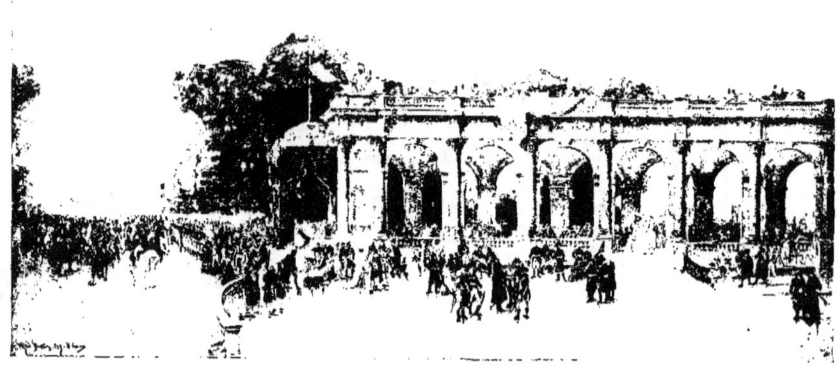

STEVENS ET GERVEX. Esquisses du Panorama du jardin des Tuileries.
Sketches of the Panorama of the Tuileries.

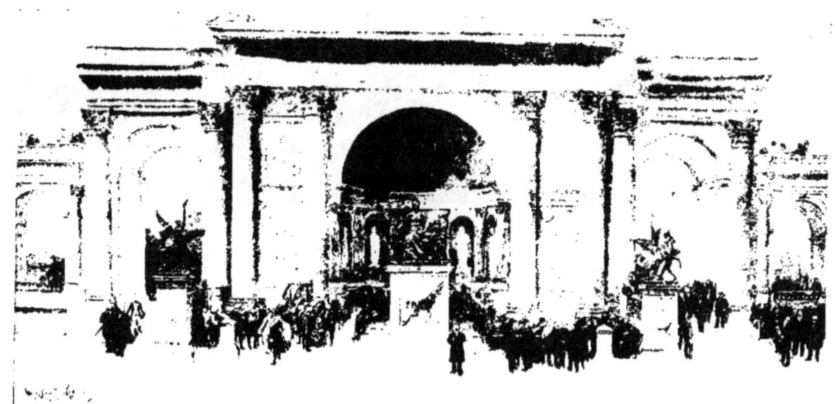

STEVENS ET GERVEX. *Esquisses du Panorama du jardin des Tuileries.*
Sketches of the Panorama of the Tuileries.

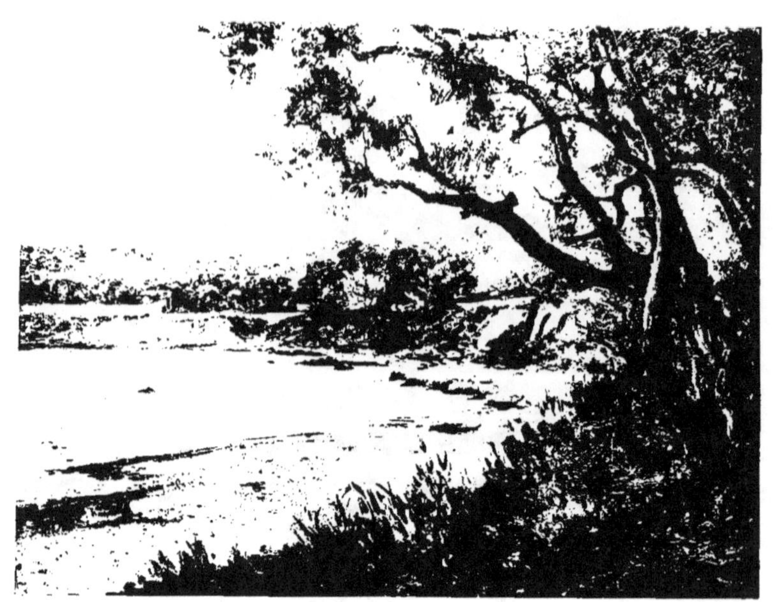

Bretagne. *Baie Saint-Jean.* — St John's bay.

5650

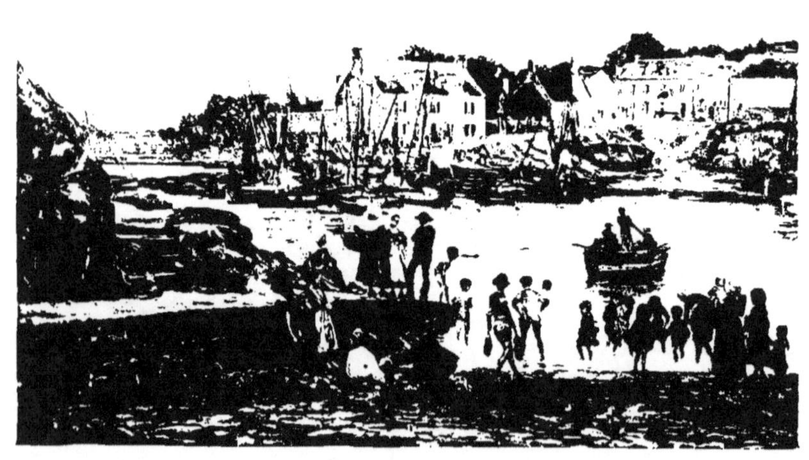

Gravel (?) — *La cale du passage de Concarneau.*
The ferry-dock of Concarneau.

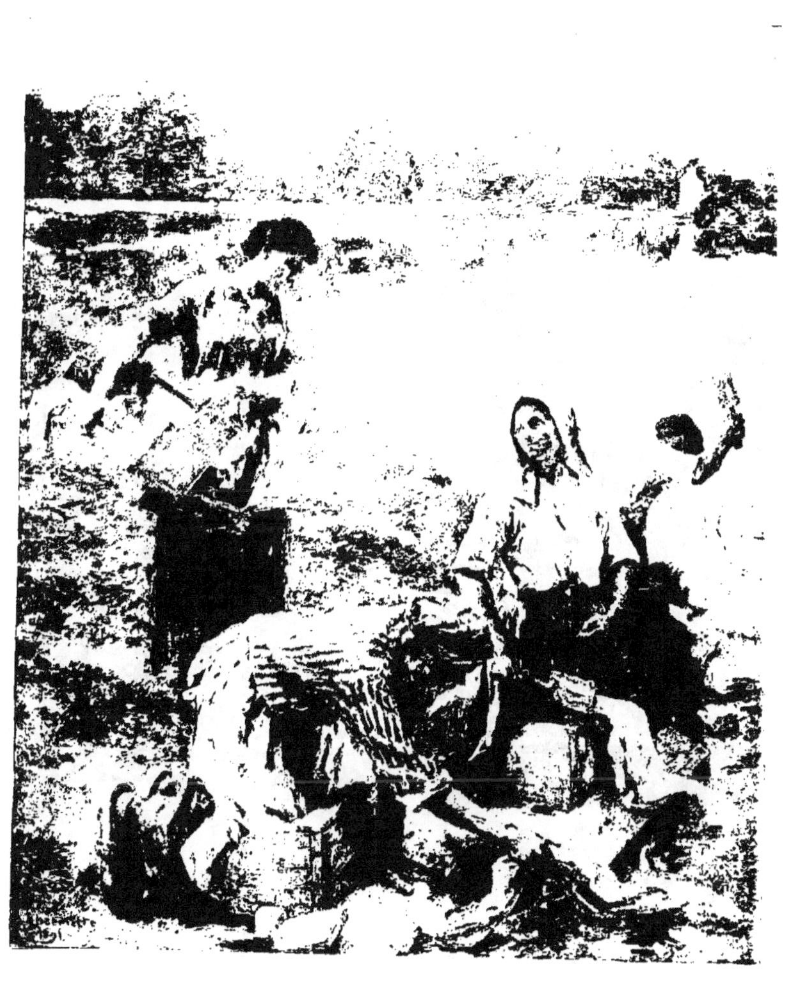

LHERMITTE. S. *Laveuses des bords de la Marne.*
Washerwomen of the banks of the Marne.

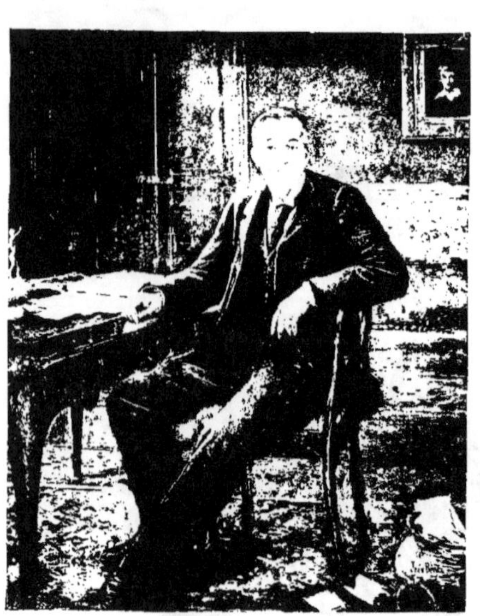

Breach J. . S. *Portrait*

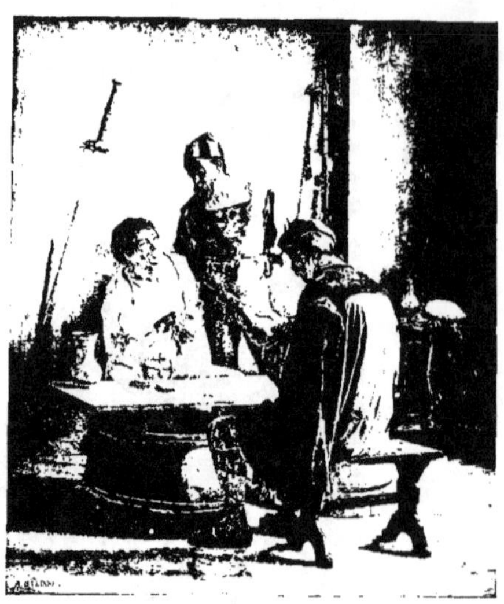

Steismal. *Partie de cartes.* *Playing at cards.*

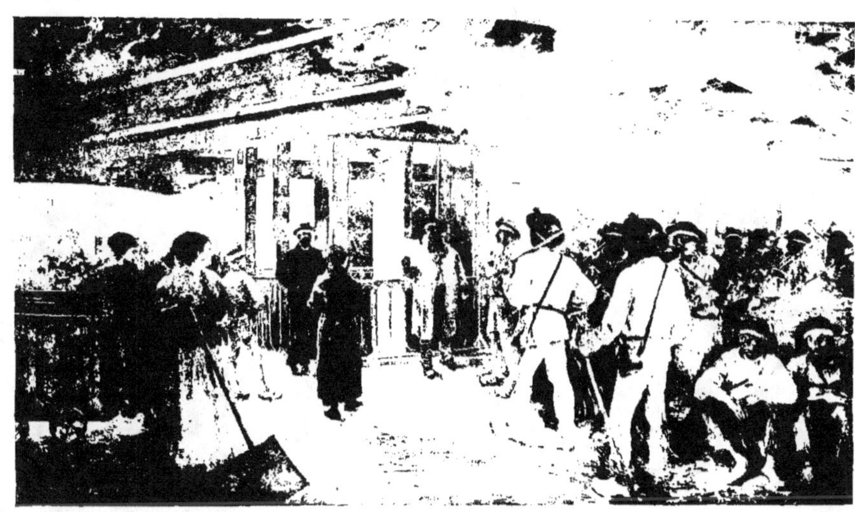

DESSIN. 8. L'entrée d'une mine; appel des mineurs appartient au ministère des Travaux publics.
Entrance of a mine; the miners mustering belongs to the board of Public Works.

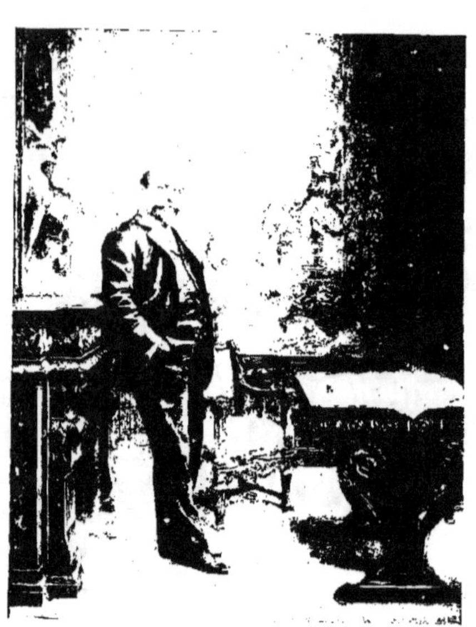

Sylvestre. *Portrait de M. Eug. Letellier.*
Portrait of Mr. Eug. Letellier.

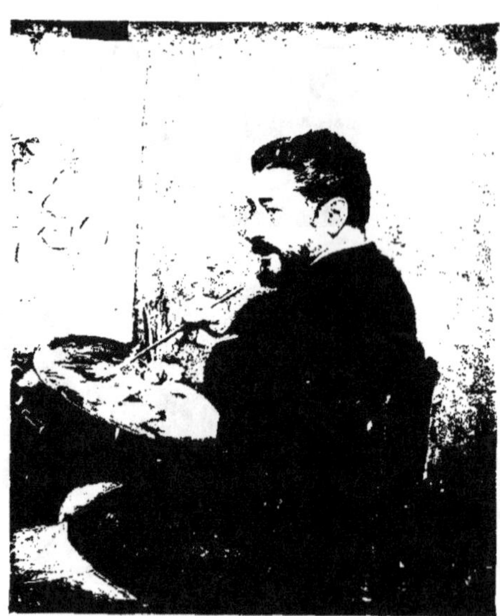

Launay (de). *Portrait.*

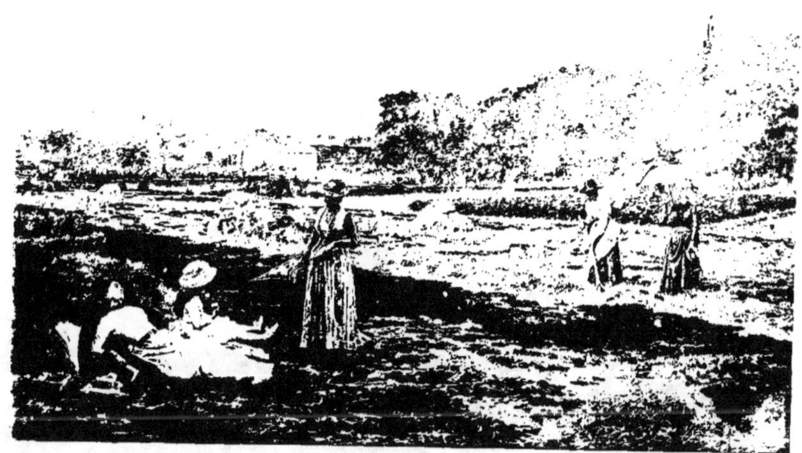

LHERMITTE-GIRARD. 8. *Les foins.* Haymaking.

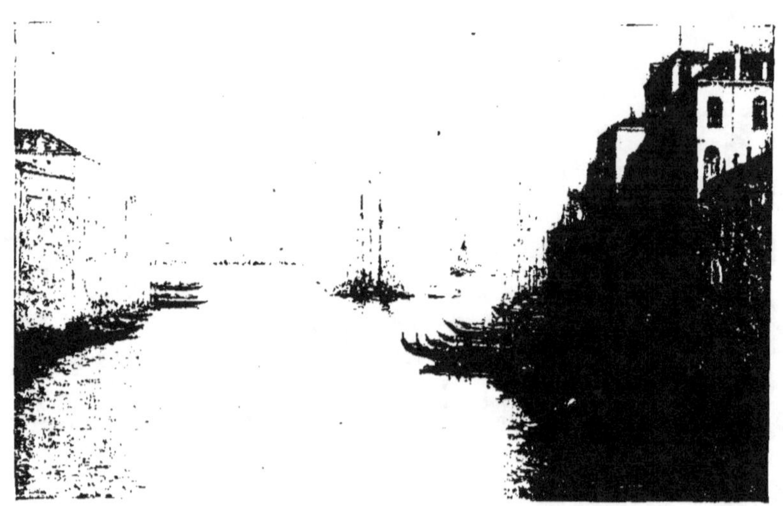

BERGERS. **A** Venise. — Venice.

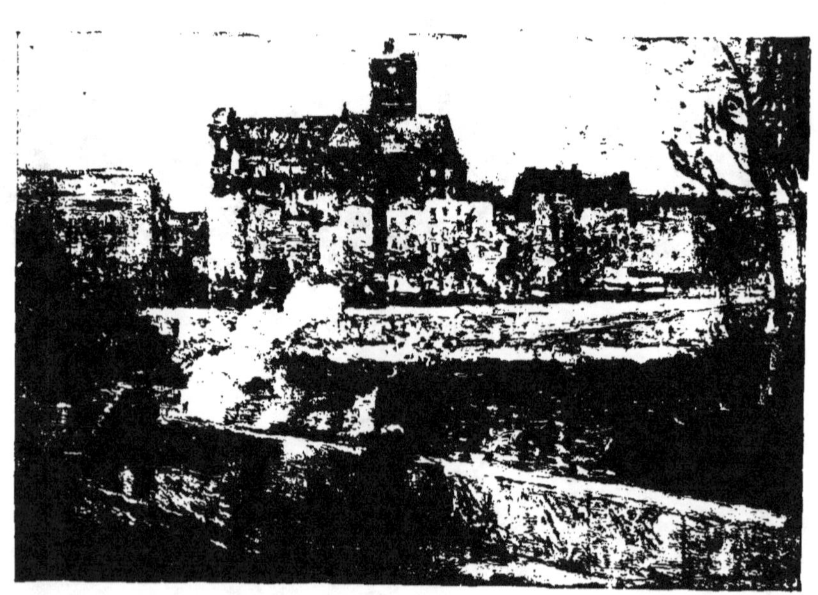

LÉPINE A. S. Le quai de l'Hôtel de Ville
The Hôtel de Ville embankment.

140

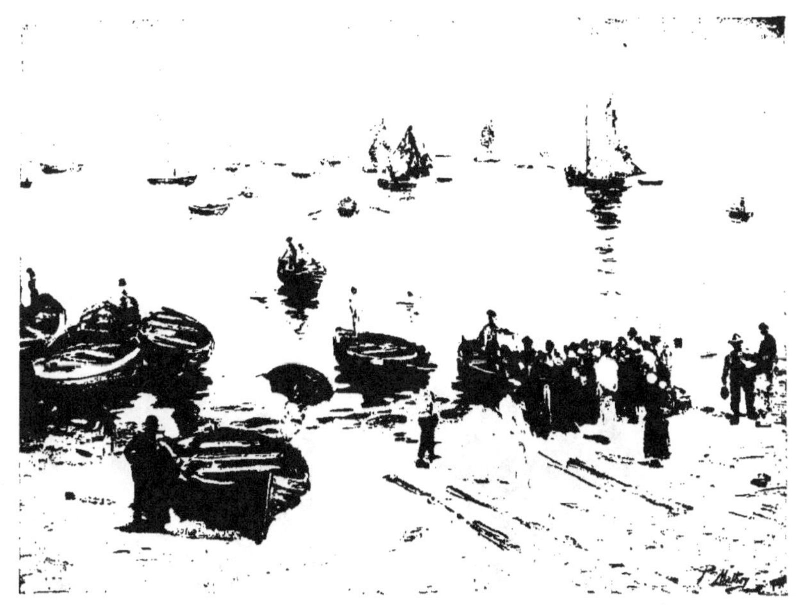

MATHEY P.-S. *La plage à Grandcamp. — Grandcamp's beach.*

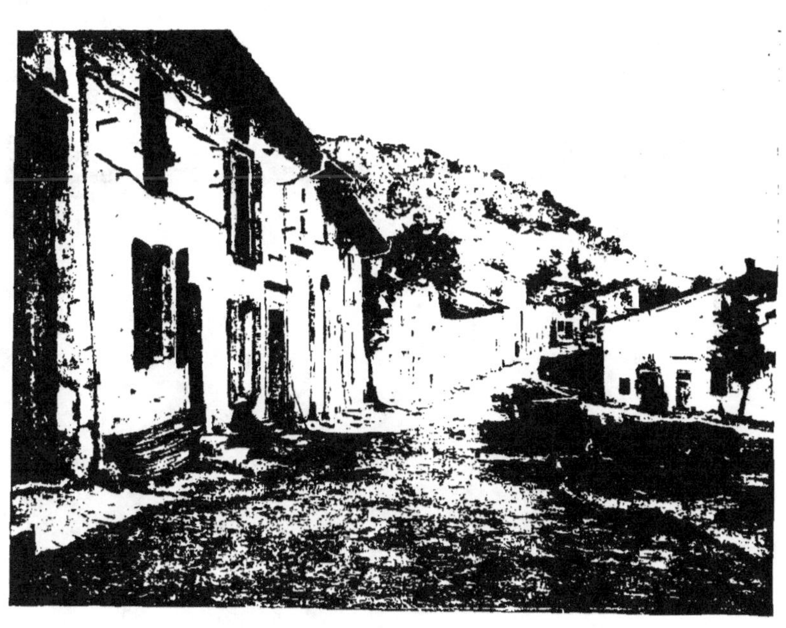

BASTIEN-LEPAGE. *Un village en Lorraine.*
A village in Lorraine.

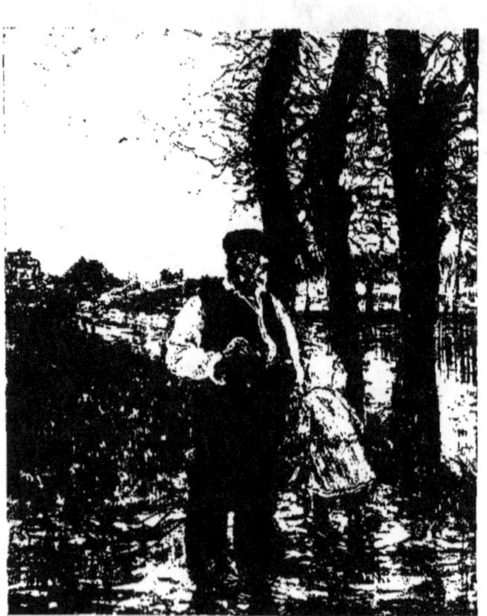

RAFFAELLI. *Le grand père.* *Grand-father.*

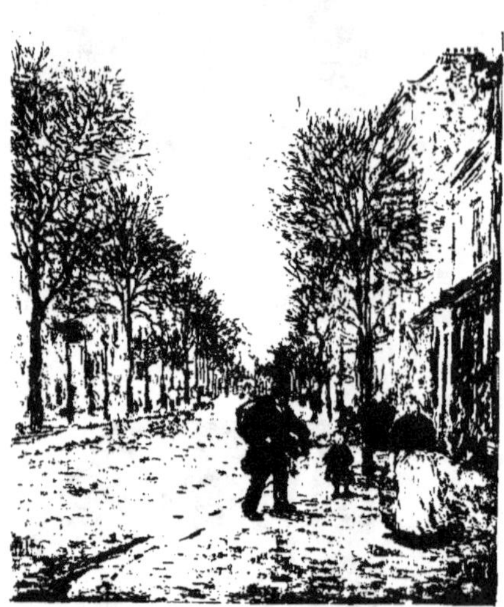

RAFFAELLI. *Avenue d'Argenteuil.* *Argenteuil avenue*

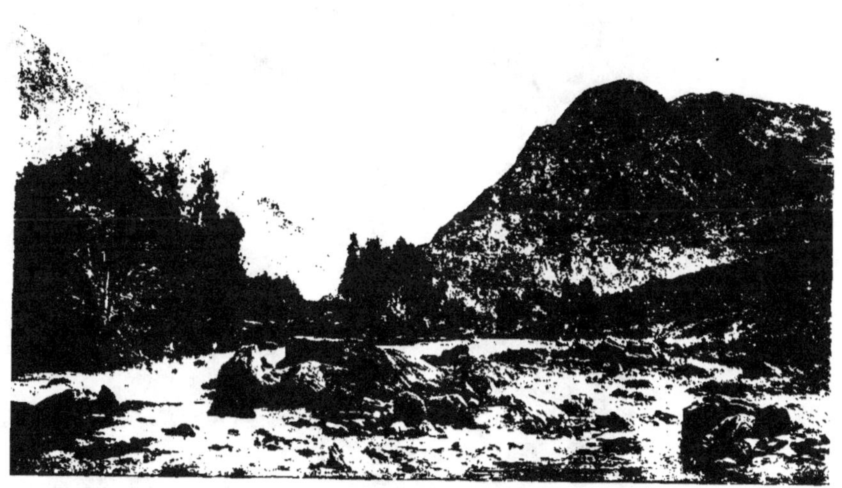

GUEXM. 8. *La vallée du Veneon, à bourg d'Aru. — The valley of the Veneon, at bourg d'Aru.*

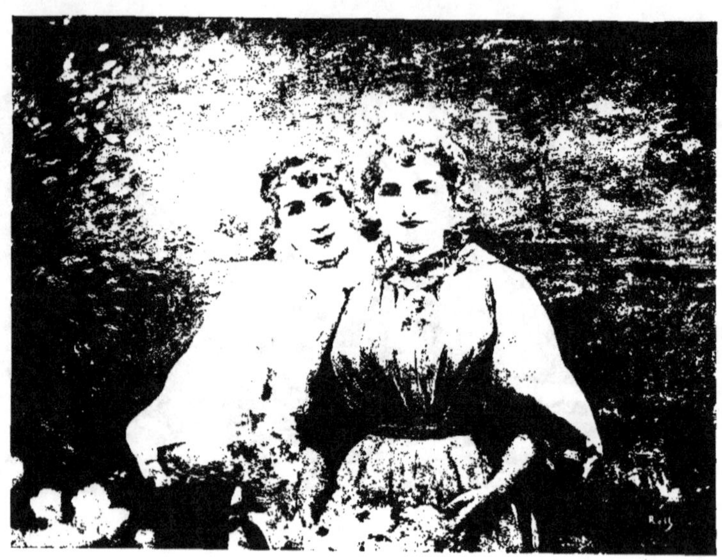

Ren . S. *Jeunes filles.   Young ladies.*

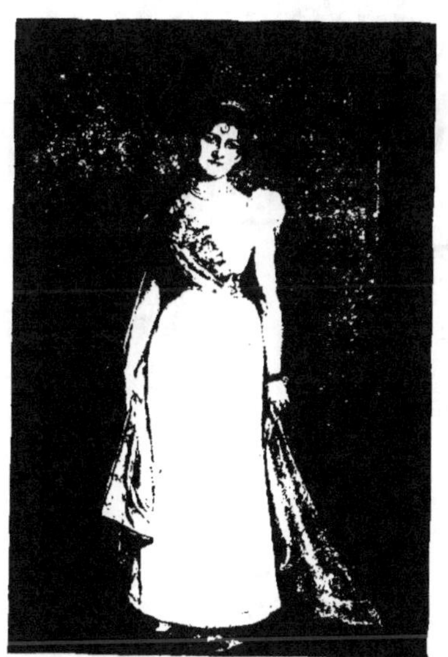

Costume S. Portrait de M...
Portrait of M...

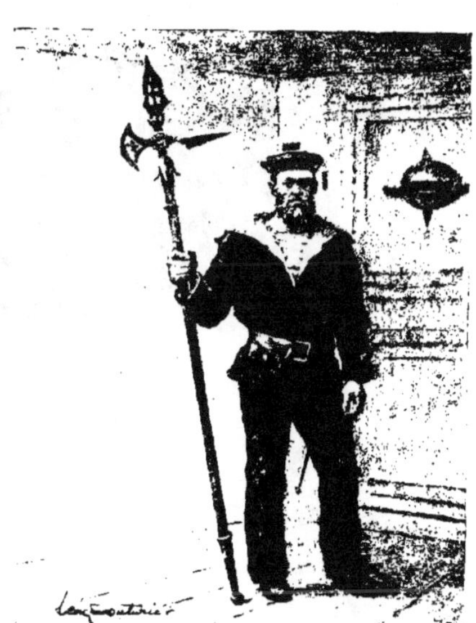

Costume L... Le factionnaire du commandant.
The sentry at the captain's door.

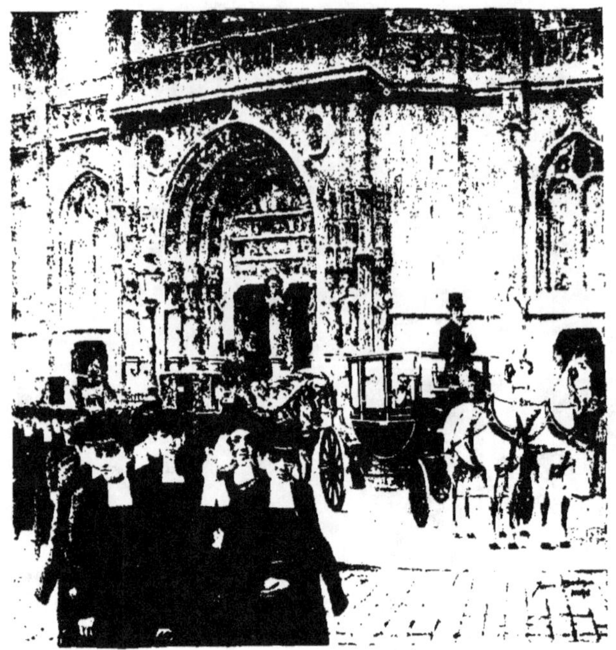

Béraud J. *Le mariage Saint-Laurent*. — *The wedding*

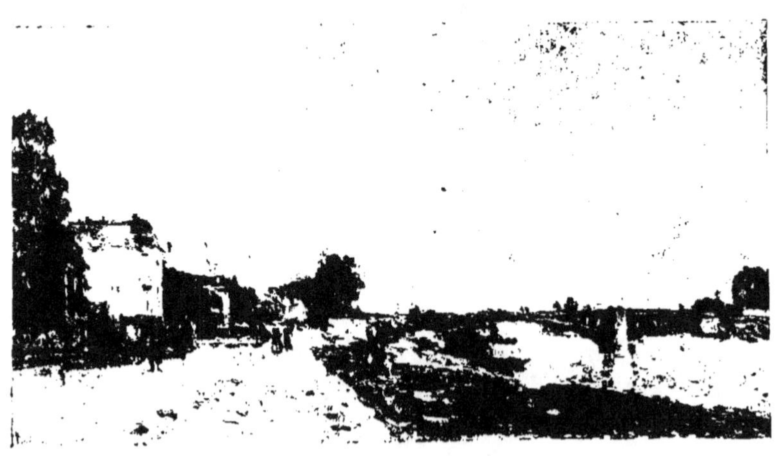

Lebourg A. *Pont de Suresnes*. *Suresnes bridge*.

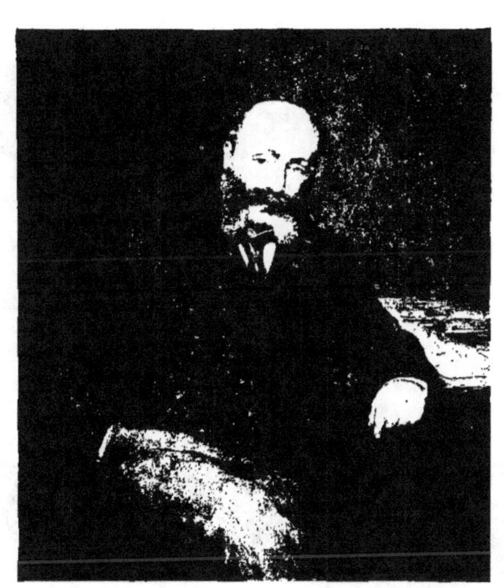

Roskof. **A.** *Portrait de M. Arthur Meyer.*
M. Arthur Meyer, a portrait.

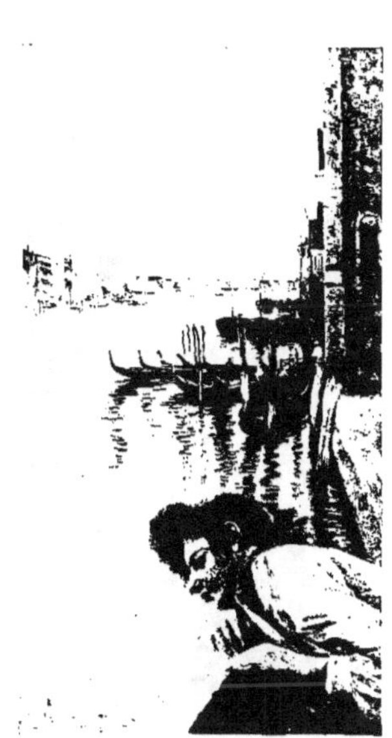

Godesette. **S.** *Au balcon; Venise.*
At her balcony; Venice.

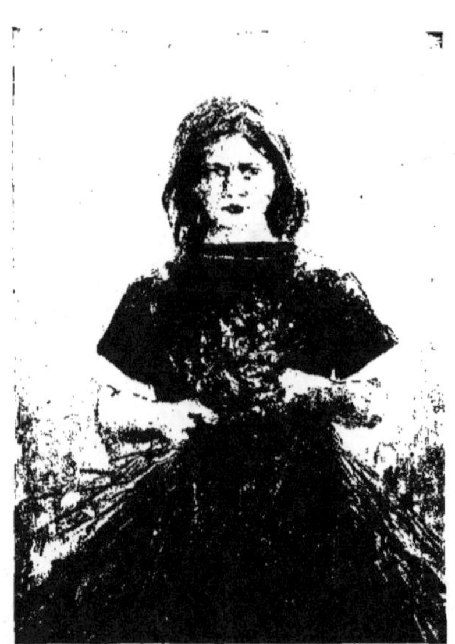

BAUDOIN. **S.** *Glaneuse. — A gleaning girl.*

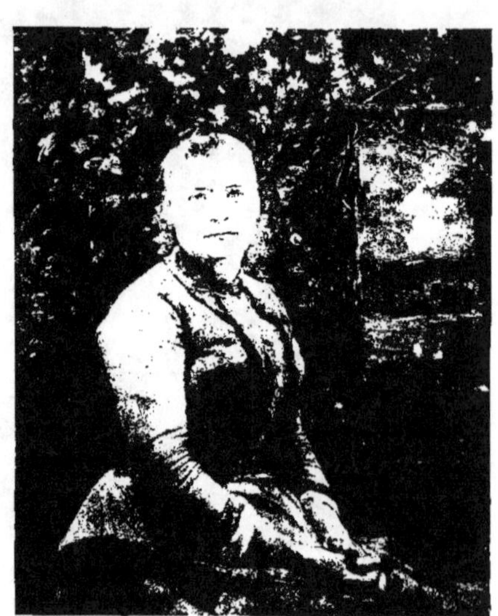

DELLUZE. **A.** *Portrait de Mme X.*
Mrs. X., a portrait.

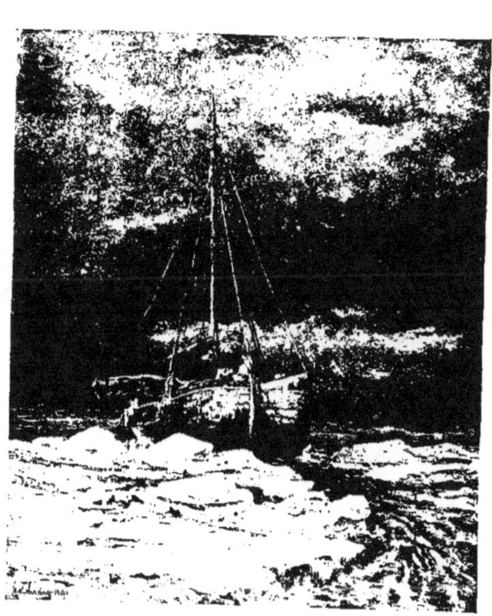

Mesdag. S. *Hiver de 1891 au bord de la mer*
The winter of 1891, at the sea-side

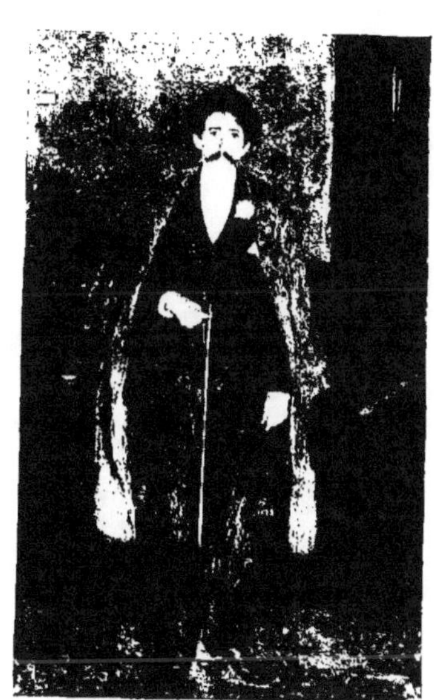

Blanche. S. *Portrait de M. A. Rivarde.*
Portrait of M. Rivarde.

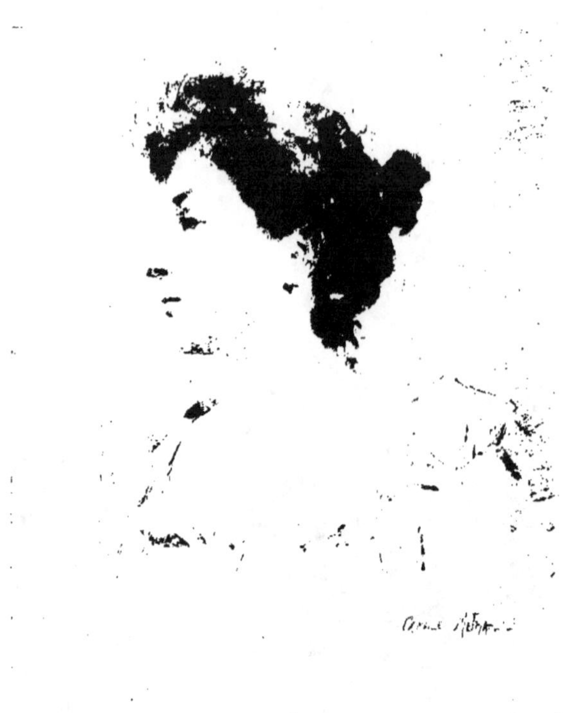

MÉTRY, C. *Petite Fadette.* — *Little Fadette.*

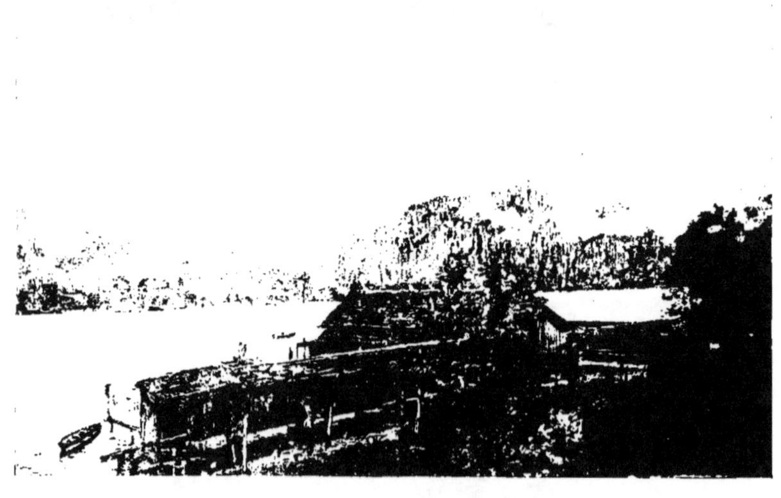

MEIXMORON DE, A. *Union nautique.* — *Nautical union.*

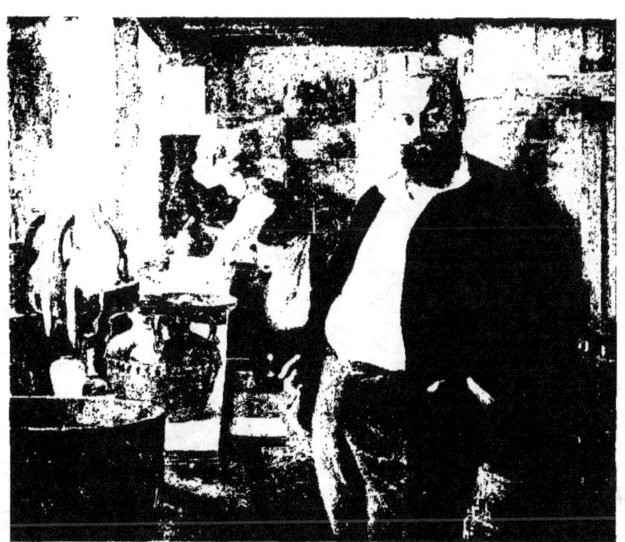

Ménard. *Portrait de M. D.*   *Portrait of Mr. D.*

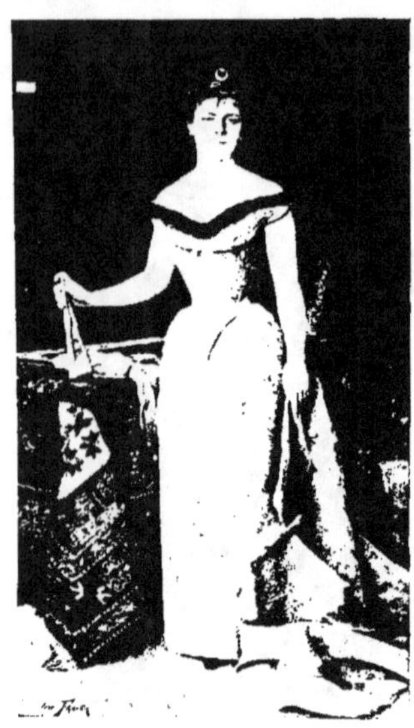

Figure I. — Portrait de Mᵐᵉ B. S.
Portrait of Mrs. B. S.

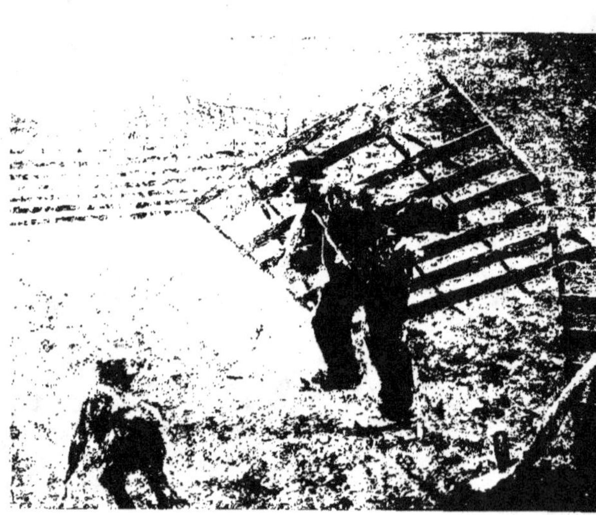

Nature II. — **A.** Berger déplaçant son parc. — A shepherd moving a sheep-fold.

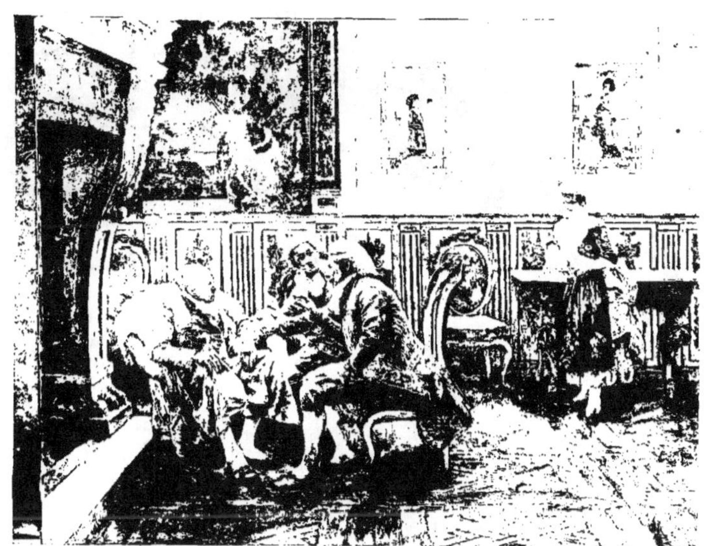

Ibáñez M. : *Consultation.* — *Taking advice.*

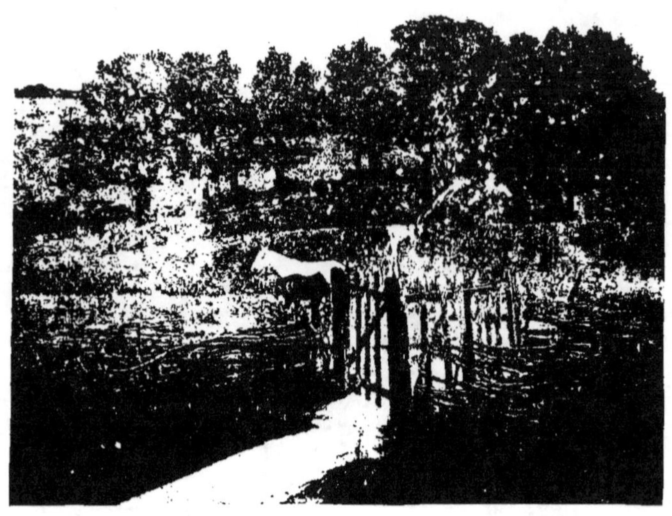

FERRAZZINI. **A.** *Paysage d'automne.* — *An autumn landscape.*

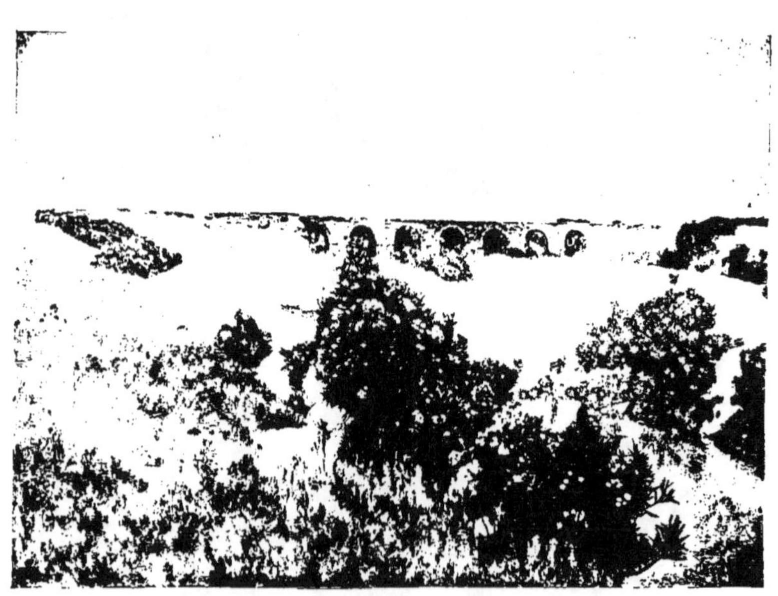

ARY RENAN. **S.** *Les basses eaux; Algérie.* — *Low waters; Algeria.*

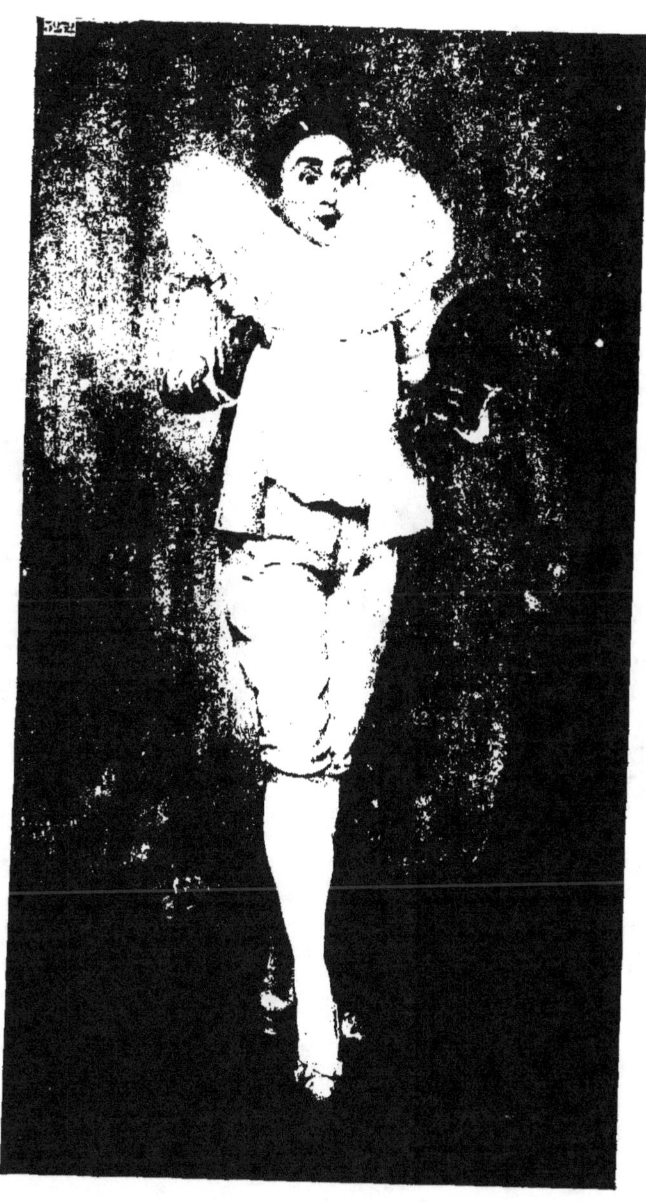

CARRIER-BELLEUSE, **A**. *Le miroir de pierrot (Mme Lilini).*
Pierrot's looking-glass (Miss Lilini)

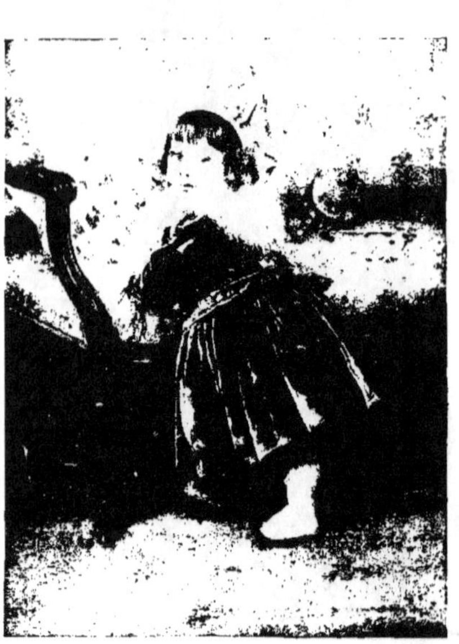

CARRIER-BELLEUSE, A. Portrait du petit Jacques.
Jimmy's portrait.

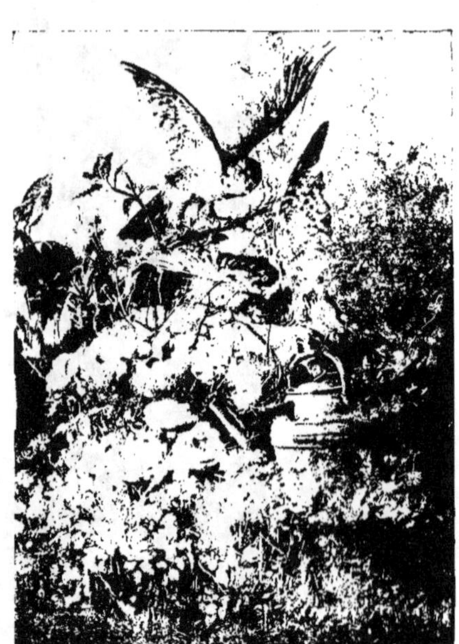

LLOSNE. Éperviers et fleurs. — Kites and flowers.

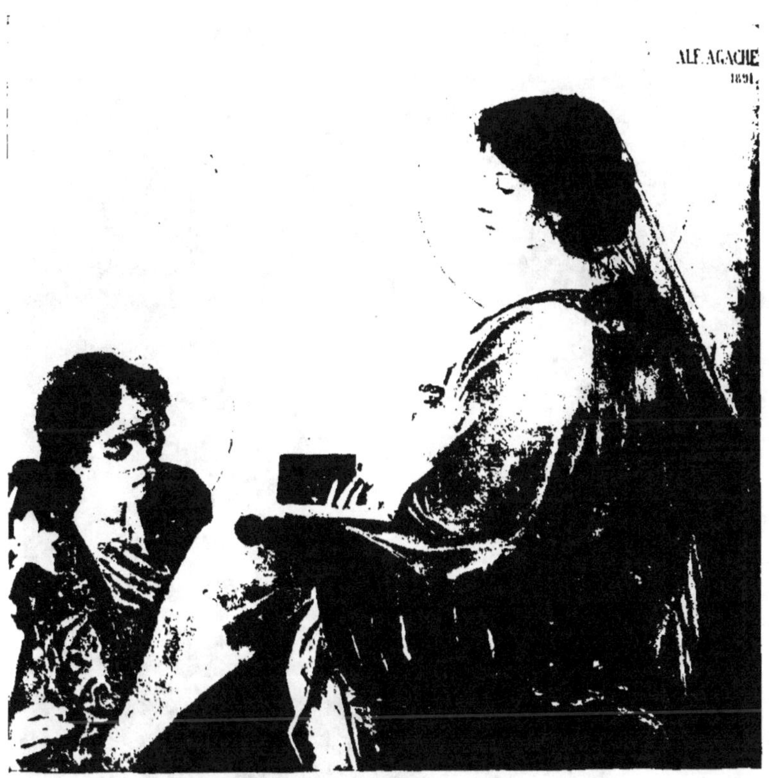

AGACHE, S. L'Annonciation. — The annunciation.

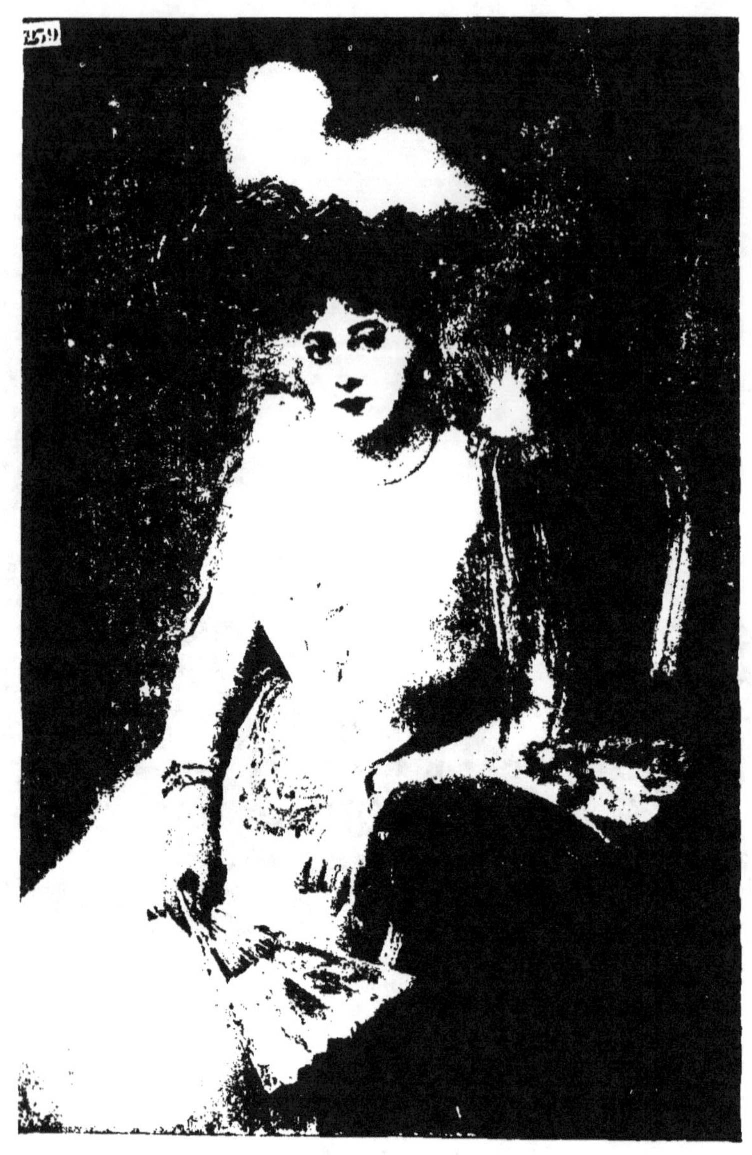

CARRIER-BELLEUSE, **A.** *Portrait de M⁰ᵉ P. R. — Portrait of Mrs. P. R.*

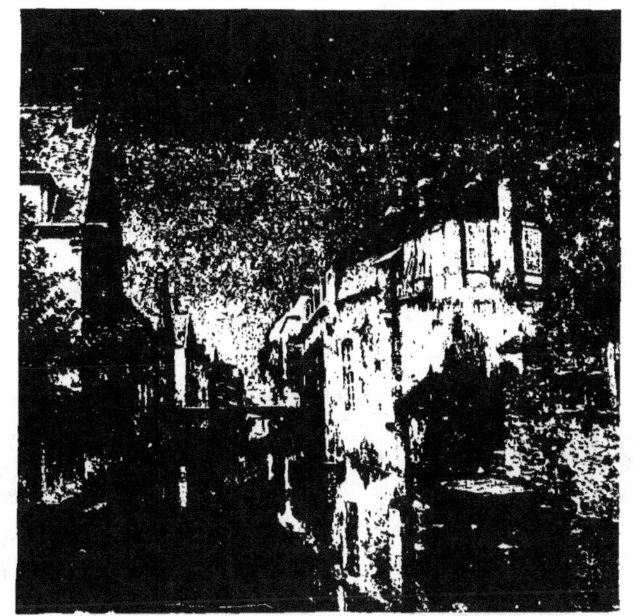

Cazin J.-C. S. *Minuit. — Midnight.*

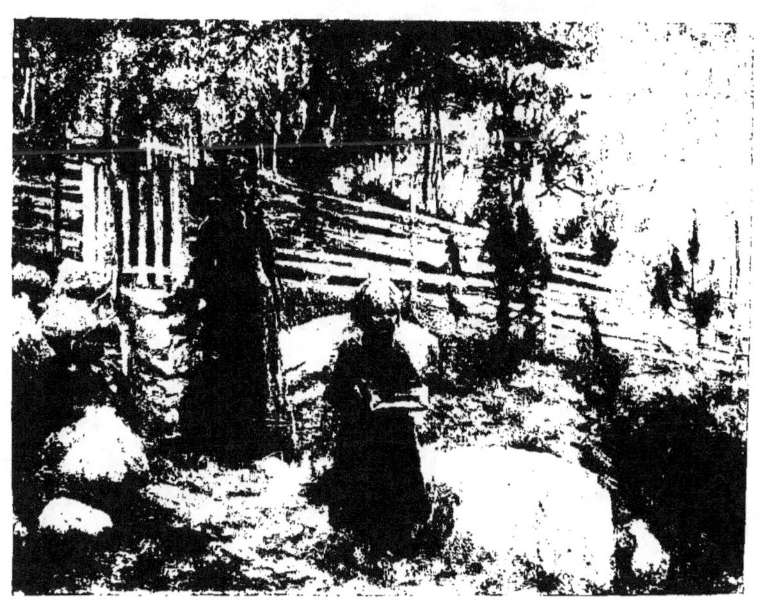

Edelfelt. S. *Sous les bouleaux. — Under the birch-trees.*

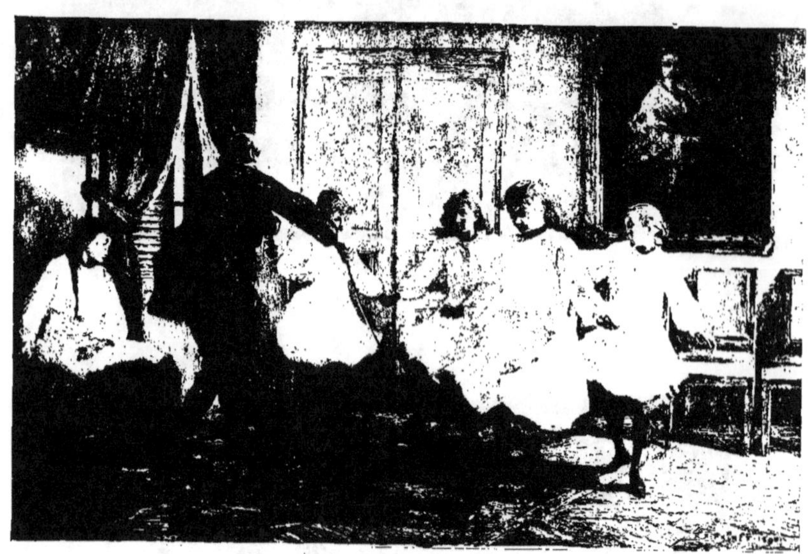

Drelay. *Leçon de danse, d'après Primet.* — *A dancing lesson, after Primet.*

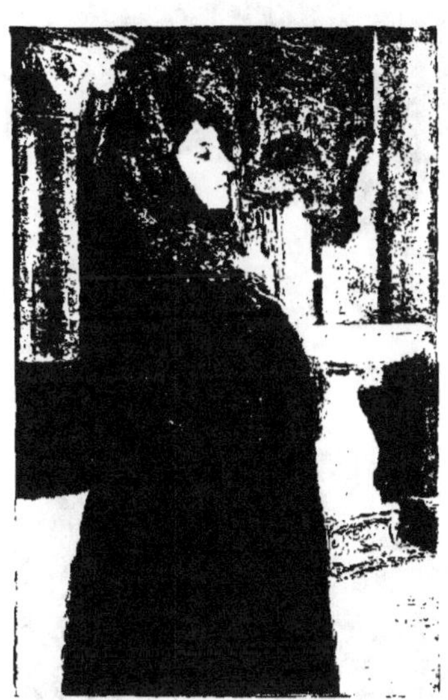

WOLFF B. *Dans une église.* — *At church*

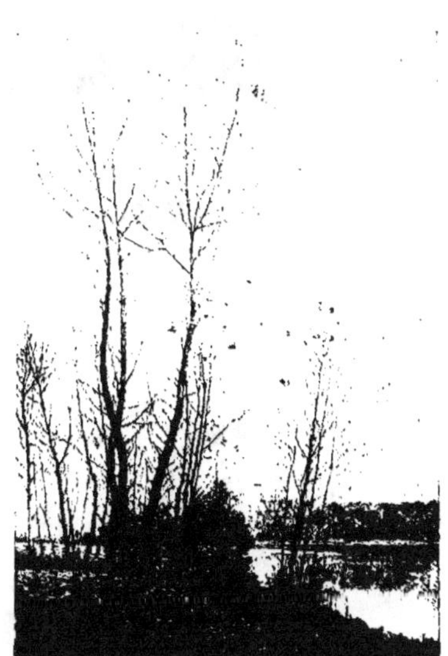

ROUMANS. S. *Valmondois.*

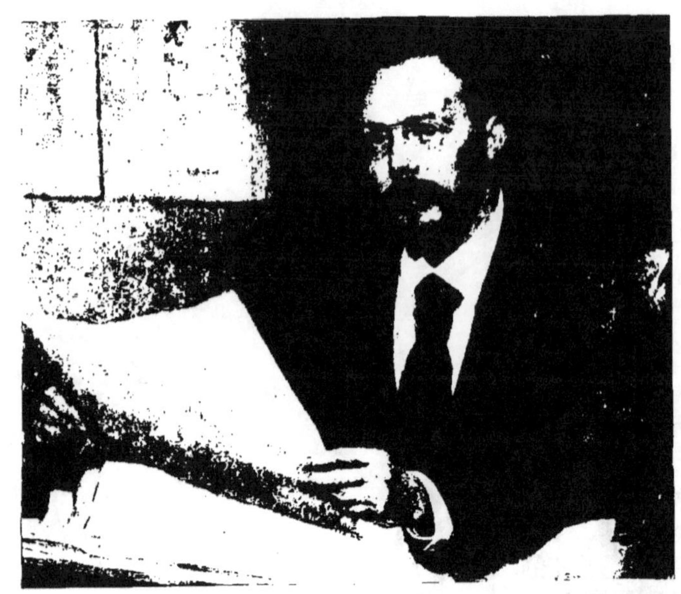

EDELFELT. S. *Portrait de M. H. M.* — *Portrait of Mr. H. M.*

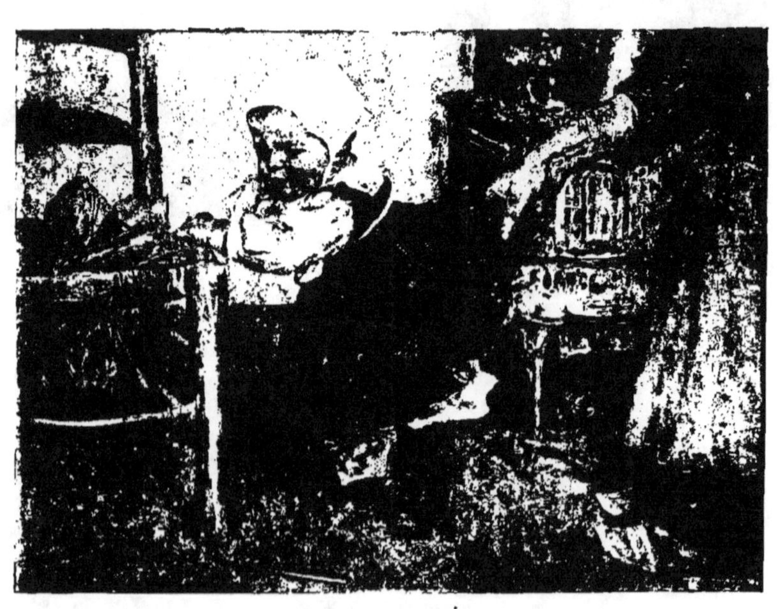

LHERMITTE (L.-A. S. *Le sommeil de l'enfant.* — *The child's sleep.*

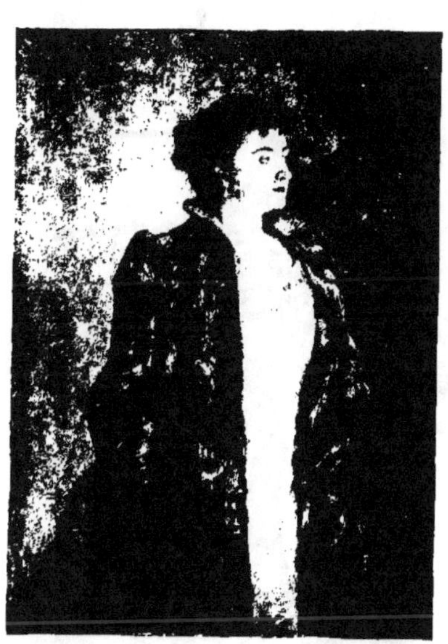

Roblet P. A. *Portrait.*

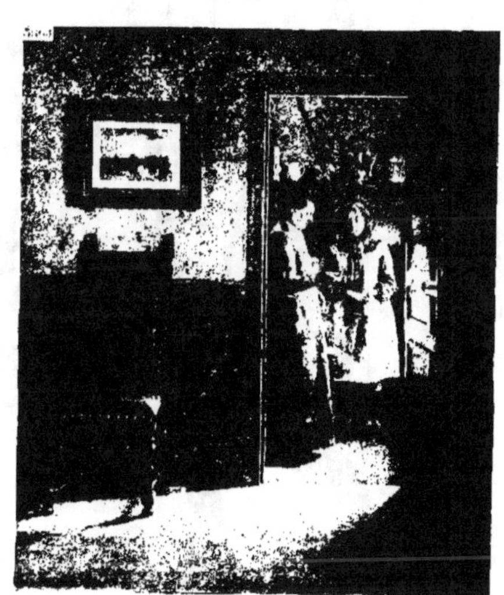

Louvre. S. *La rentrée du marché.*
Back from the market-place.

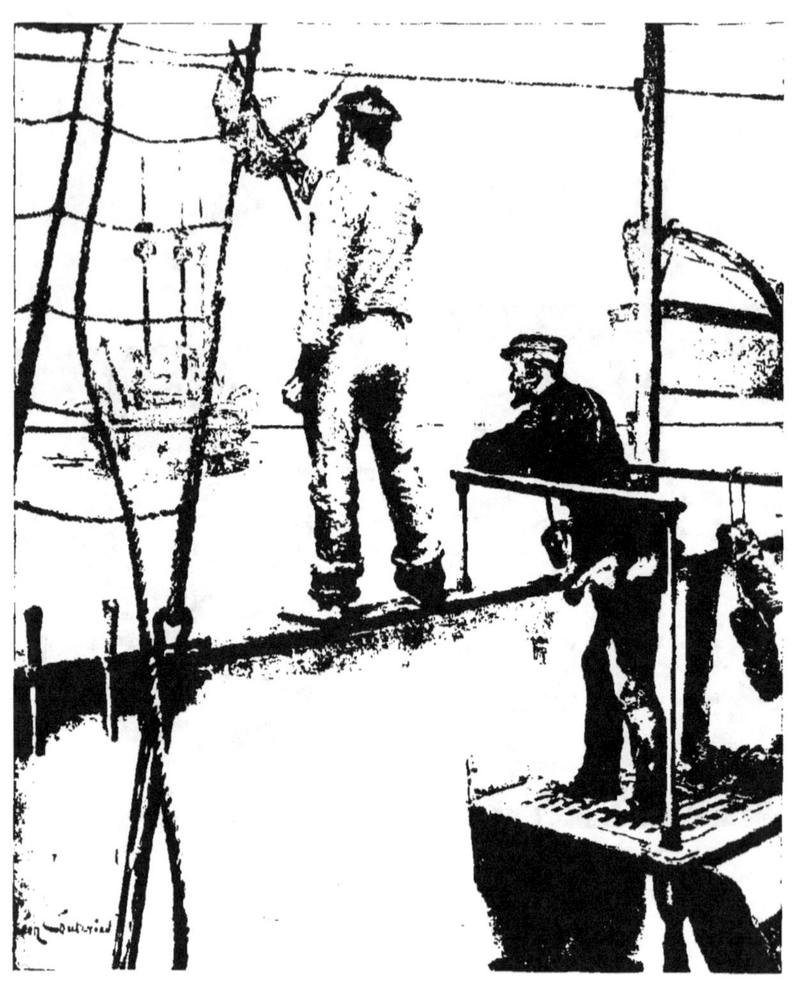

Commandant L. S. Signaux en escadre — Squad on signals

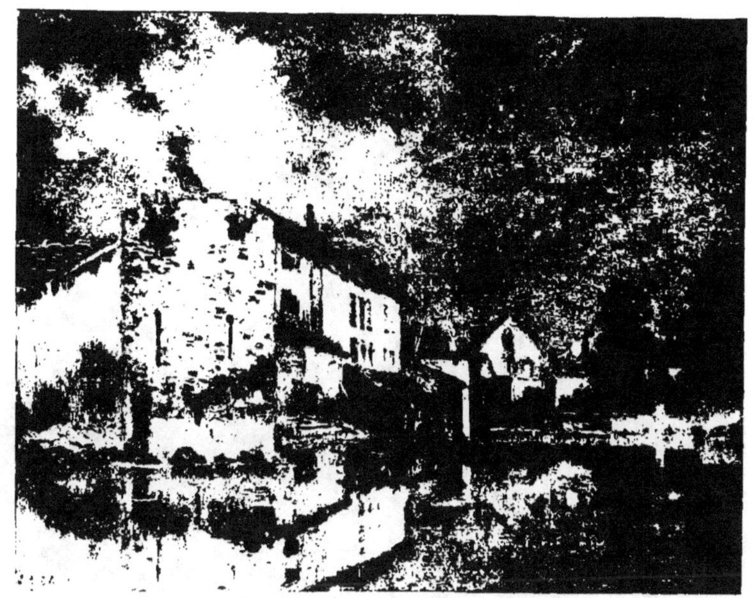

Gazin. S. *Une digue en Hollande. — A dike in Netherlands.*

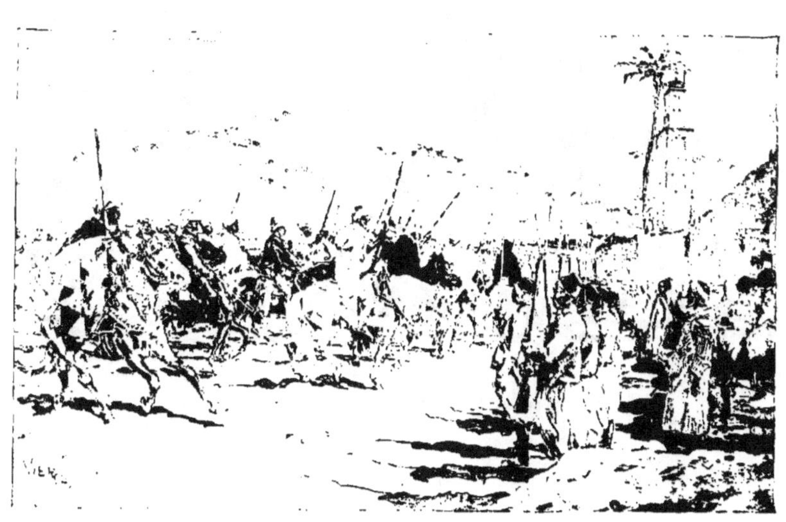

Urrabieta Vierge D. *Sujet d'Algérie. — An Algerian picture.*

133

DEFORT (C. S. *Sergent racoleur.* — *A recruiting-sergeant.*

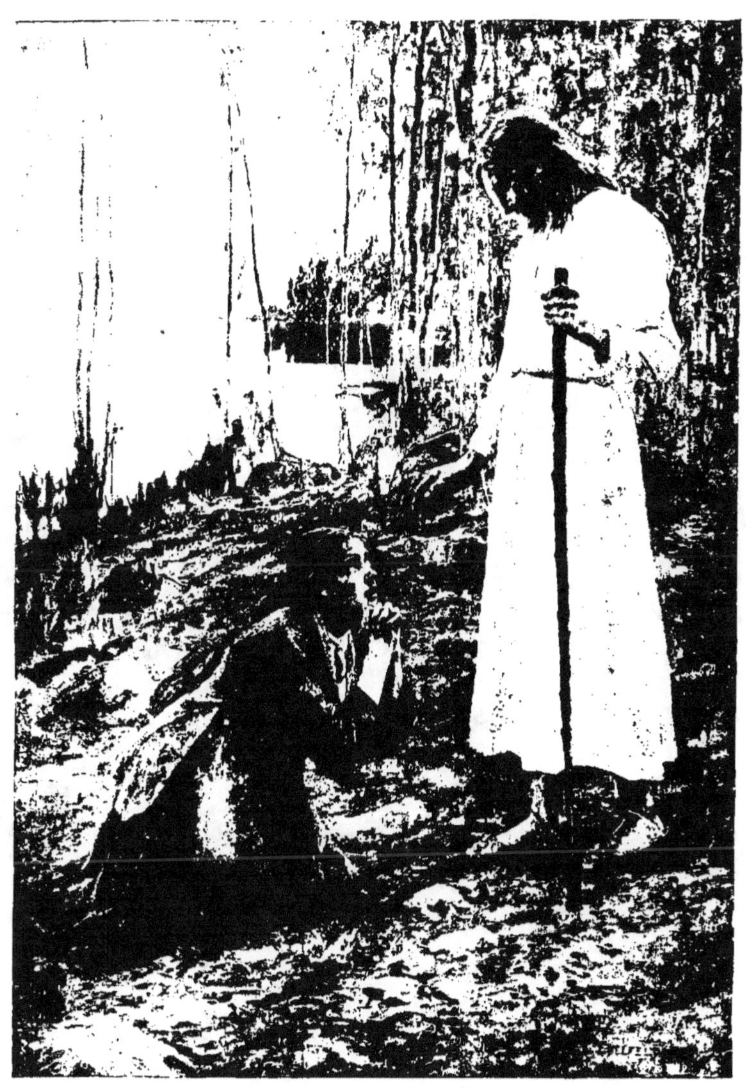

EDELFELT (A.). S. *Marie-Madeleine, légende finlandaise.*
Mary-Magdalen, a Finland legend.

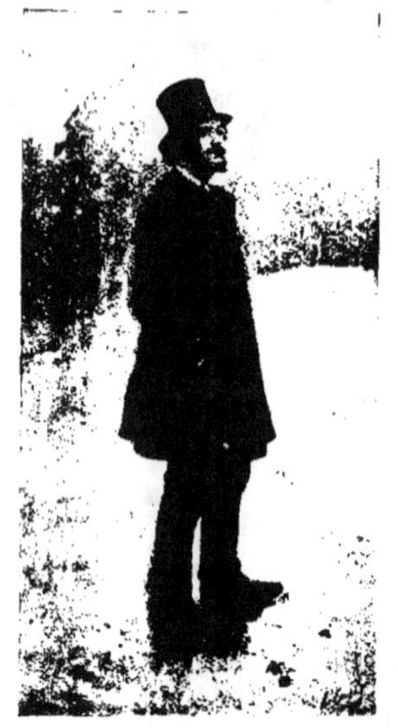

Casas, A. « Erik Satie » portrait.

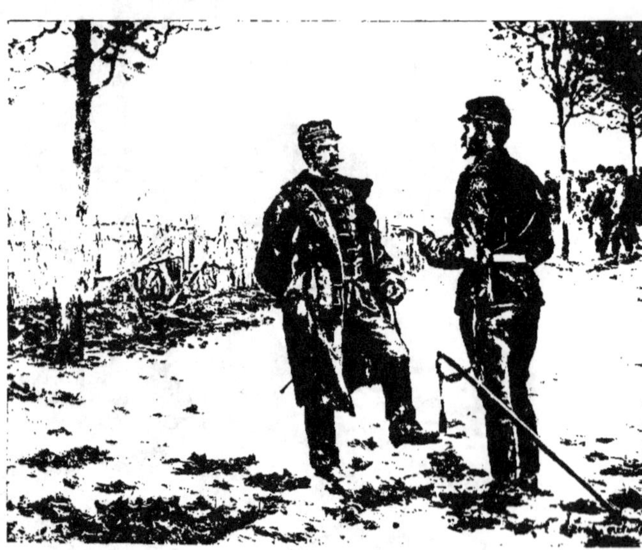

Courcier, L.-S. Contre-ordre pendant la halte. — A counter-order during the halt.

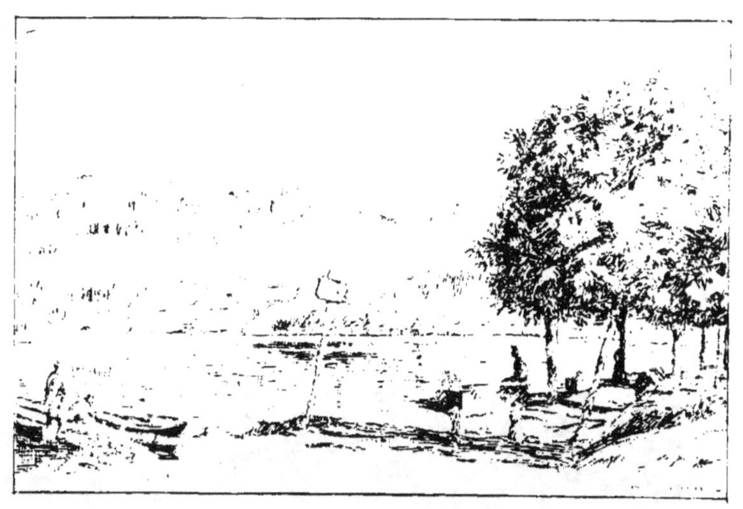

MEIXMORON C. DE . **A** *Un matin. — A morning.*

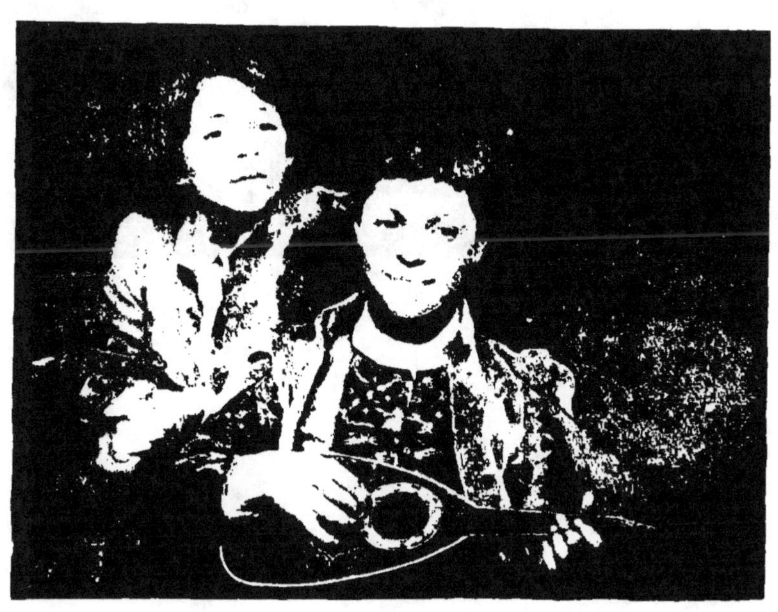

TROTTER. *Musiciens. — Musicians.*

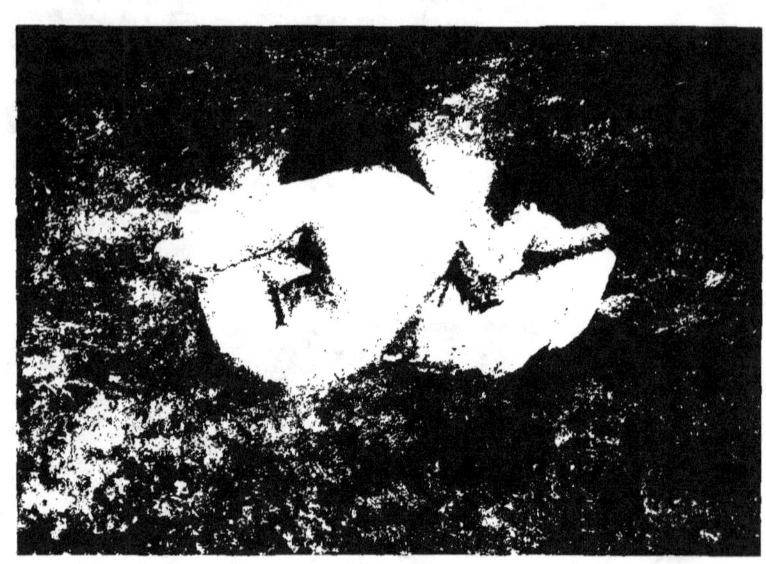

Rodin. S. Étude. — A study.

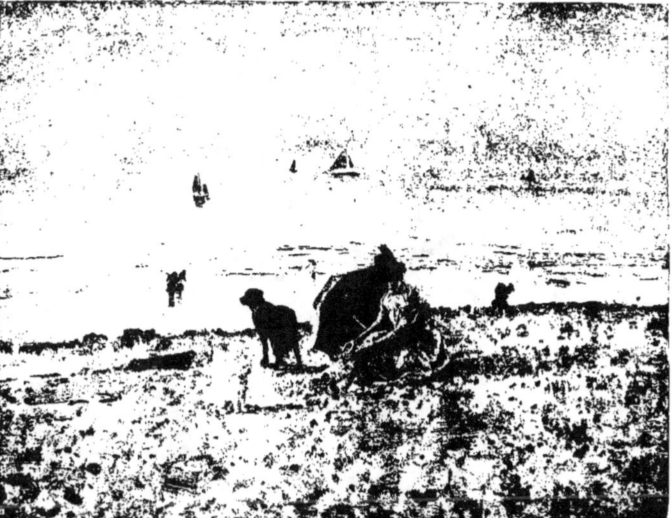

A. STEVENS. S. *Sur la plage. — On the beach.*

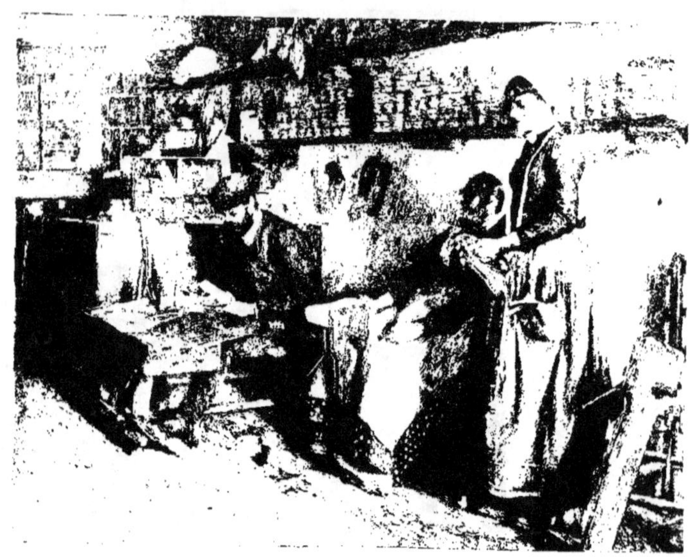

Michel (M.), *Spardanières. — Esparto-weavers.*

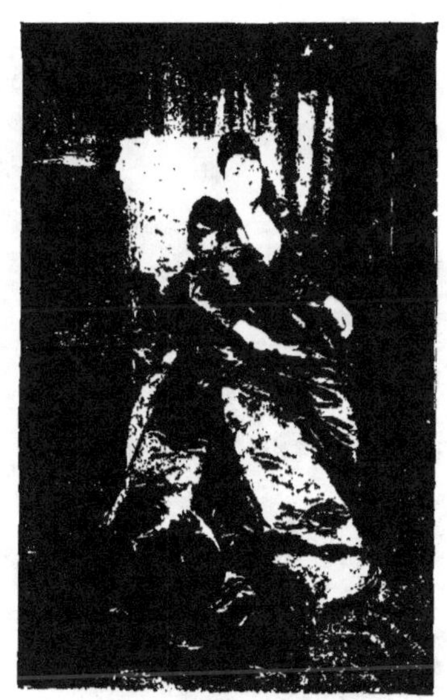

FIGANI. S. *Portrait de M*me* S.*
Portrait of Mrs. S.

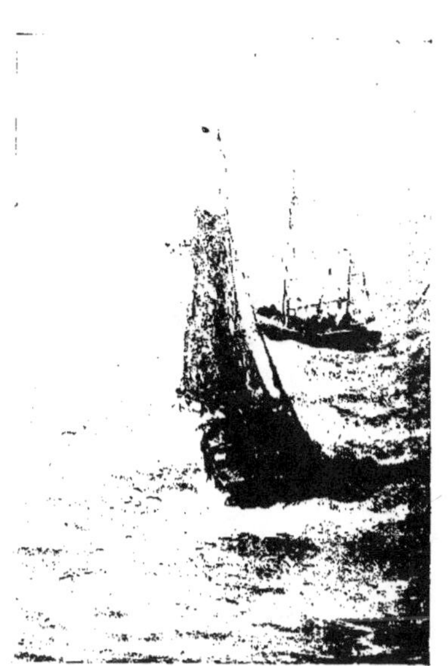

MESDAG. H.-W. S. *Le départ.* Off.

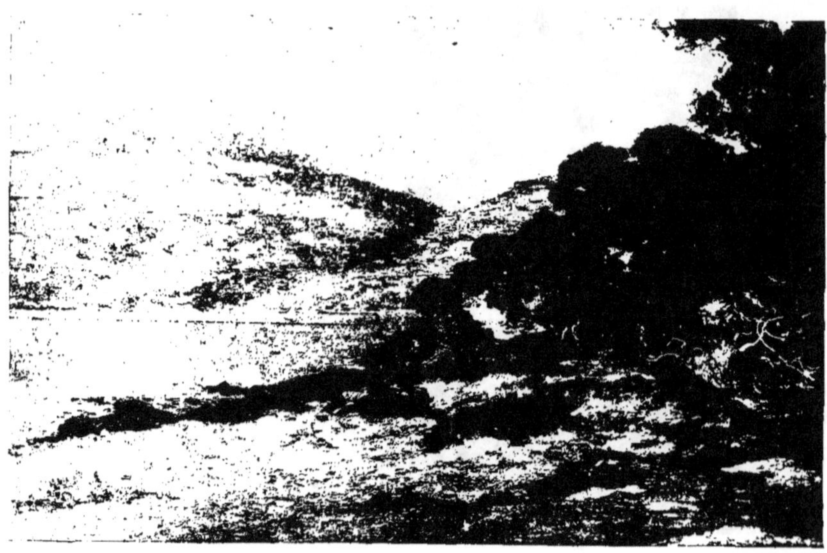

Le Camus, S. *Bords de la mer, cap Martin. — On the sea-side, cape Martin.*

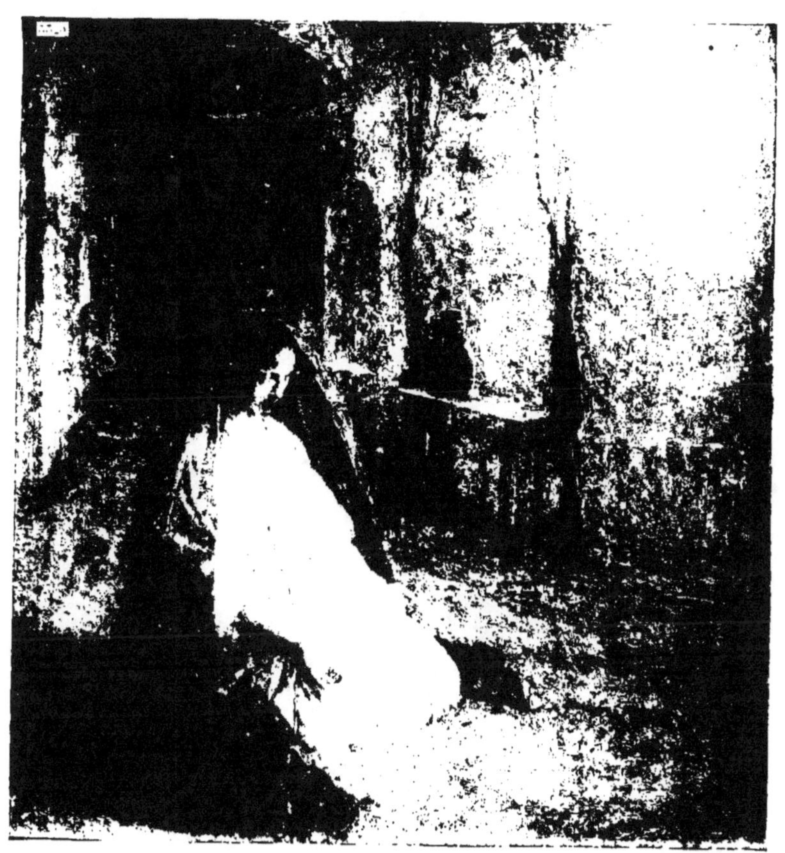

HOECKER. **A.** *L'Annonciation.* — *The annunciation.*

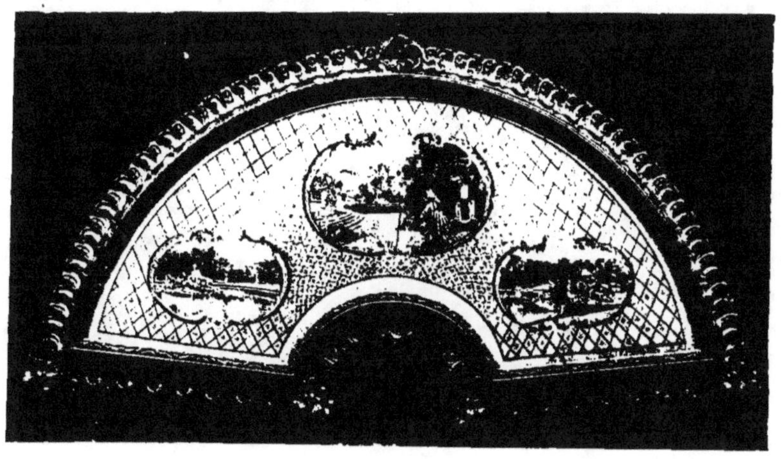

GÉRAULT-LAPEYRE. *Éventail « Versailles ». — A fan « Versailles ».*

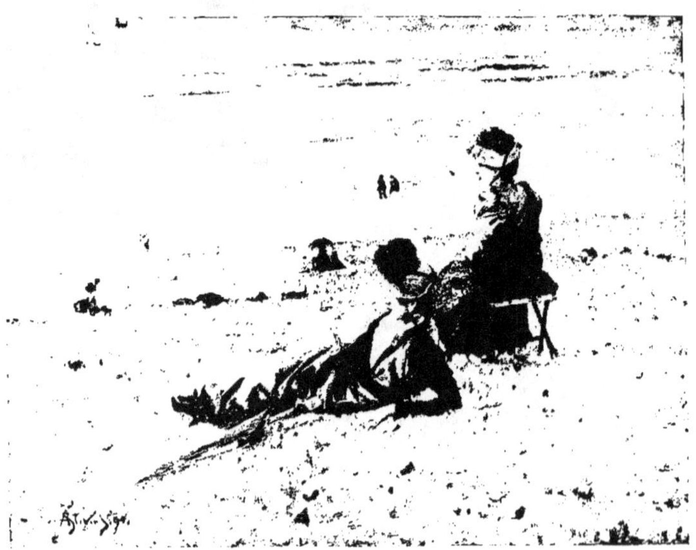

ALF. STEVENS. S   Un beau jour au Tréport — A fine day at le Tréport.

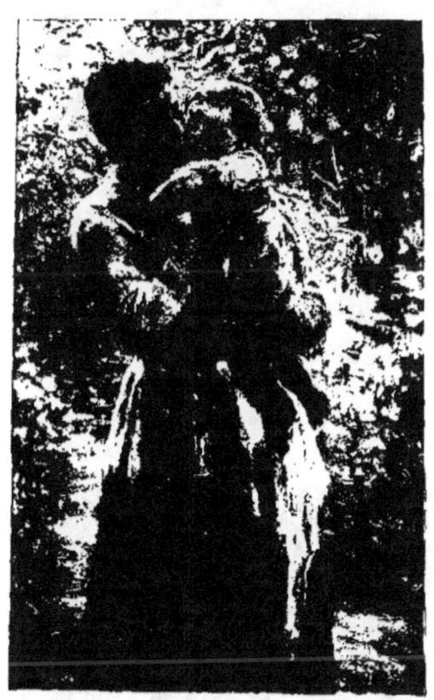

Dora Hitz. *Dans le jardin.* — *In the garden.*

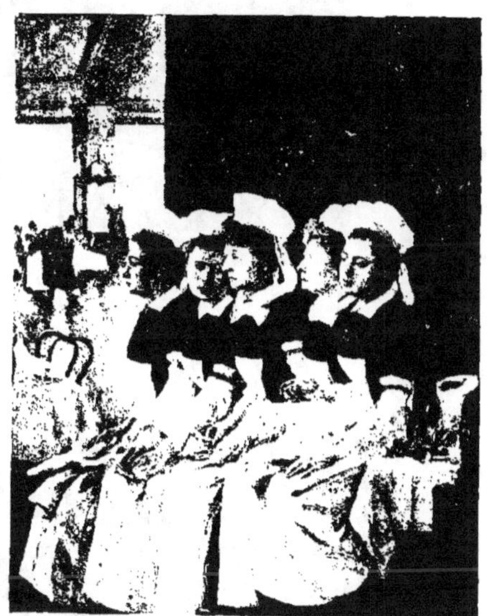

Ginette Norbert. S. *Les bonnes.* — *The maids*

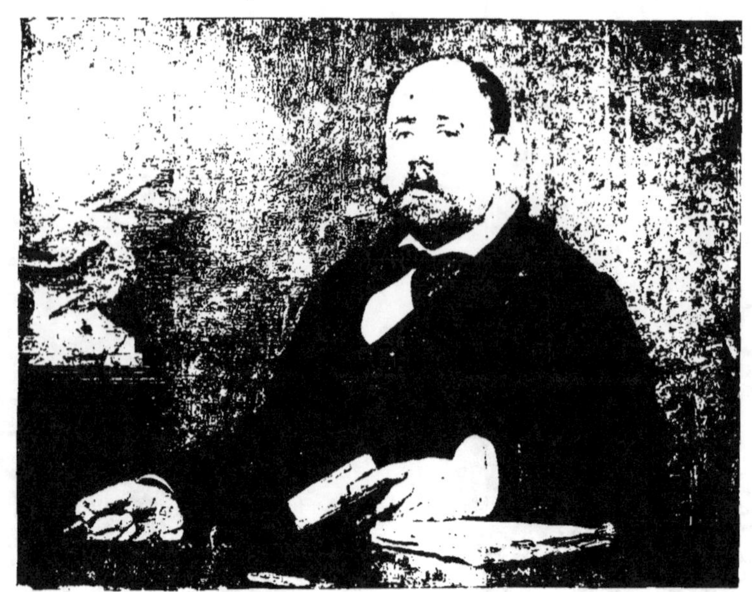

HYNAIS. *Portrait du D' V.* — *Portrait of D' V.*

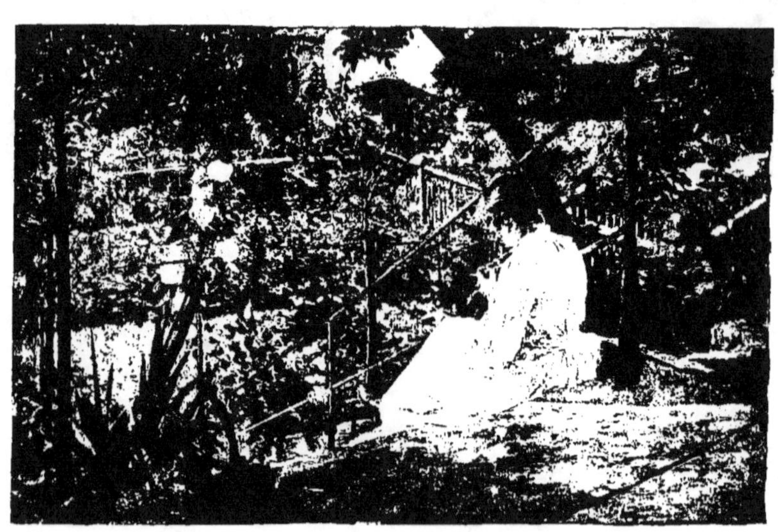

PRETSCHMANN. *Jardin.* — *A garden.*

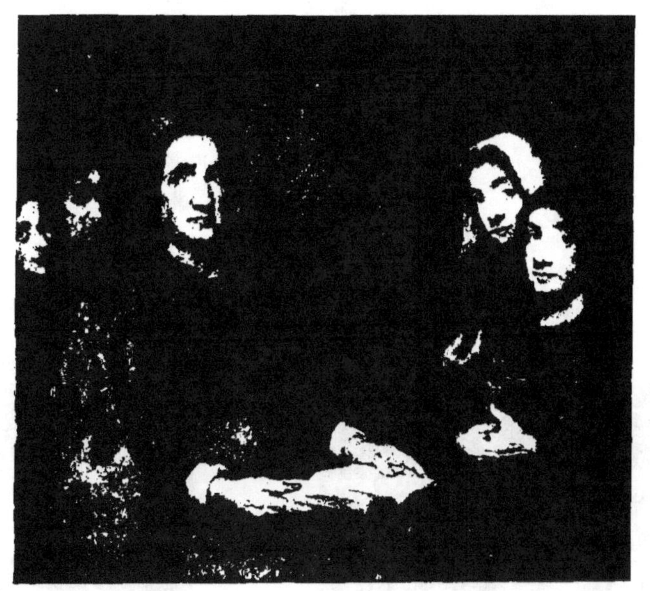

Ribot, S. *Le livre d'images.* — *The picture-book.*

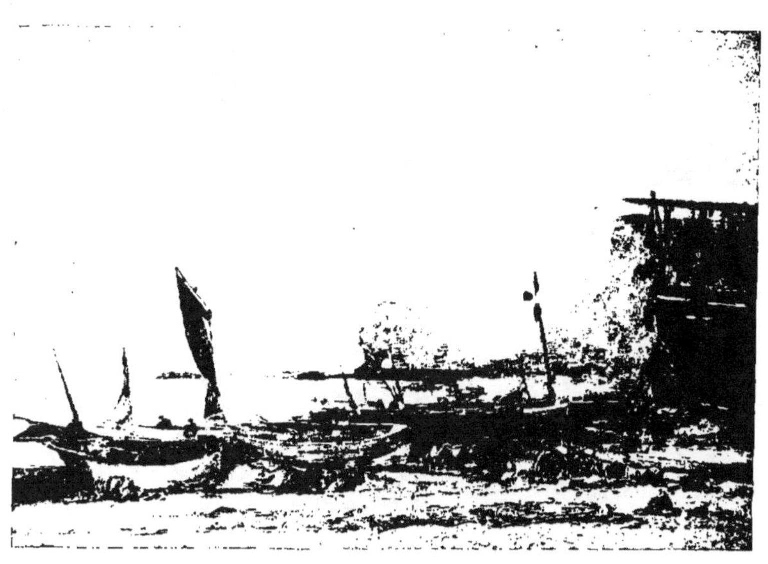

Boudin, S. *Le rivage d'Etretat (brouillard).* — *Etretat's shore (a haze).*

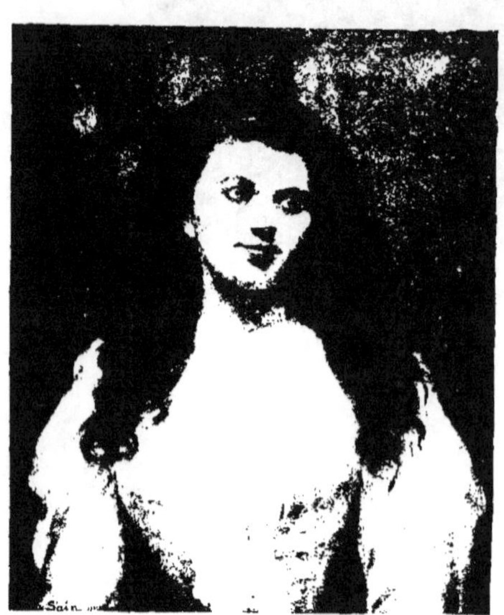

Sain. **S.** *Portrait de Mme G.* — *Portrait of Mrs. G.*

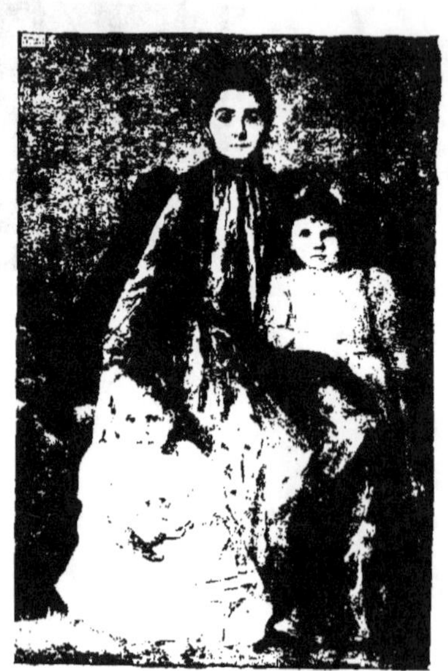

Roin. **A.** *Portrait de Mme C. O.*
Portrait of Mrs. C. O.

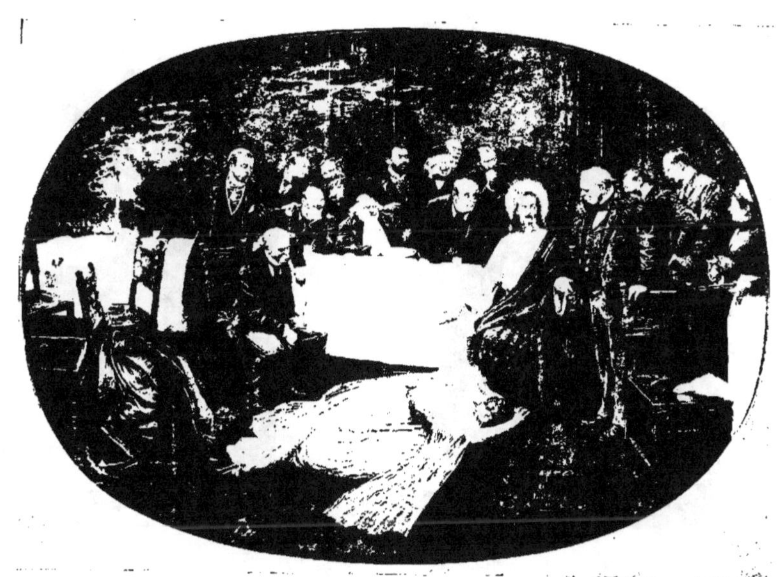

PLANCHE LVIII. *La Madeleine chez les Pharisiens. — Magdelen at the Pharisians.*

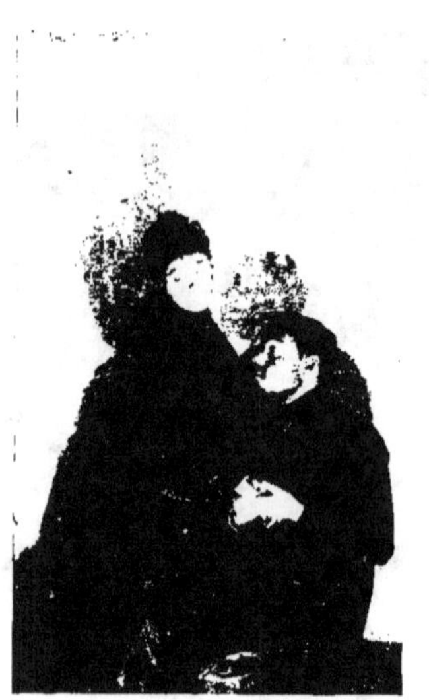

LHERMITTE (L.). *Ombres portées.* — *Shadows.*

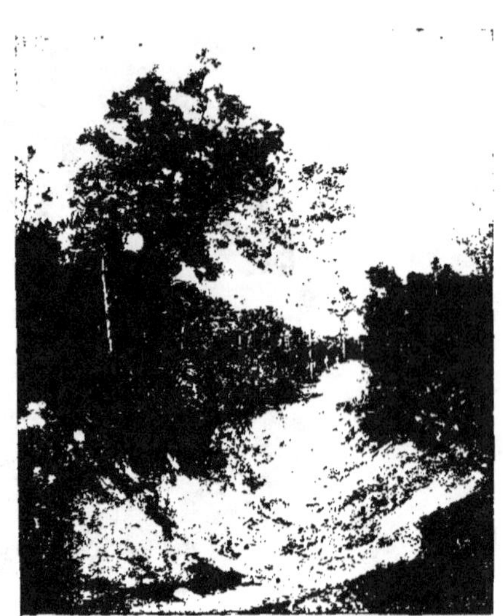

BILLOTTE (R.). *Le chemin de la Folie.* — *La Folie's Lane.*

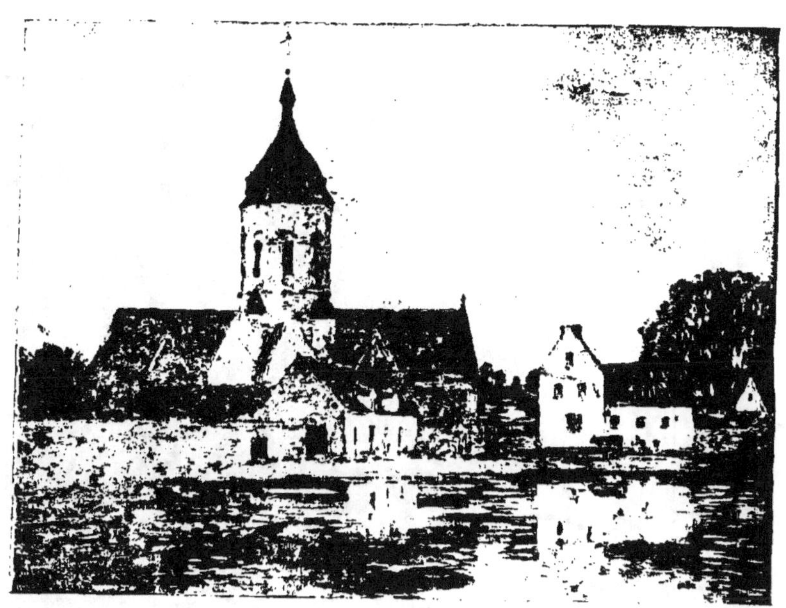

Boudin. S. *Église d'Étaples, Pas-de-Calais.*
Church of Étaples, Pas-de-Calais.

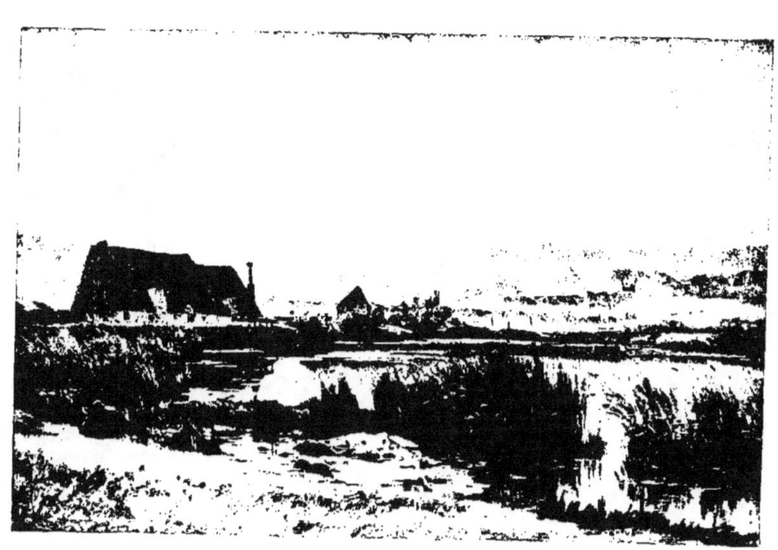

Saintin (H.). S. *Matinée de novembre. — A november morning.*

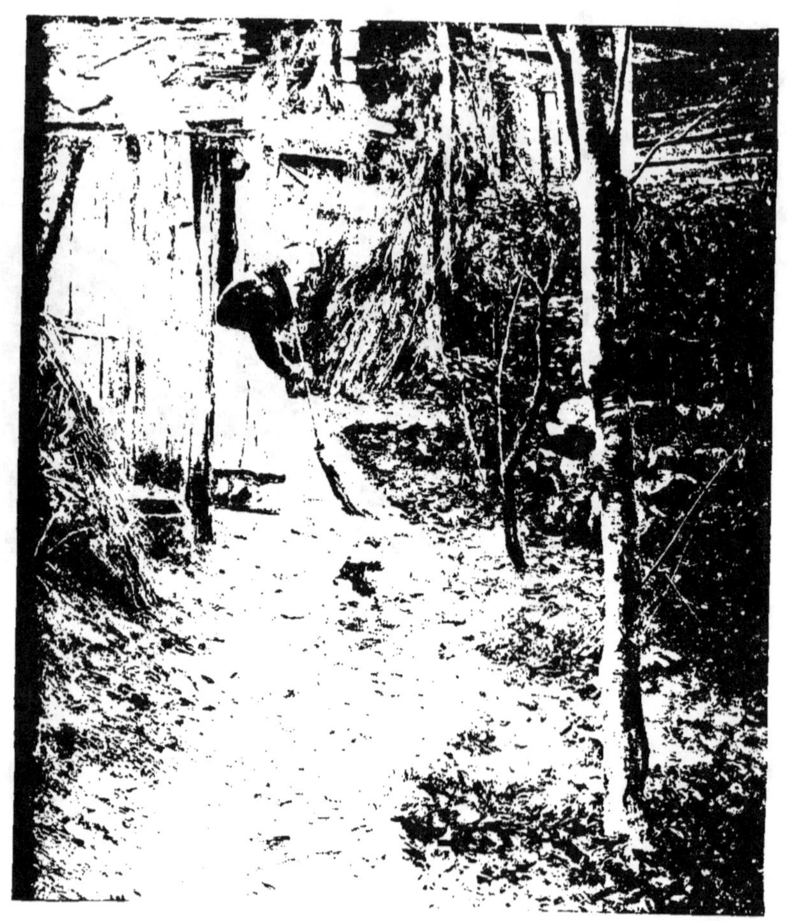

BARAC. S. Chez la mère Gery, à Boult-sur-Suippe (Champagne).
At mother Gery's, at Boult-sur-Suippe (Champagne).

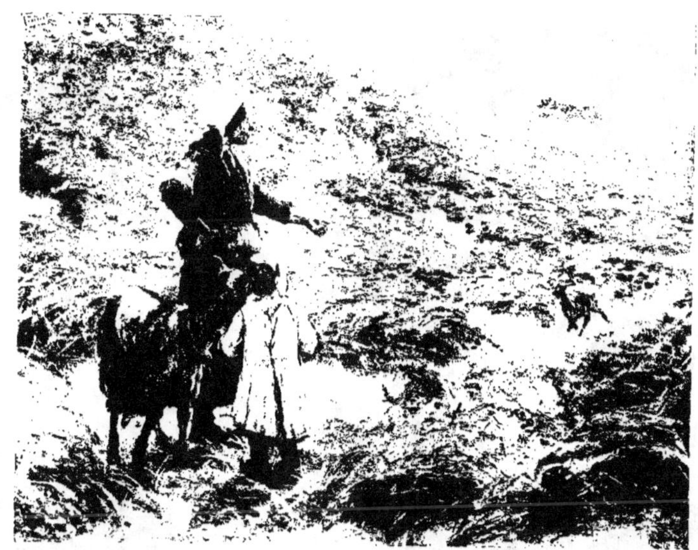

WILLY MARTENS. S. *Dans les dunes.* In the downs.

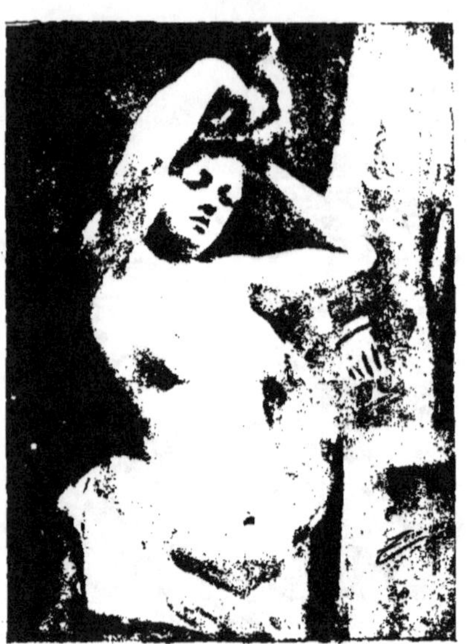

Zous. S. Dans l'atelier. — In the studio.

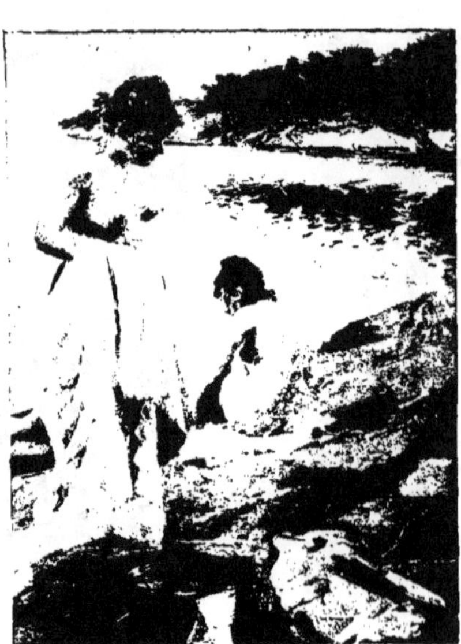

Zous. S. Coucher de soleil. — Sunset.

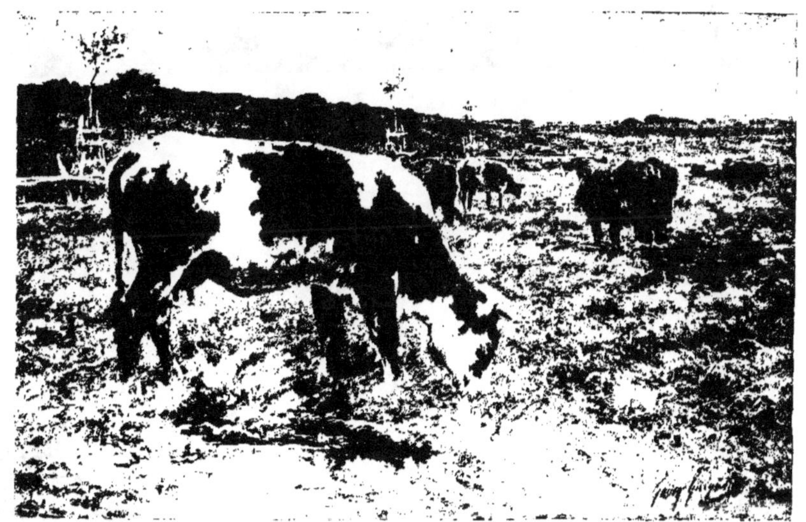

GUESNARD G., S. *Pâturage normand.* — *A normand meadow.*

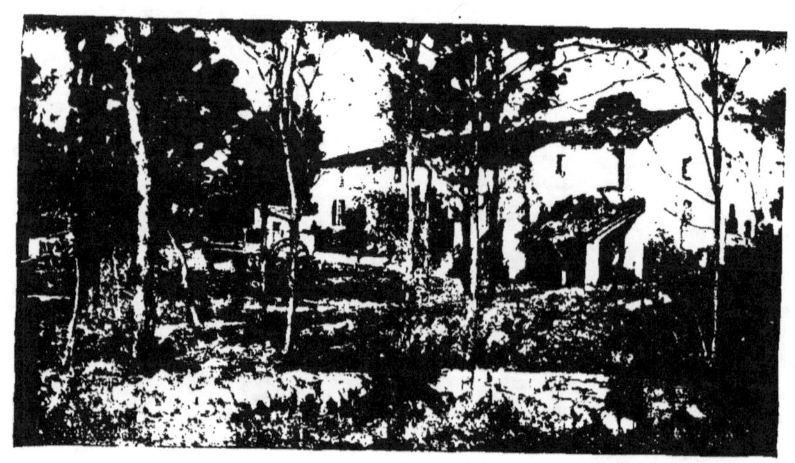

DURST. S. *Moulins de Bataillon (Gironde). — Bataillon's mil. (Gironde).*

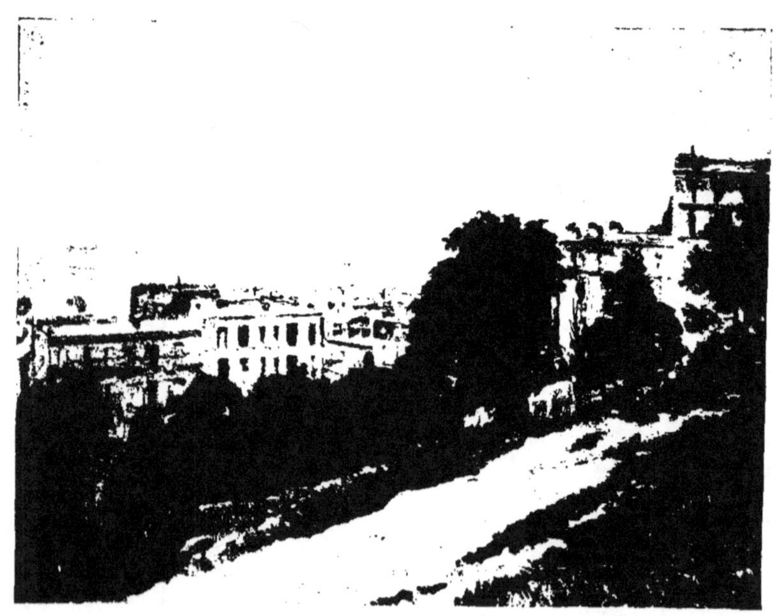

DURST. S. *Sur la butte Montmartre. — On Montmartre hill.*

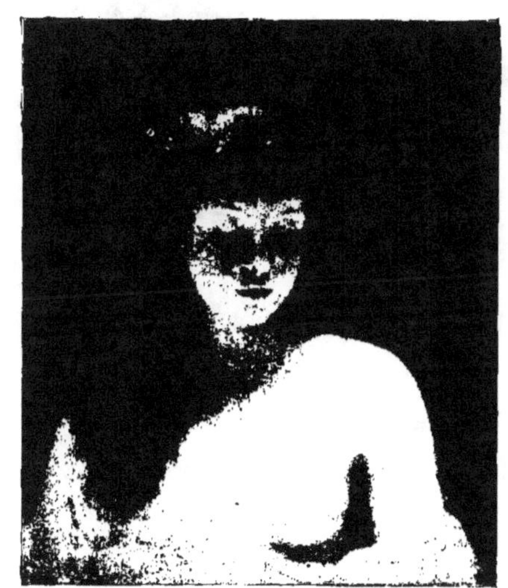

Sain. S. *Jeunesse.* — *Youth.*

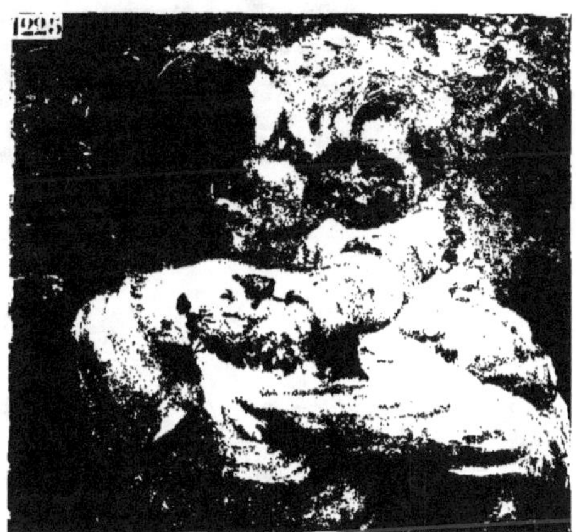

Dora Hitz. *Mère et enfant.* — *A mother and her child.*

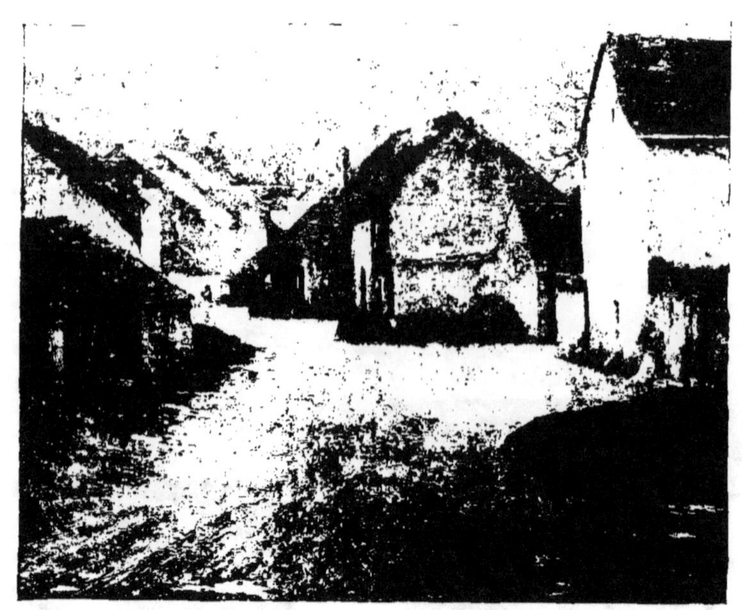

MERO. *Après la pluie. — After rain.*

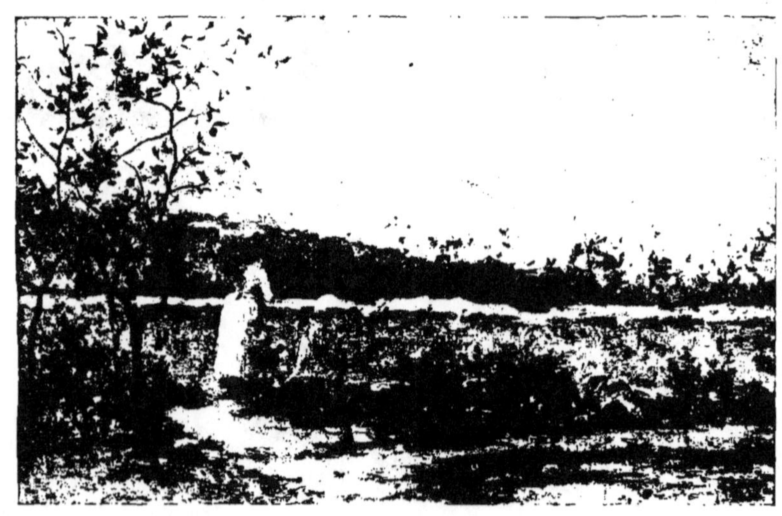

LE CAMUS. **S.** *Le soir sous les citronniers.*
The evening under lemon-trees.

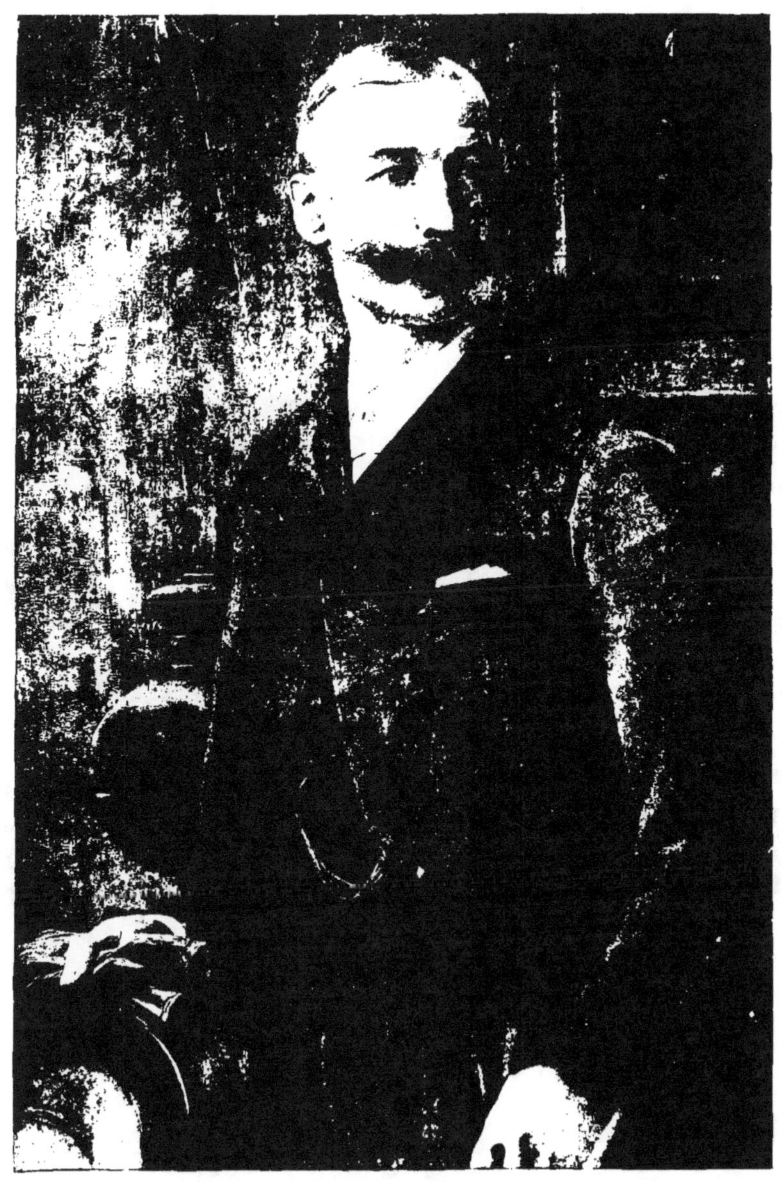

HAGBORG A... S. Portrait de M. K... — Portr...

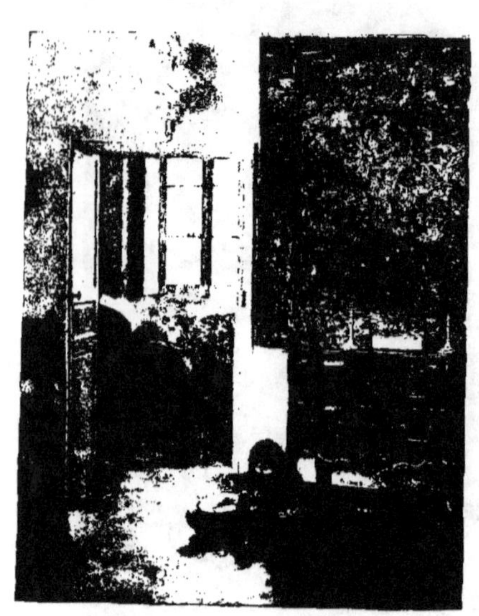

LABAYE. Au pays d'Arles (intérieur).
At Arles (an interior).

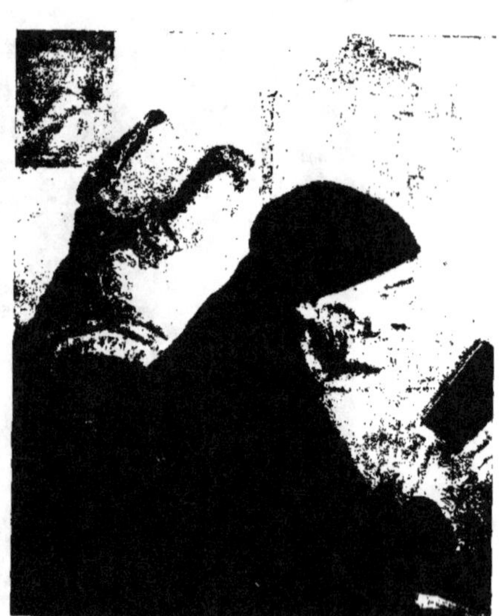

ARMBRUSTER R.-H... À la messe. — At mass.

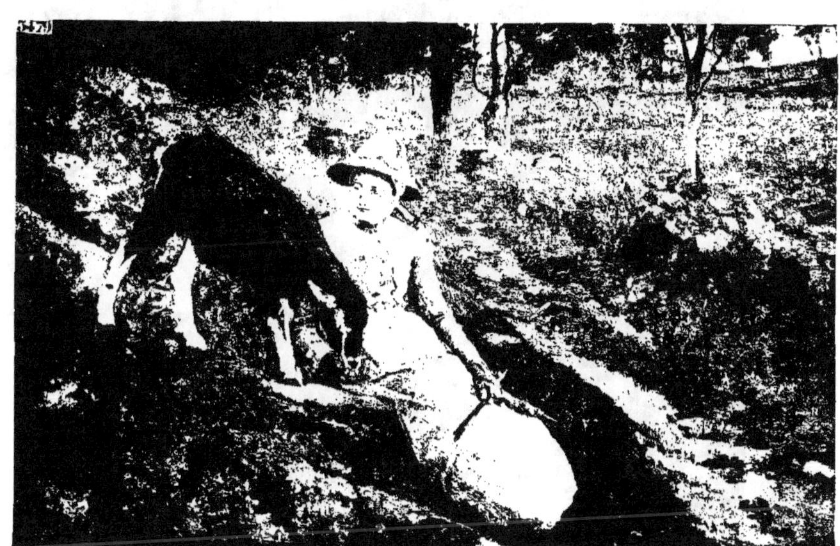

DAGNAN. **A** Bergère   A shepherdess.

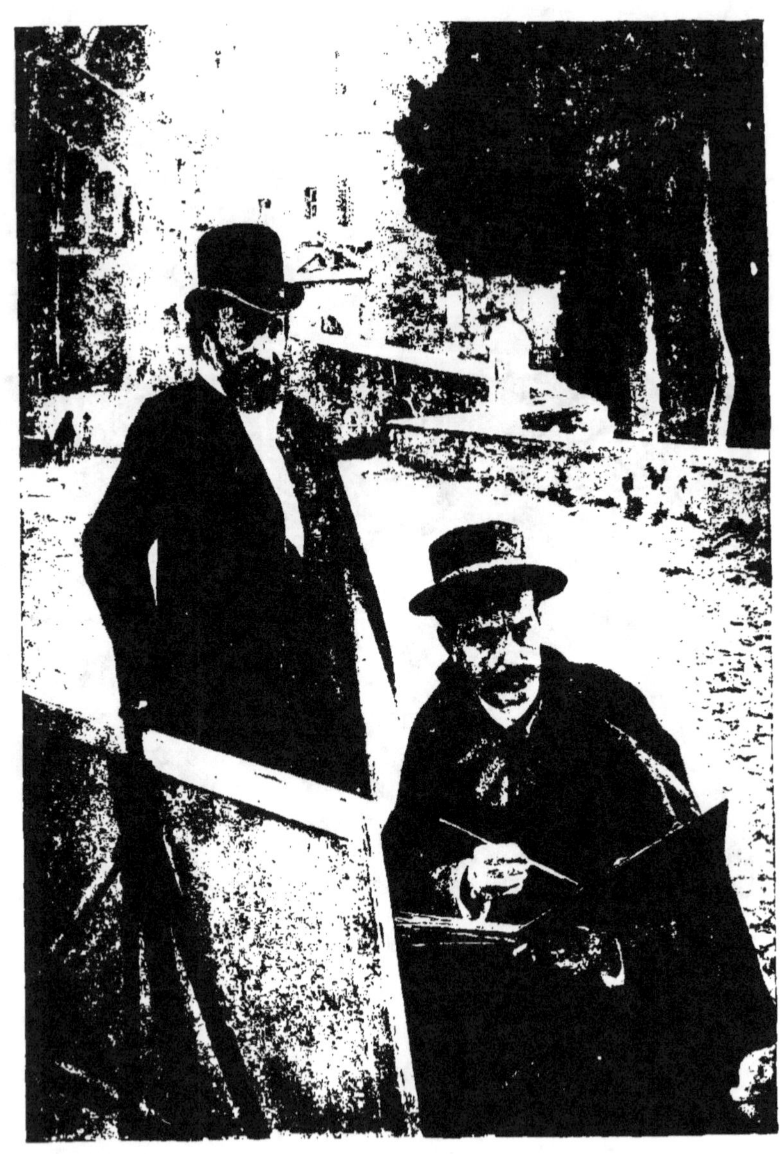

LEBAYLE (?). *Deux Forestier à Rome. Portraits de Henry Marcet et Dumoulin.*
Two Forestier in Rome. Portraits of Henry Marcet and Dumoulin.

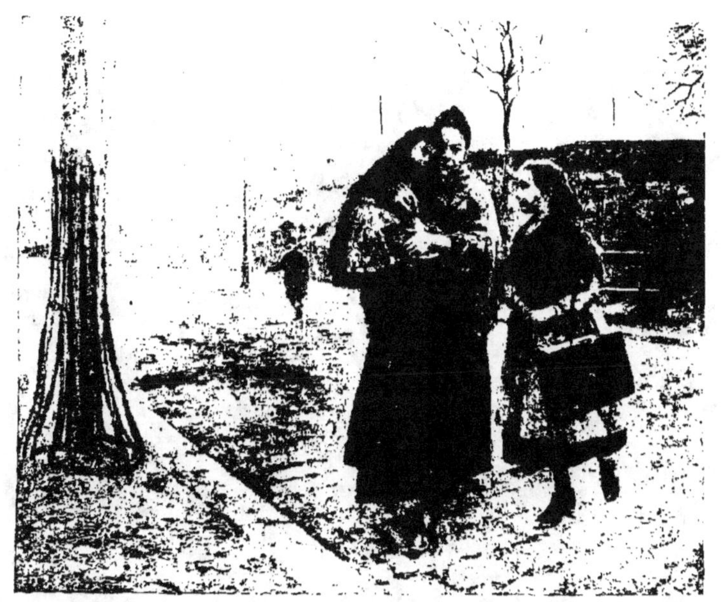

ROUSSEAU J.-J. . À nuit tombante porte de Châtillon.
In the twilight the gate of Chatillon.

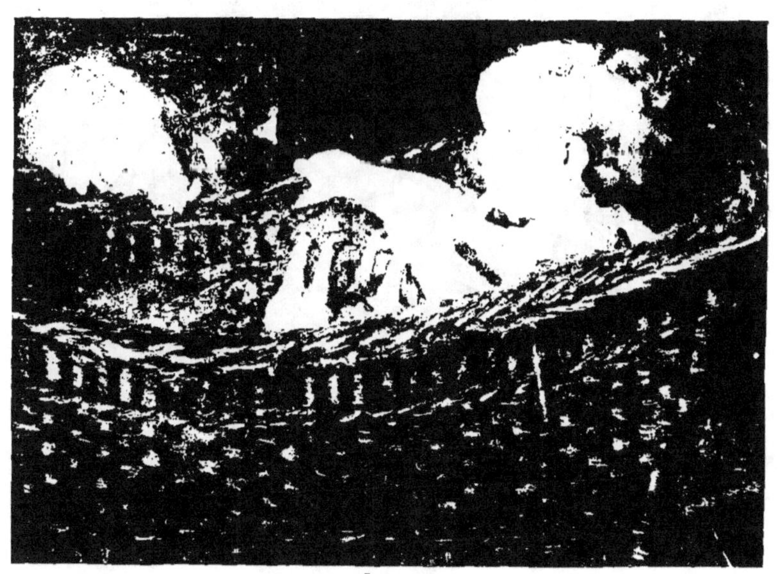

WERENSKIOLD Petits enfants. Infants.

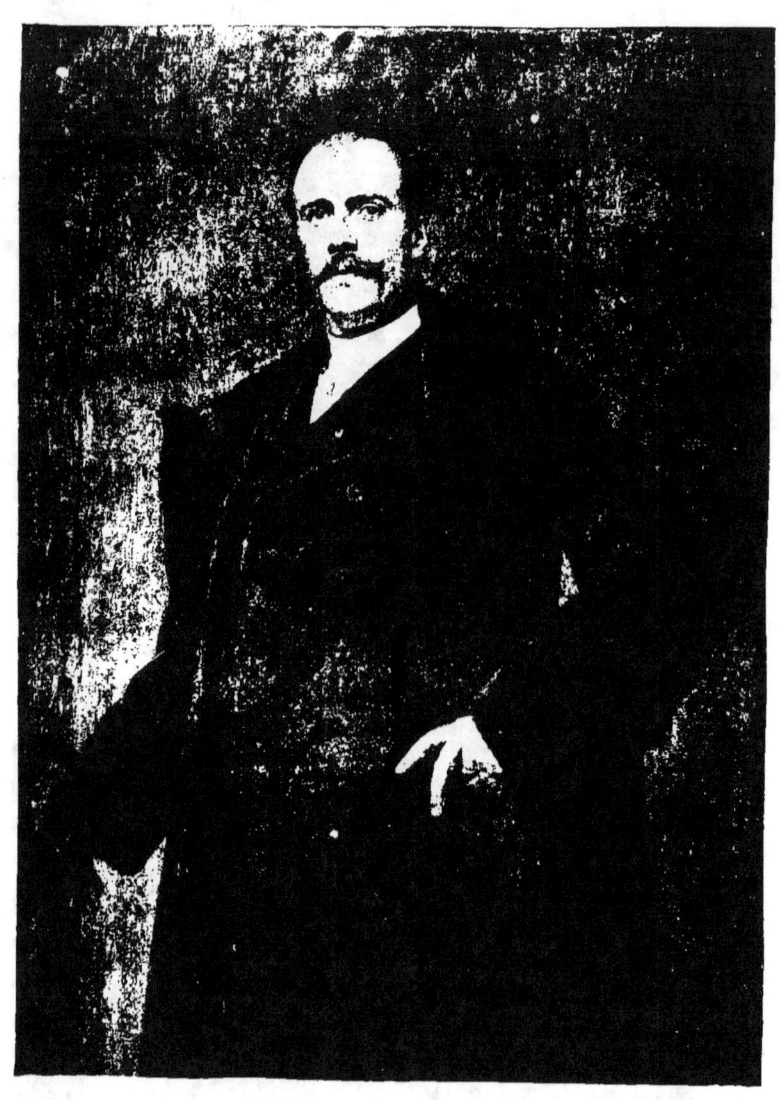

AUBLET A. S. *Portrait.*

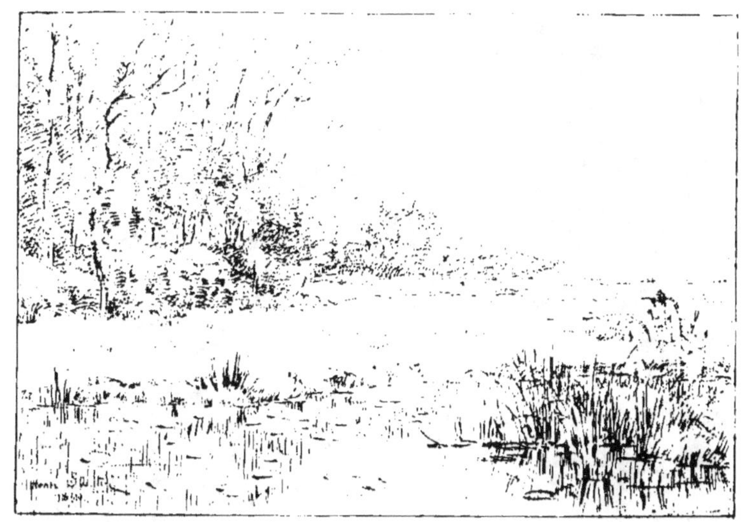

SAINTIN. S. *Rosée au soleil levant.* Dew at dawn.

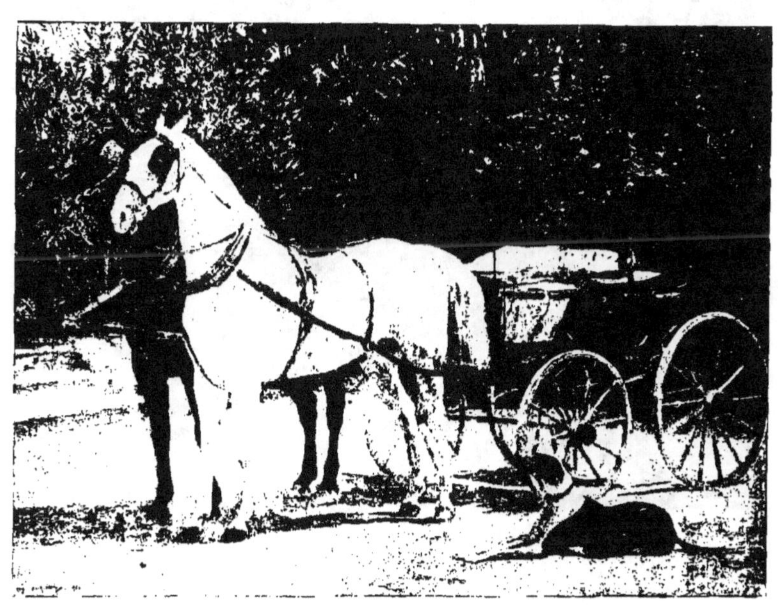

BURNAND. S. *Portraits.*

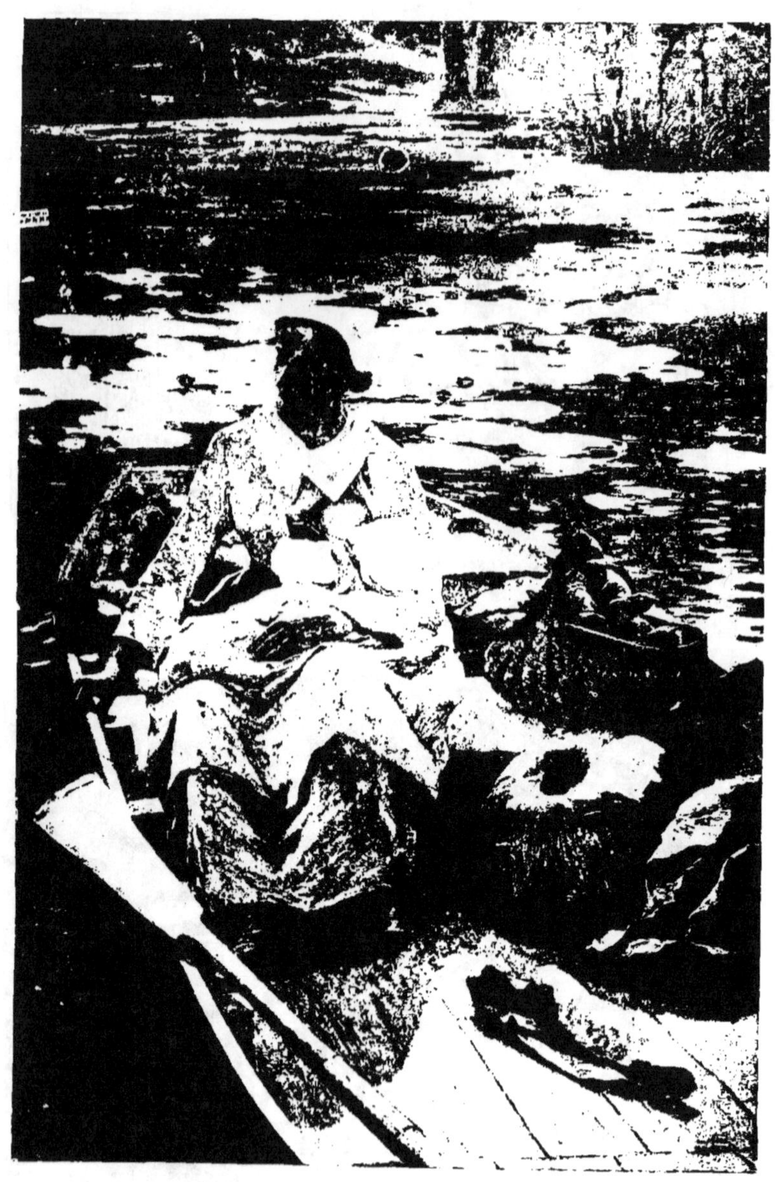

SUSTEN. S. *La femme du jardinier.* — *The gardener's wife.*

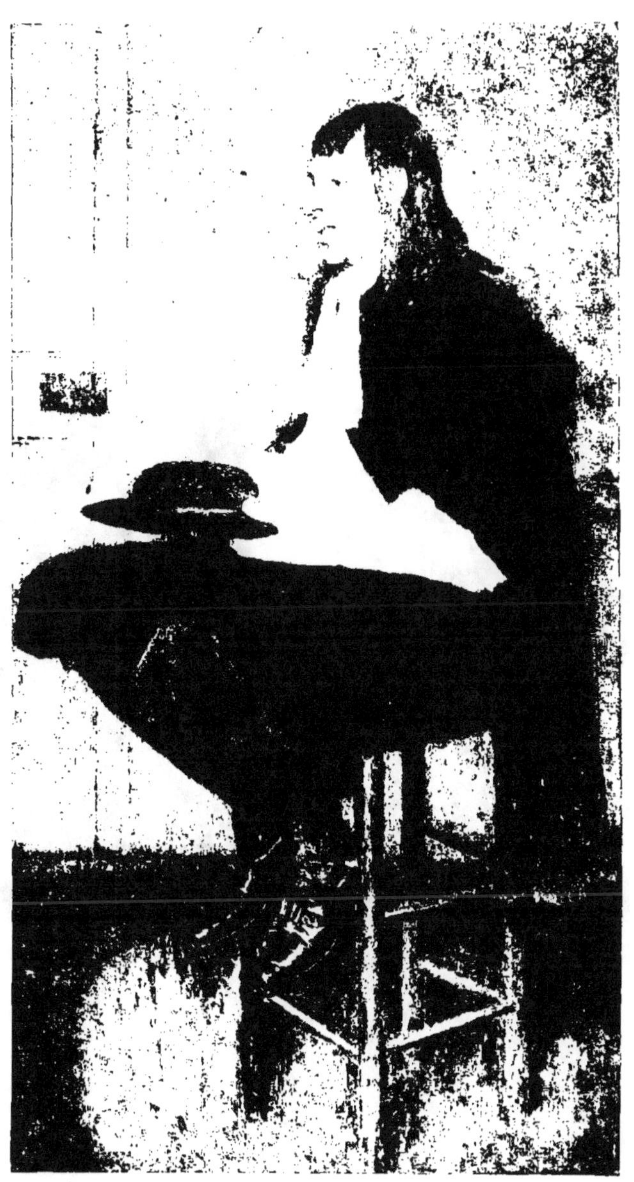

Musée S. Guggenheim. — Copain le jeune.

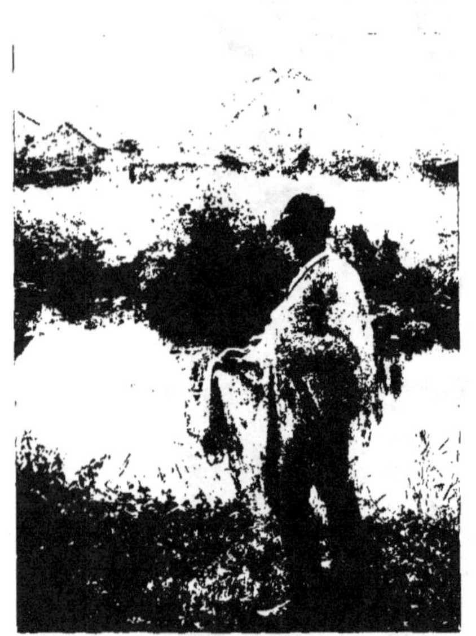

MEISSNER (L.). **A.** *Le jeteur d'épervier.*
Sweep-netting.

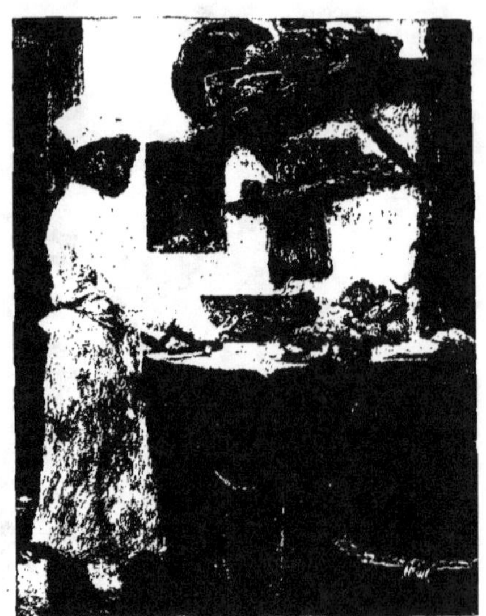

MICHEL (M.). **A.** *Marmiton.* *A scullion.*

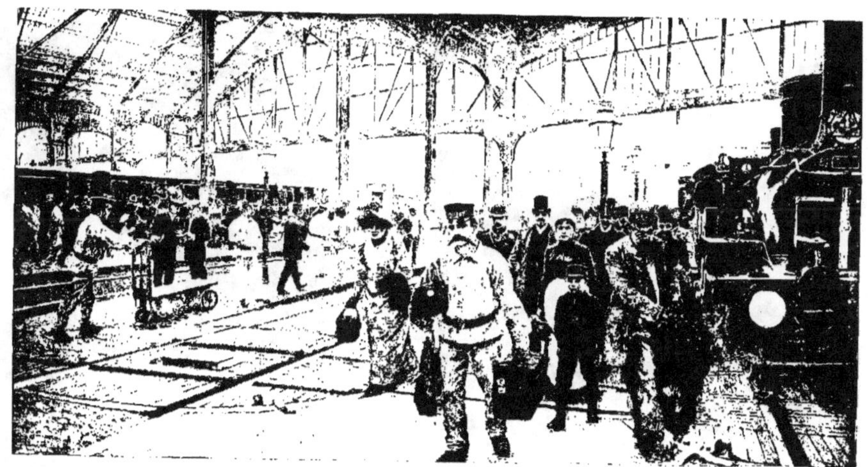

PLANCHE XXS. *Gare de chemin de fer* — *A terminus*

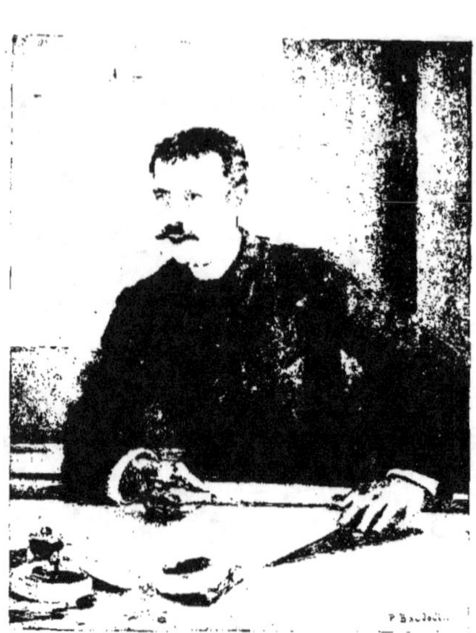

Barthe (N.). S. *Portrait de M. Ratomin, architecte.*
Portrait of Mr. Ratomin, an architect.

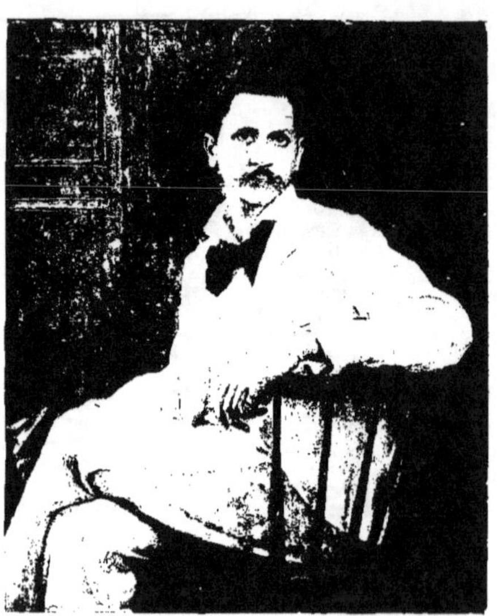

Conrados. S. *Portrait de M. Franchetti.*
Portrait of Mr. Franchetti.

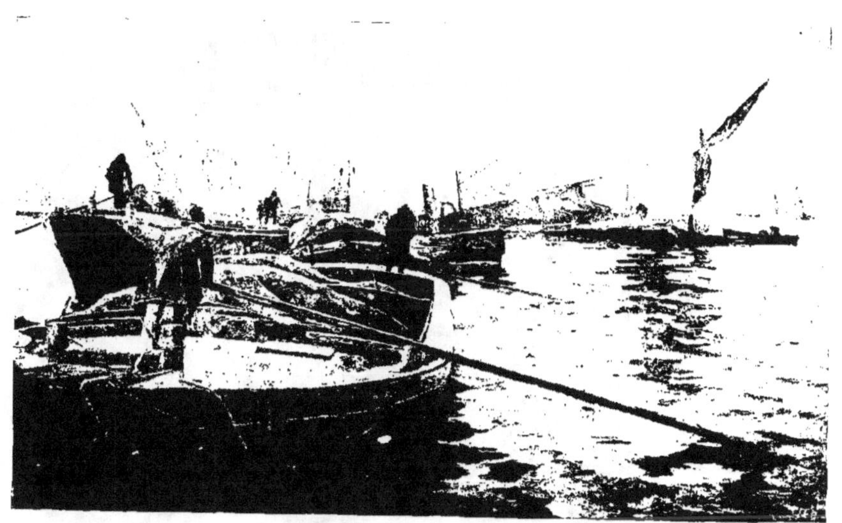

Barques. Sur la Tamise. — On the Thames.

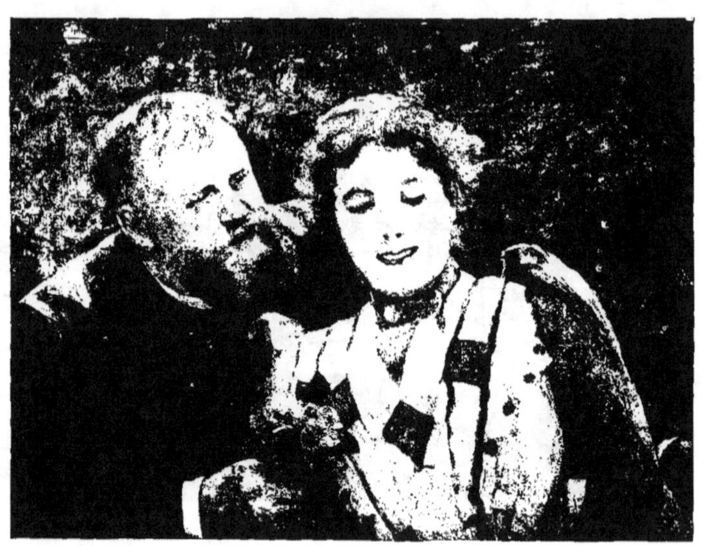

Rops. S. M. Thaulow et sa femme.   Mr. Thaulow and his wife.

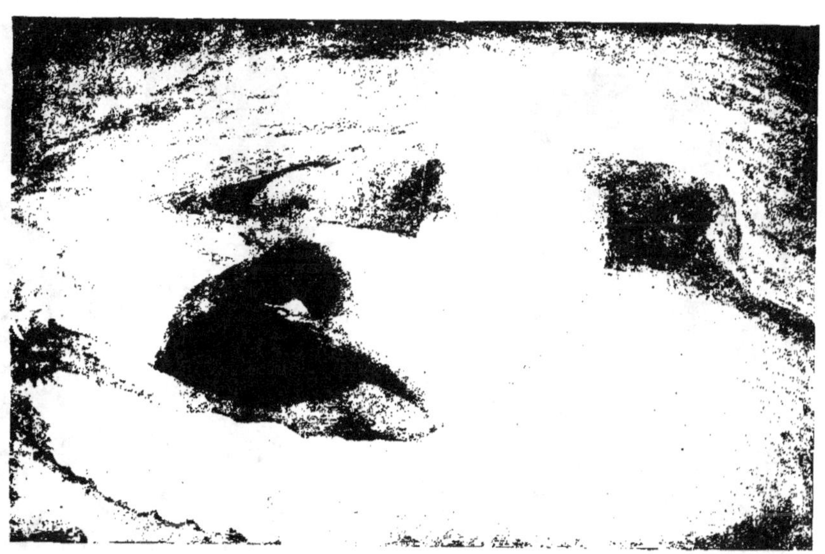

Saint-Estèphe. Étude. — Study.

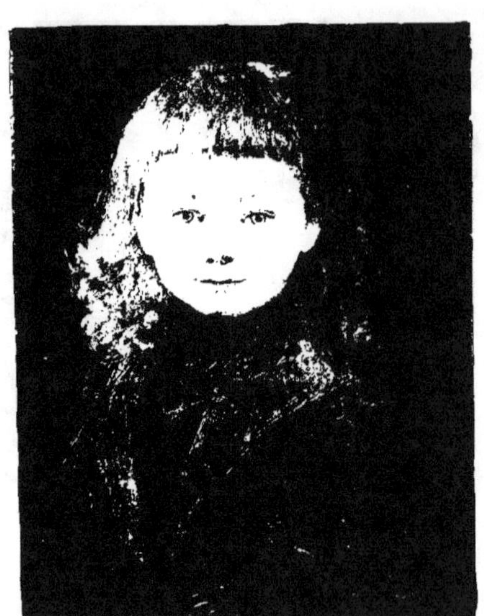

REYES. **A. S.** *Portrait de Mme X*
Portrait of Mrs. X

COURTOIS. **S.** *Portrait de M. Paul Bivo*
Portrait of Mr. Paul Bivo

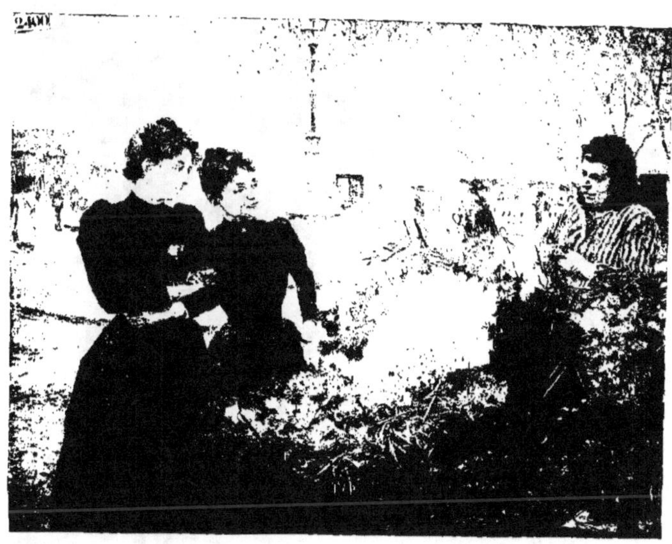

CARL VON STETTEN. *Les violettes.* — *The violets.*

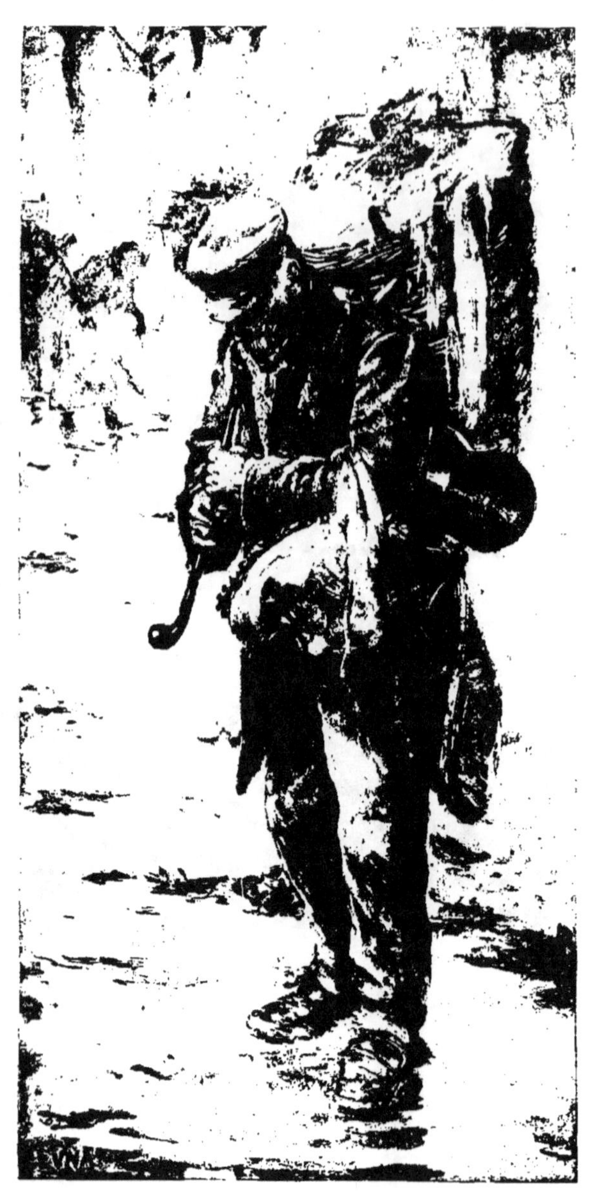

Luna. Un chiffonnier. — A rag-picker.

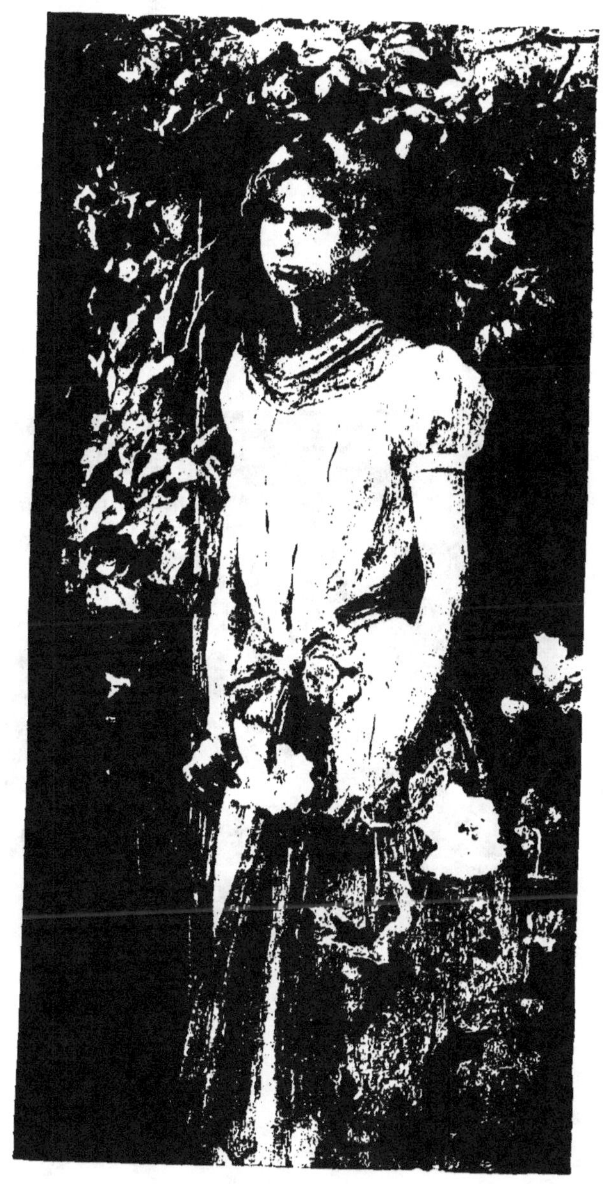

Poinr. Mélancolie. — Melancholy.

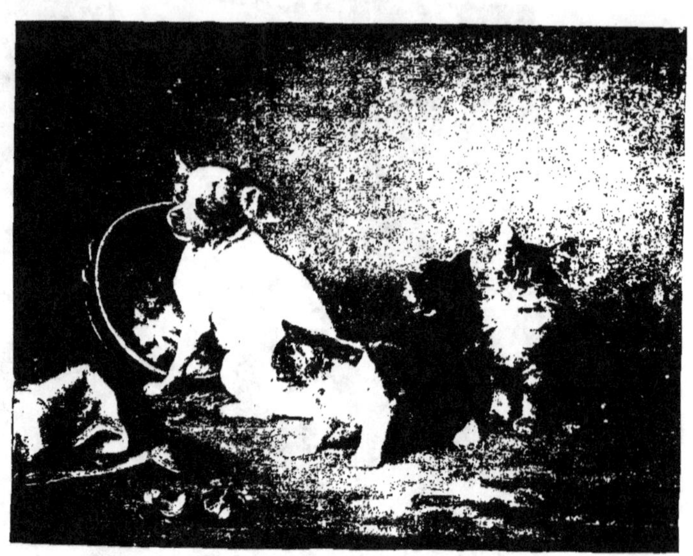

LAMBERT. S. *Repas interrompu. — The interrupted meal.*

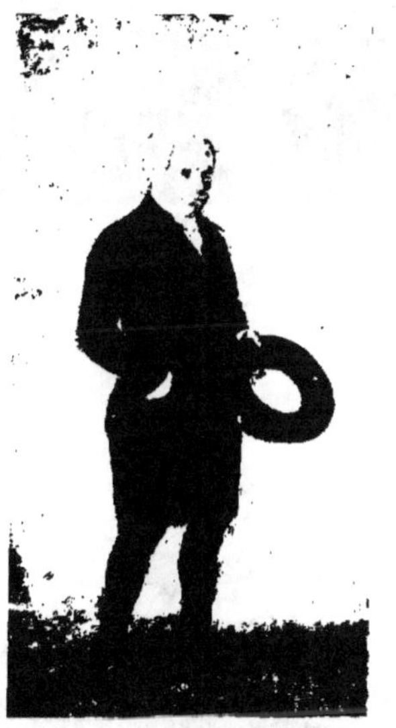

LHASSE. S. *Portrait de M. Coquelin*
Portrait of Mr. Coquelin.

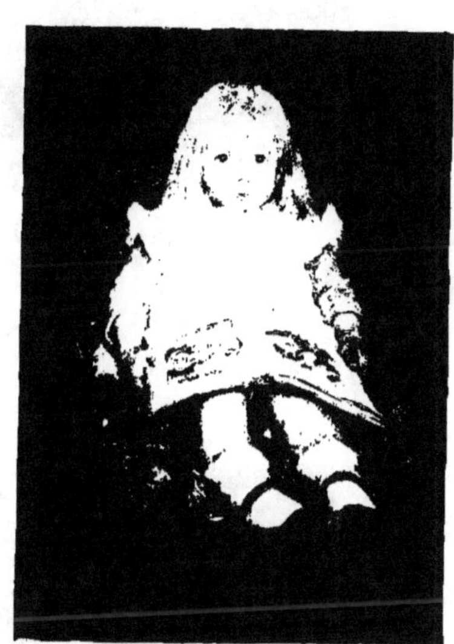

JAMES C., *Favorite. — Favourite.*

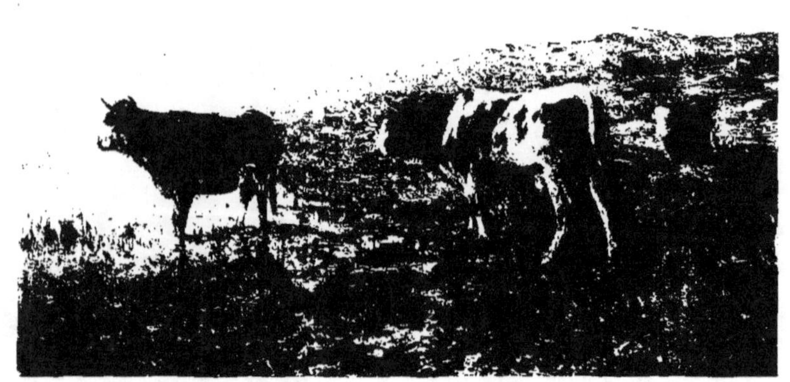

PITTARA. **A**. *Bords de rivière.   River banks*

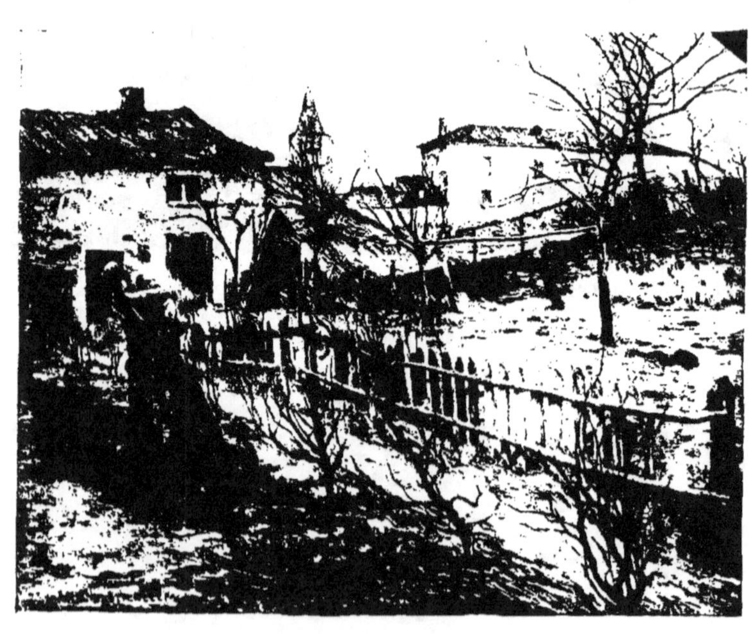

BASTIEN-LEPAGE. **A** *Jardinets.   Small gardens.*

182

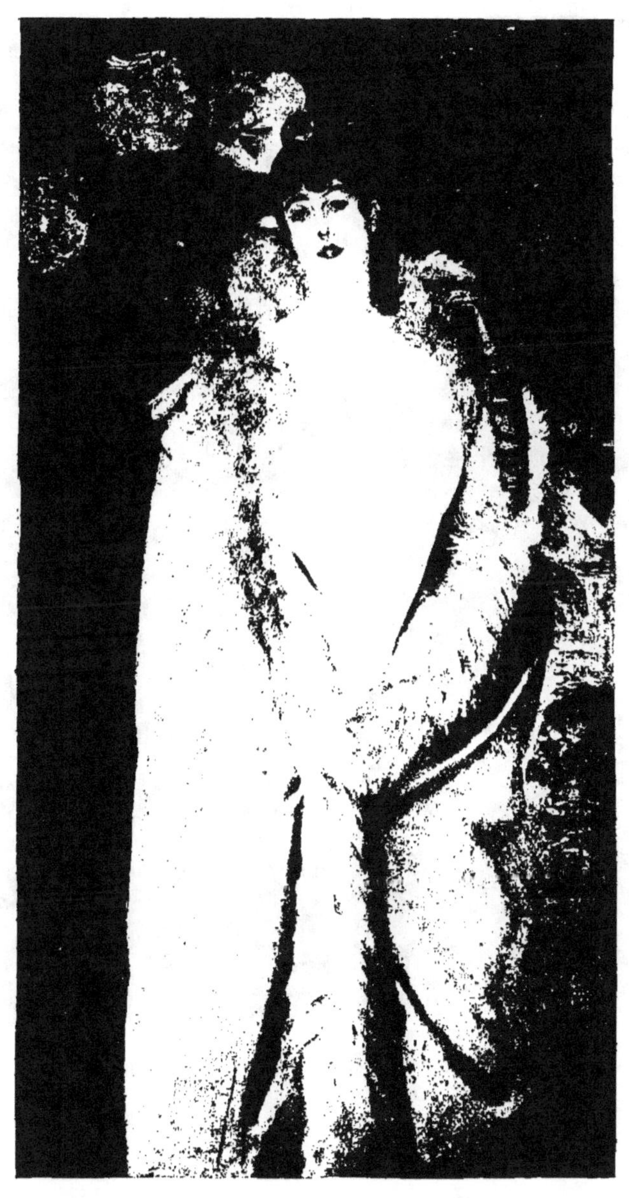

Duez. **S.** *Souvenir de fête.* — *A remembrance of a feast-day.*

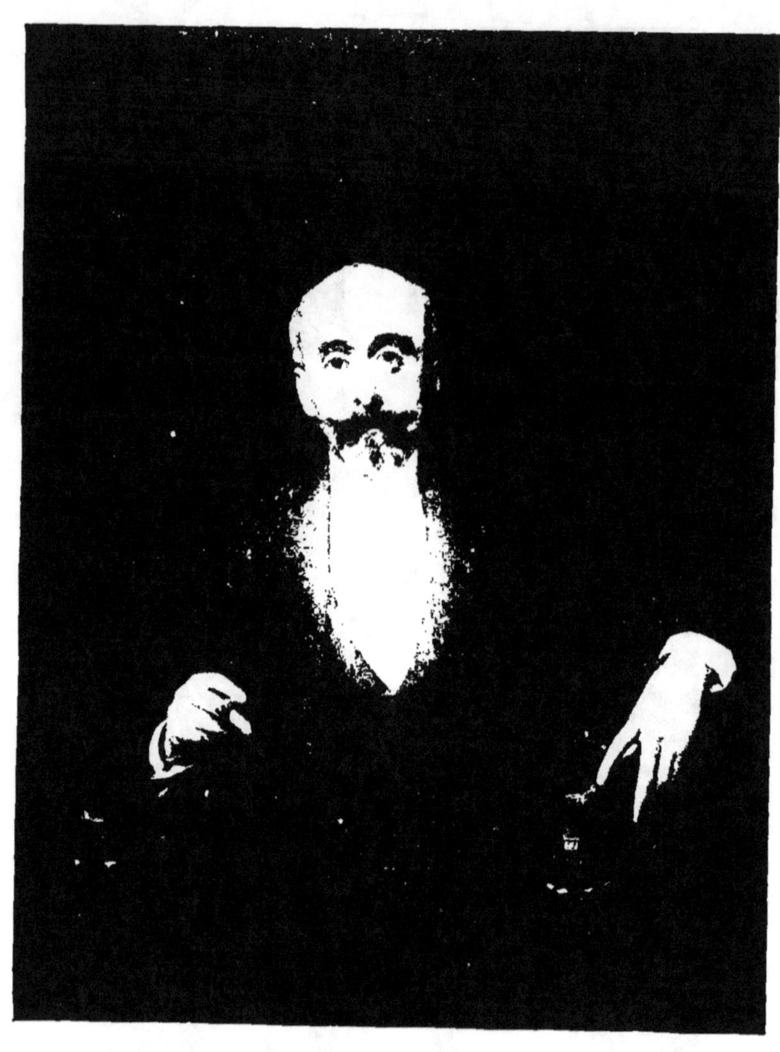

CAROLUS-DURAN. S. *Portrait de M. René Billotte.*
Portrait of Mr. René Billotte.

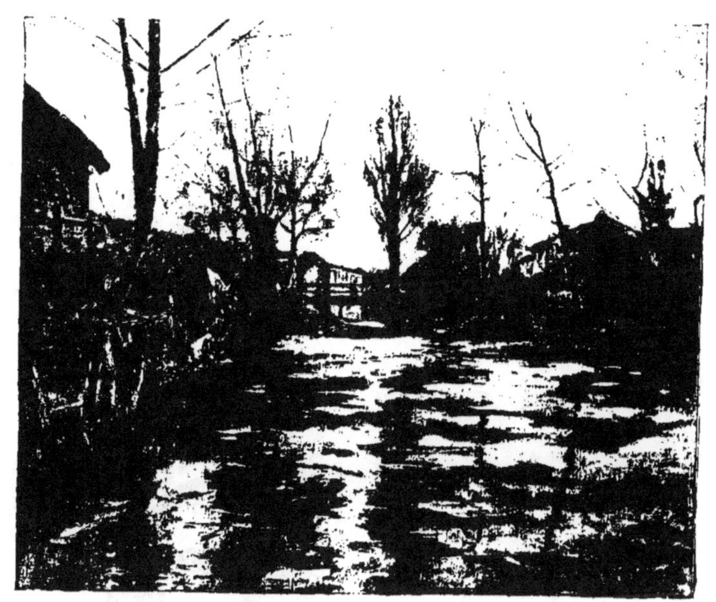

BARAU É... *La Suippe à Boult-sur-Suippe* Champagne.
The Suippe at Boult-on-the-Suippe Champagne.

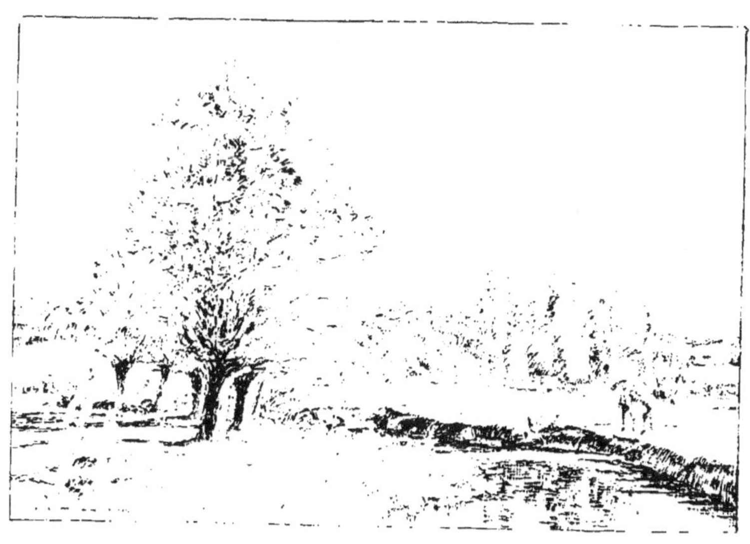

MEIXMORON CH. DE. **A**. *Fin d'été*. — *Summer's end.*

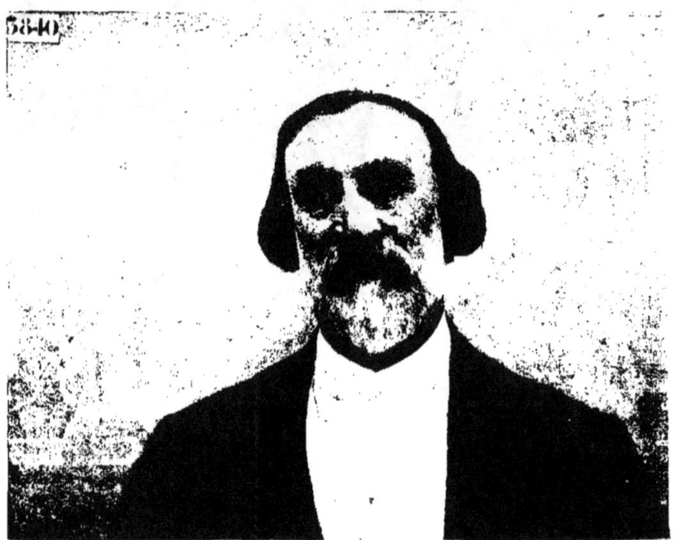

Roll. **S.** *Portrait de M. Tivard. — Portrait of Mr. Tivard.*

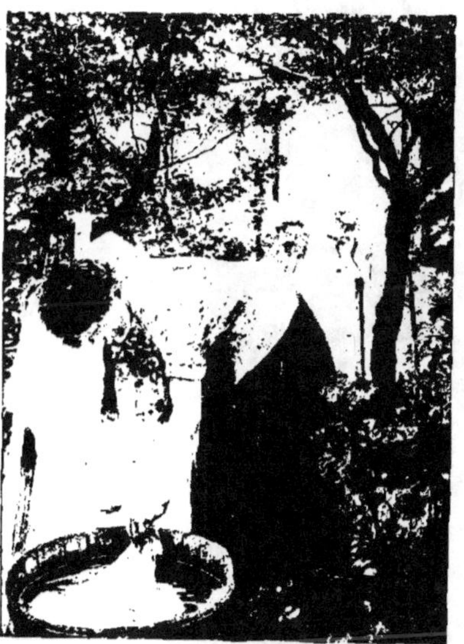

BISET, A. S. *Petite lessive.* *A diminutive washing.*

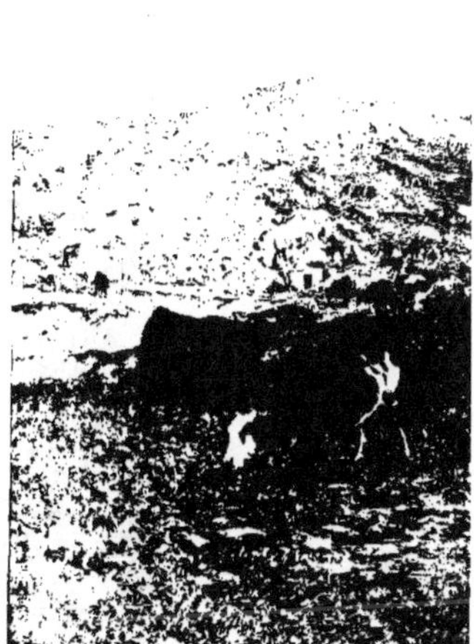

PITTARA, **A.** *Sur les Alpes.* *On the Alps.*

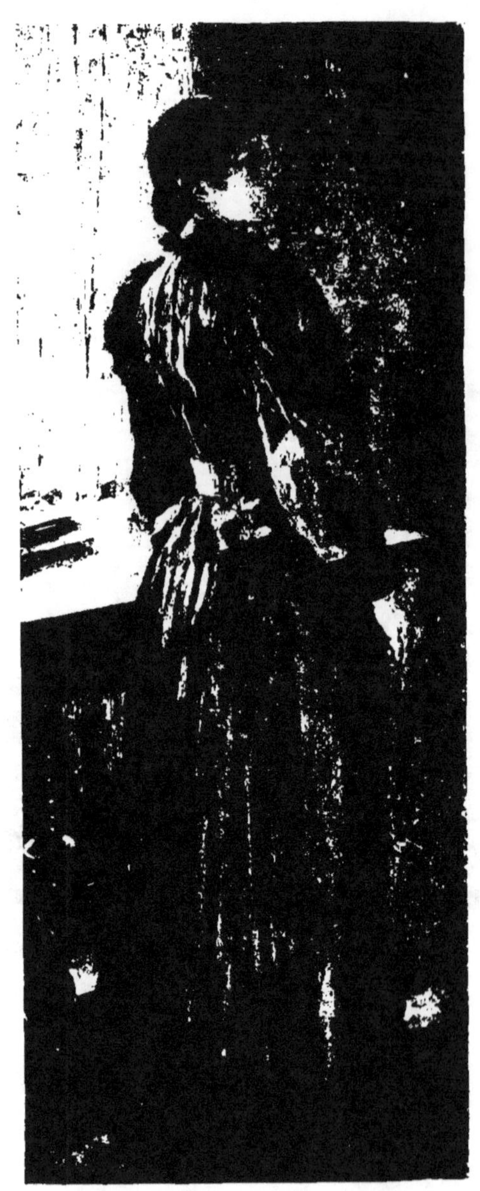

Phot. E.-G. de ... **A.** *Portrait.*

Altamura. *Portrait.*

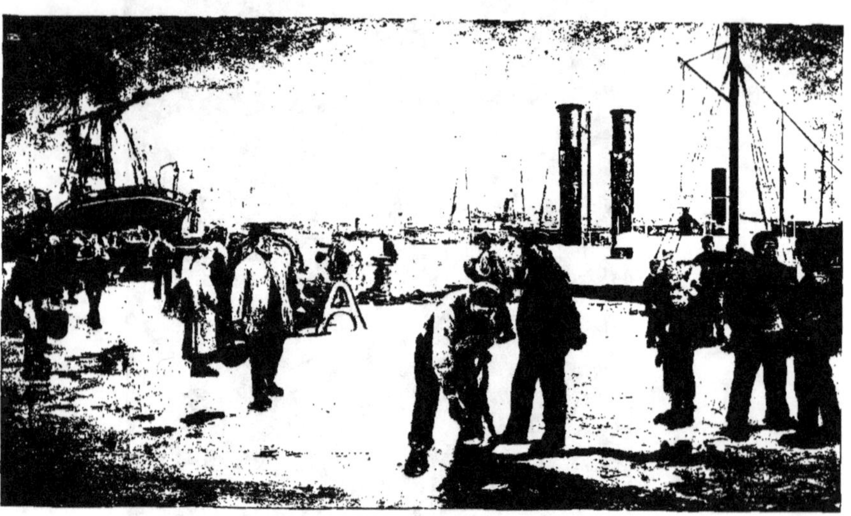

Picard (H.-G.). **A**. *Tableau pour le ministère. — Painted for the state.*

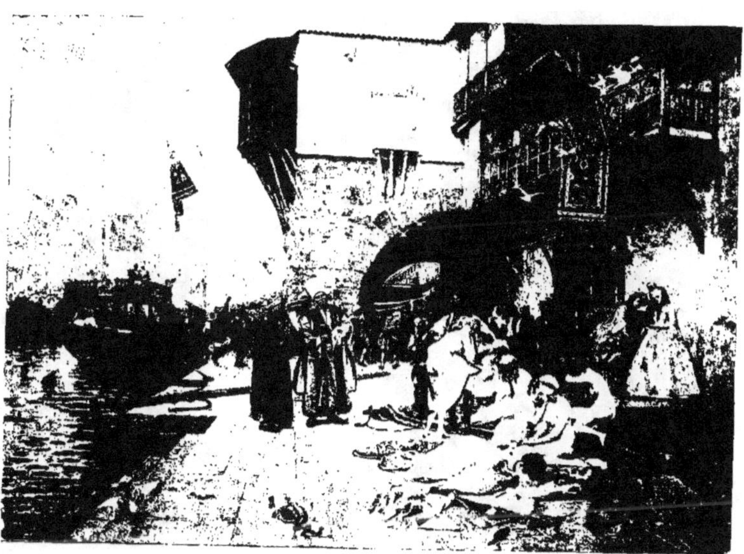

DELORT CH. S. *Marchandise barbaresque.* - *Barbaresque goods.*

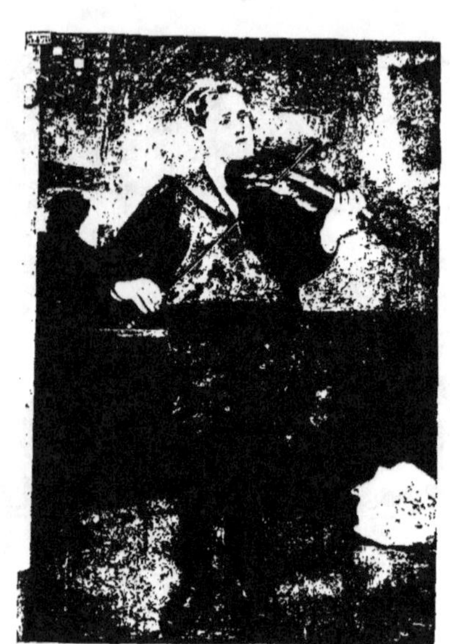

DAGNAUX (A.). *Portrait de M. Henri Focke.*
Portrait of Mr. Henri Focke.

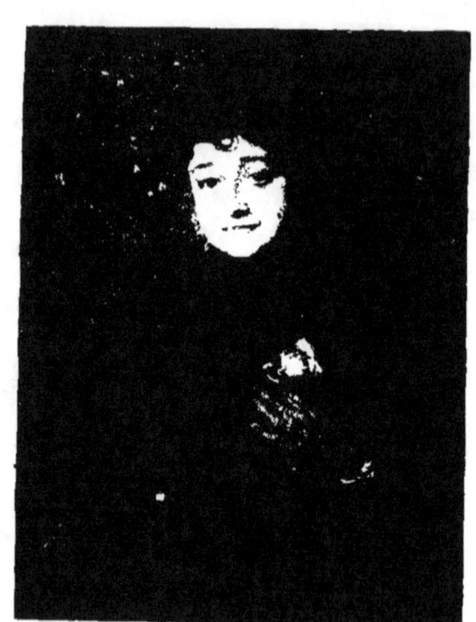

GIRON (C.). *Portrait de M⁰ᵉ Georges J.*
Portrait of Mrs. Georges J.

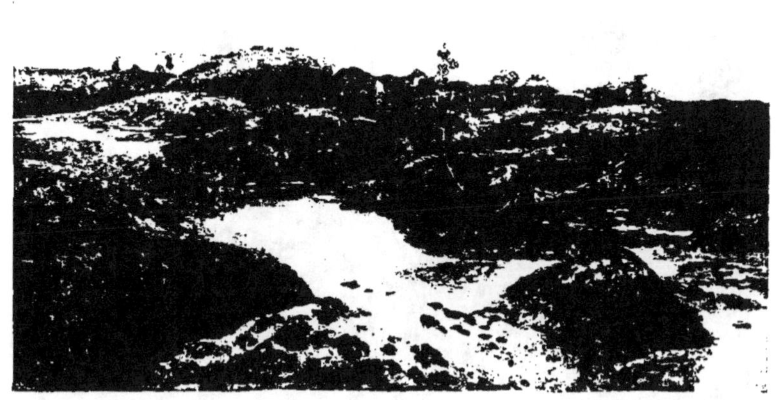

COURANT M. S. *Marée basse.* — *Low water.*

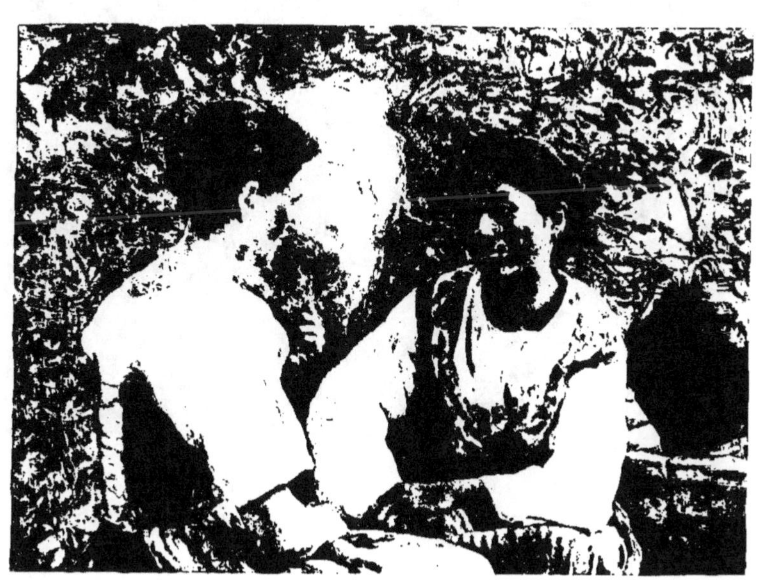

COURSE E. *A la fontaine.* — *At the fountain.*

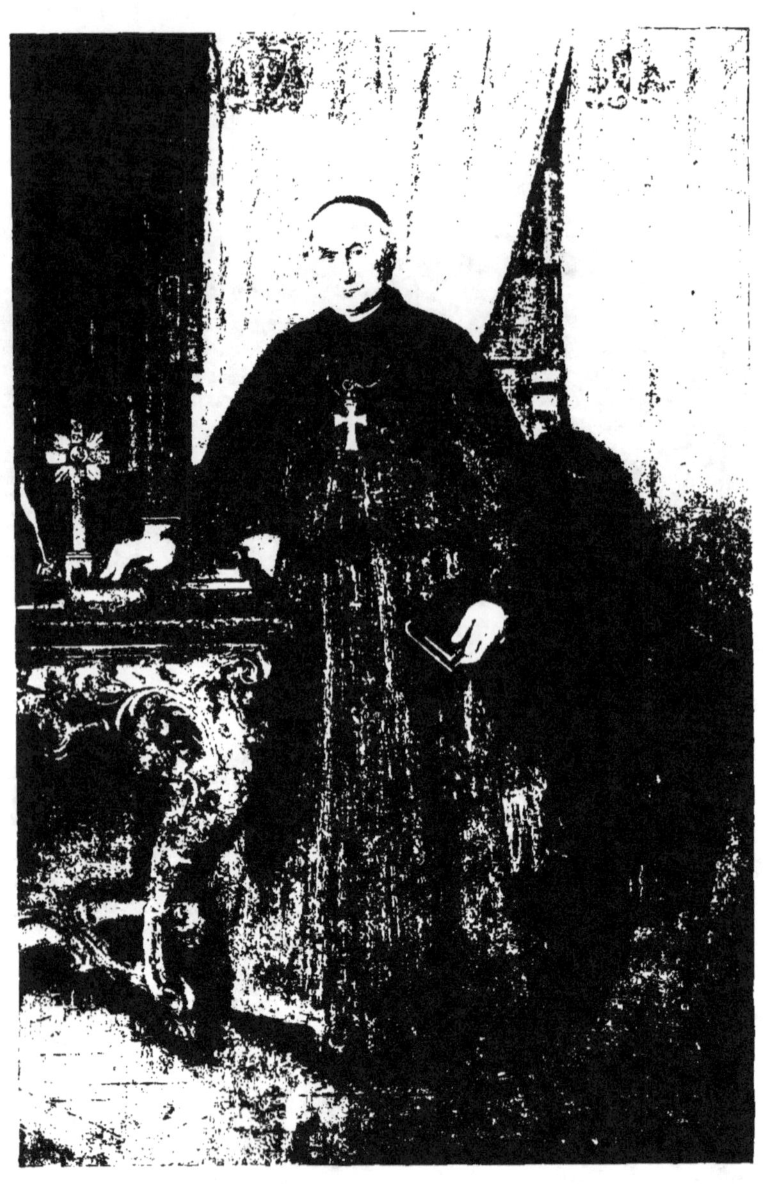

Dess. S. Portrait de S. E. Monseigneur Fouchon, cardinal archevêque de Lyon.
Portrait of Monseigneur Fouchon, cardinal and archbispop of Lyons.

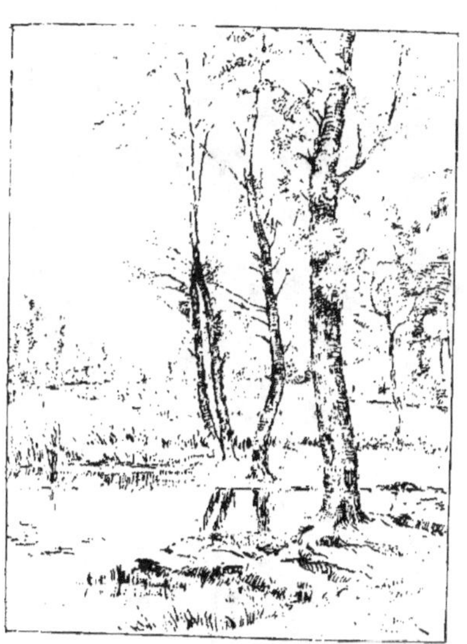

Saintin (L.-S.) Soir d'octobre.
An october evening.

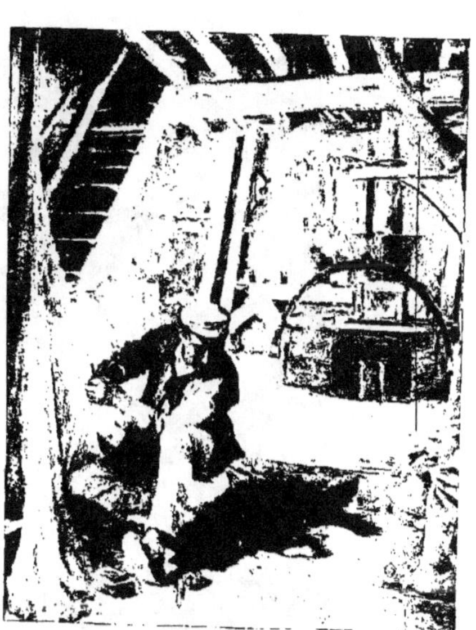

Delachaux (L.) Le moulin des prés.
The mill in the meadows.

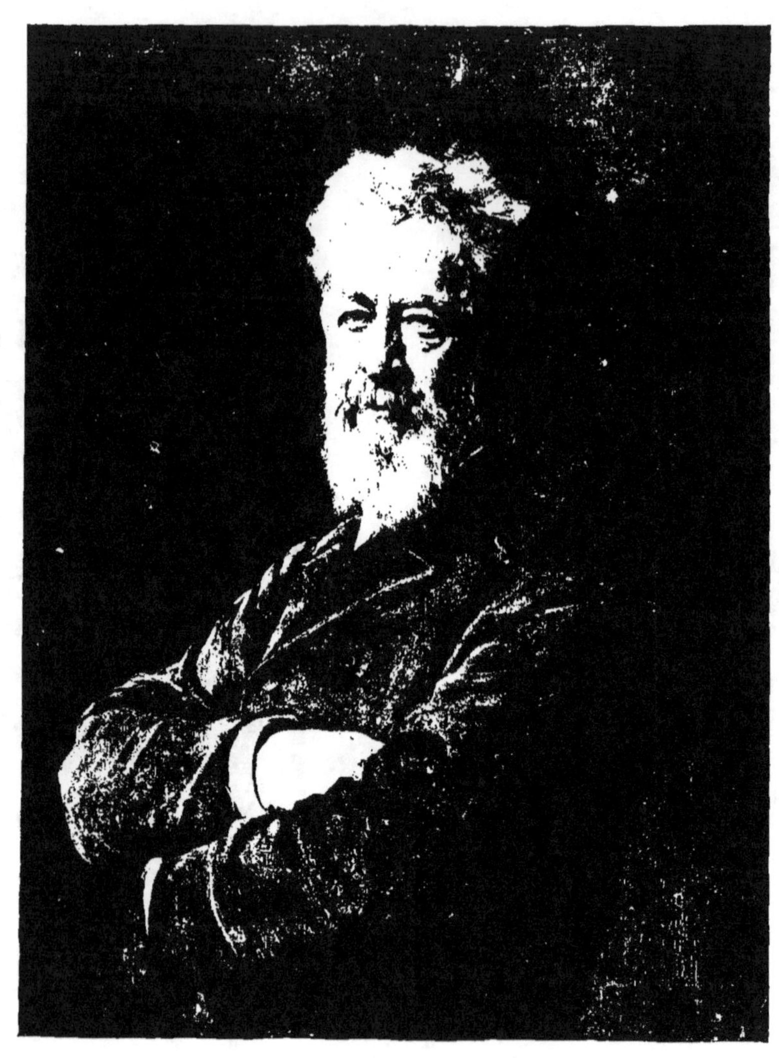

KONER (M.). *Portrait de l'écrivain d'art M. Pichet.*
Portrait of Mr. Pichet, art writer.

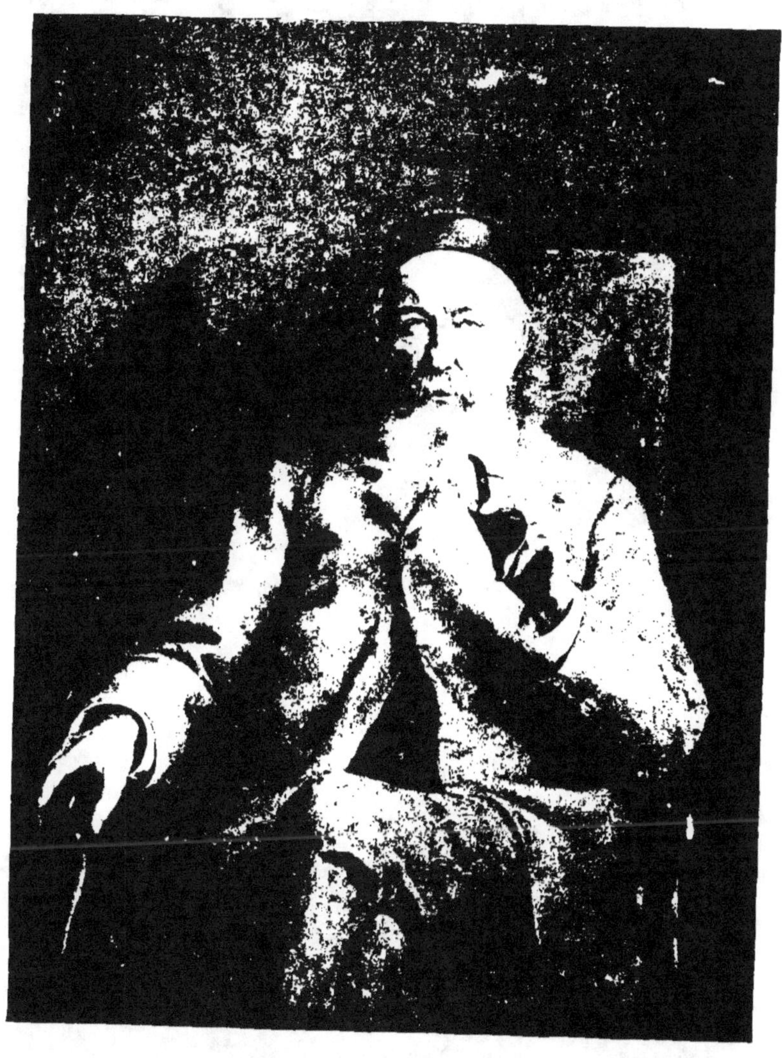

RONDEL. H., **A**. *Portrait de M. M... — Portrait of Mr. M...*

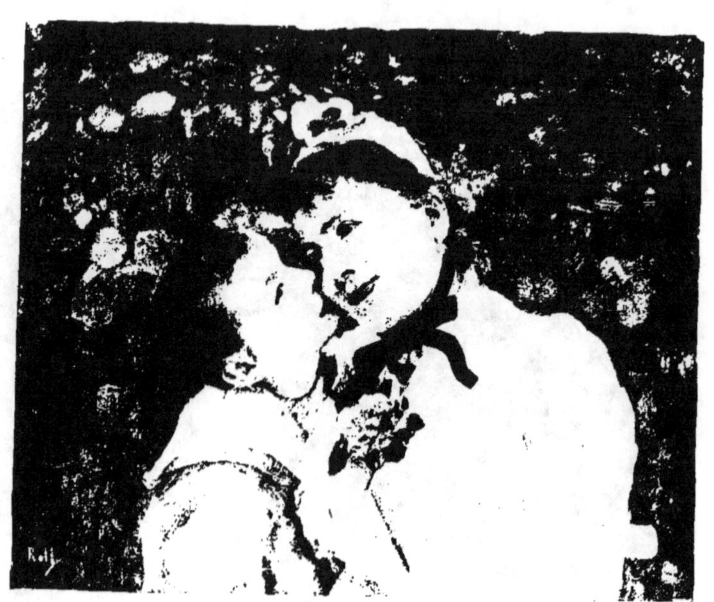

ROLL, S. *Mère et enfant.* — *Mother and child.*

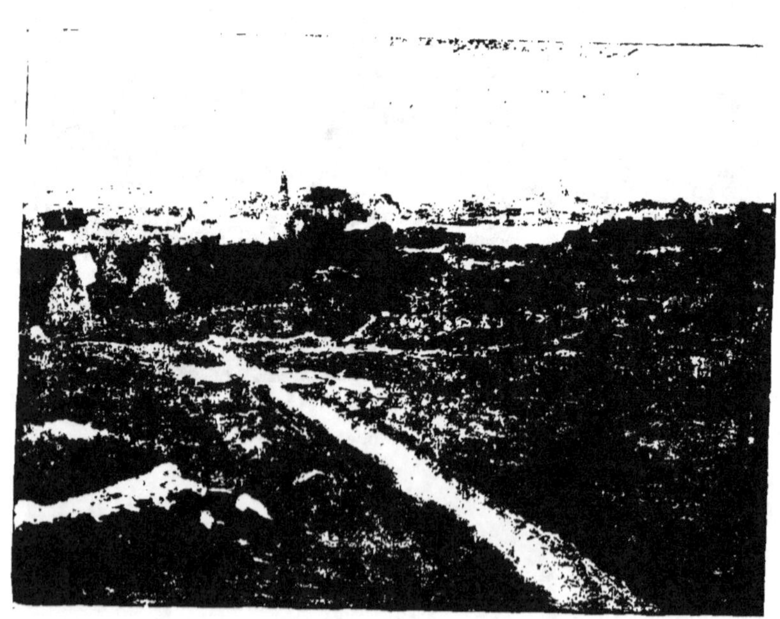

MEZZARA. *Paysage.* — *A landscape.*

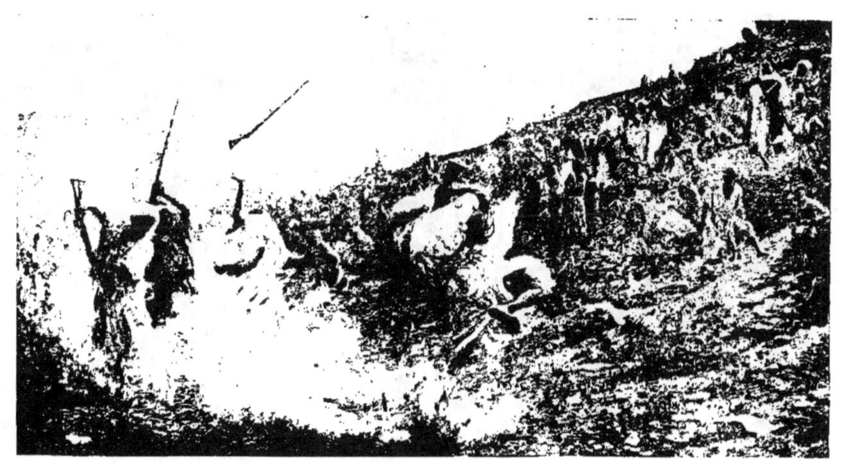

Dessin A.-E. S. *Le feu de la poudre.* — *Gunpowder at play.*

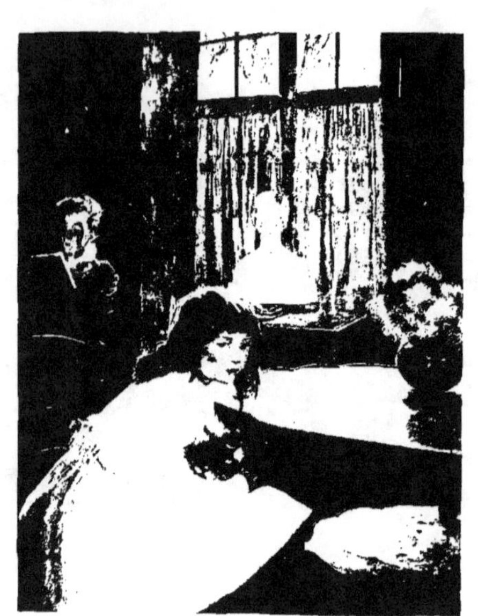

La Touche, G. : L'enfant au chat.
The child with the cat.

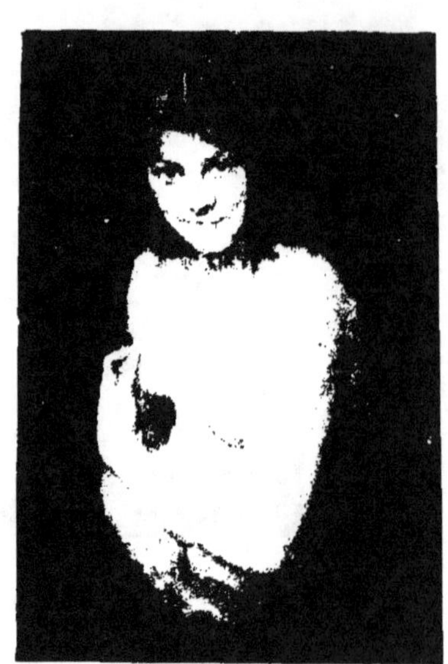

Picard, L. S. : *Ligeia.* *Ligeia.*

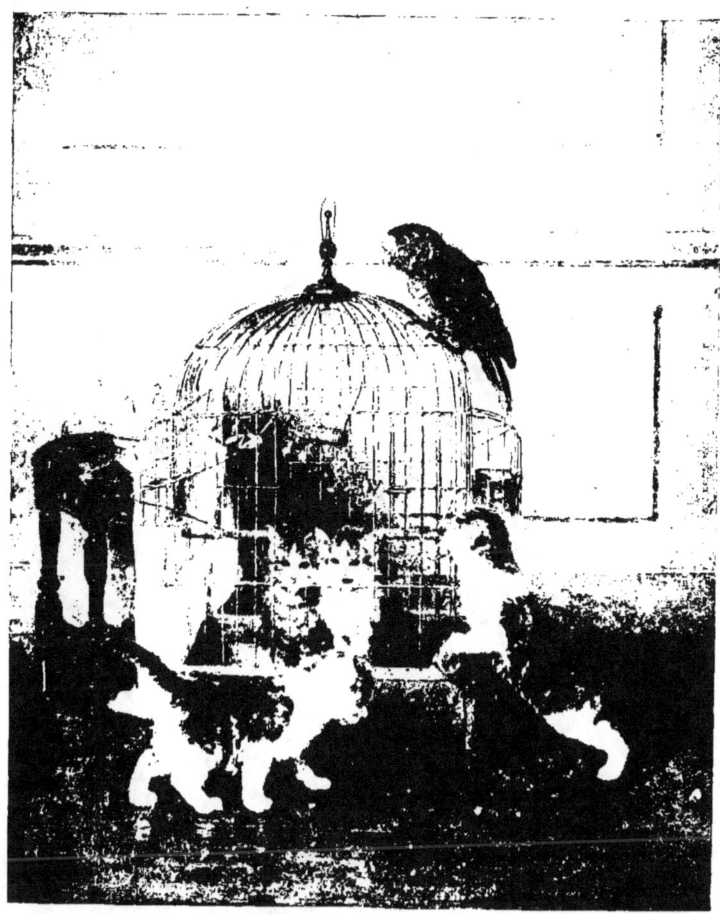

LAMBERT (L.-E.). *Envahissement de domicile. — Trespassing*

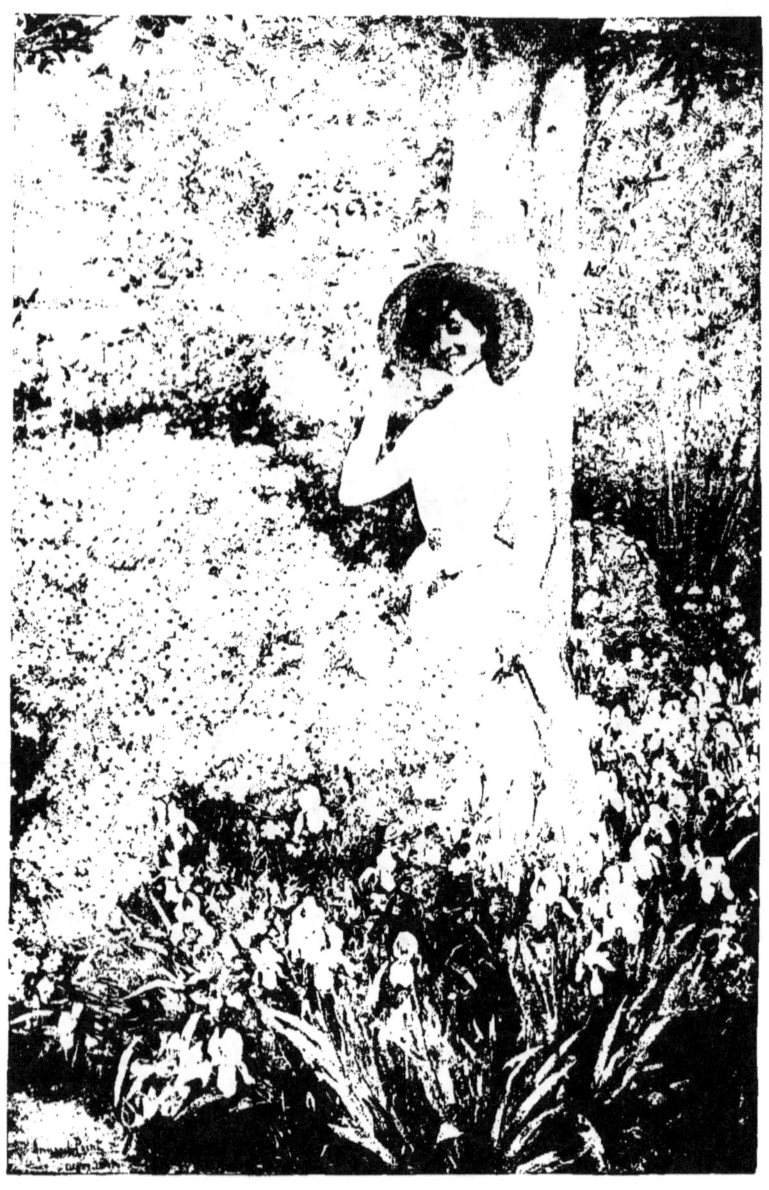

Point. **A.** *Soleil. — Sun.*

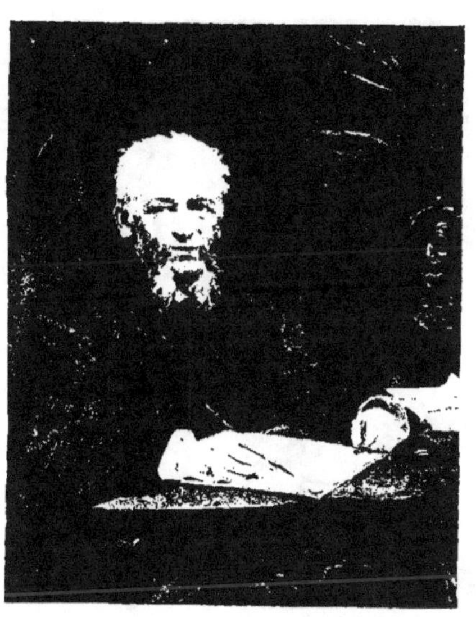

WEERTS (J.). Portrait de M. Pierre Legrand.
Portrait of M. Pierre Legrand.

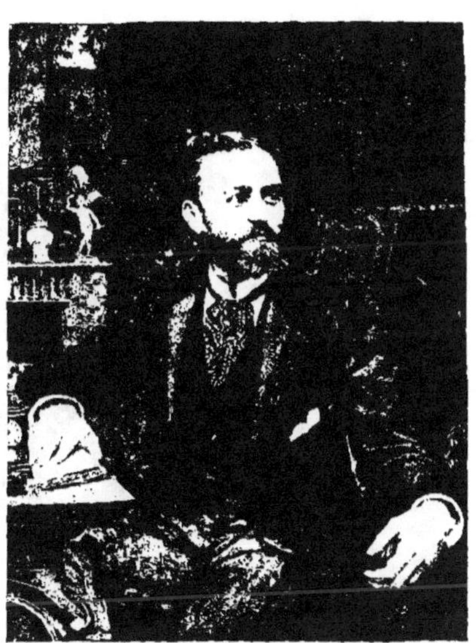

WEERTS (J.). Portrait de M. Paul Ollendorff.
Portrait of Mr. Paul Ollendorff.

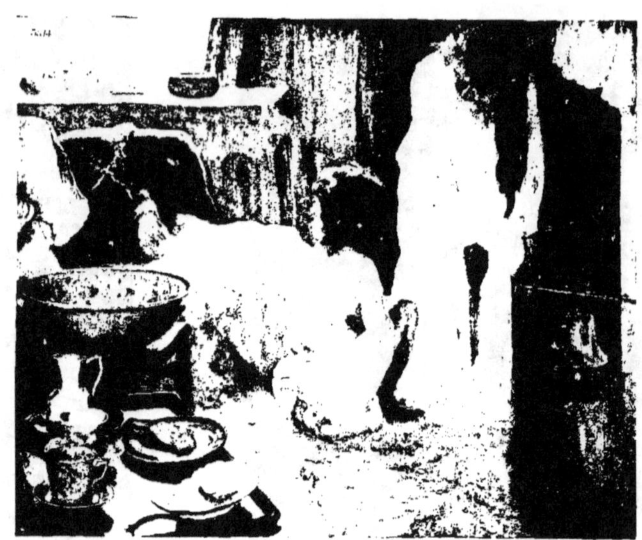

La Touche (G.). « La nursery ». — The nursery.

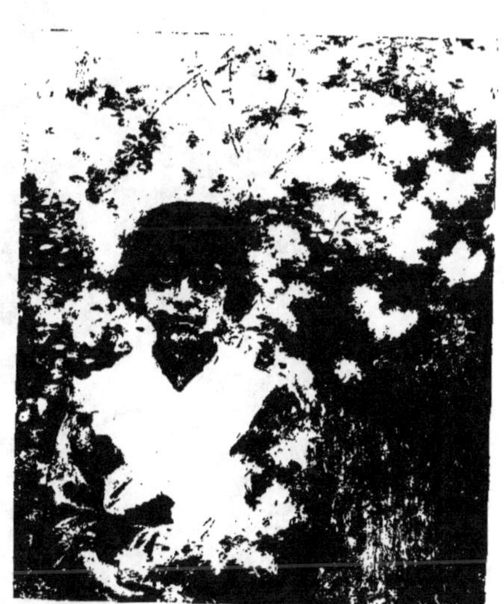

Ross. S. L'amiral Krantz.   Amiral Krantz.

A blkt. S. Jeune fille aux lilas.   Girl with lilacs.

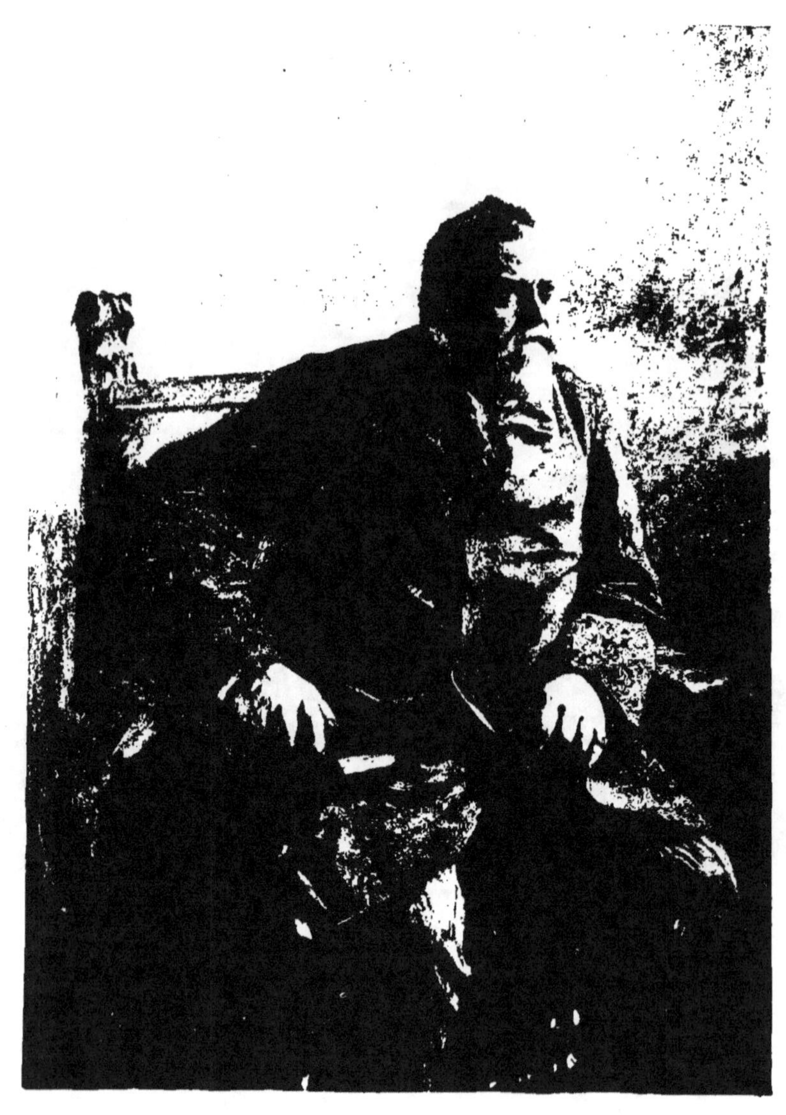

Zorn. S. *Portrait de M. Spuller.* *Portrait of Mr. Spuller.*

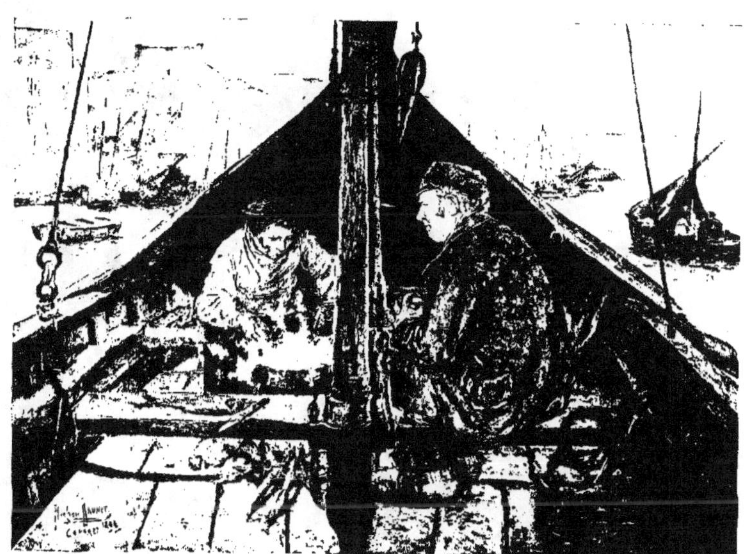

RICHON-BRUNET. En relâche à Camaret (la soupe). — Anchoring at Camaret (dinner-time).

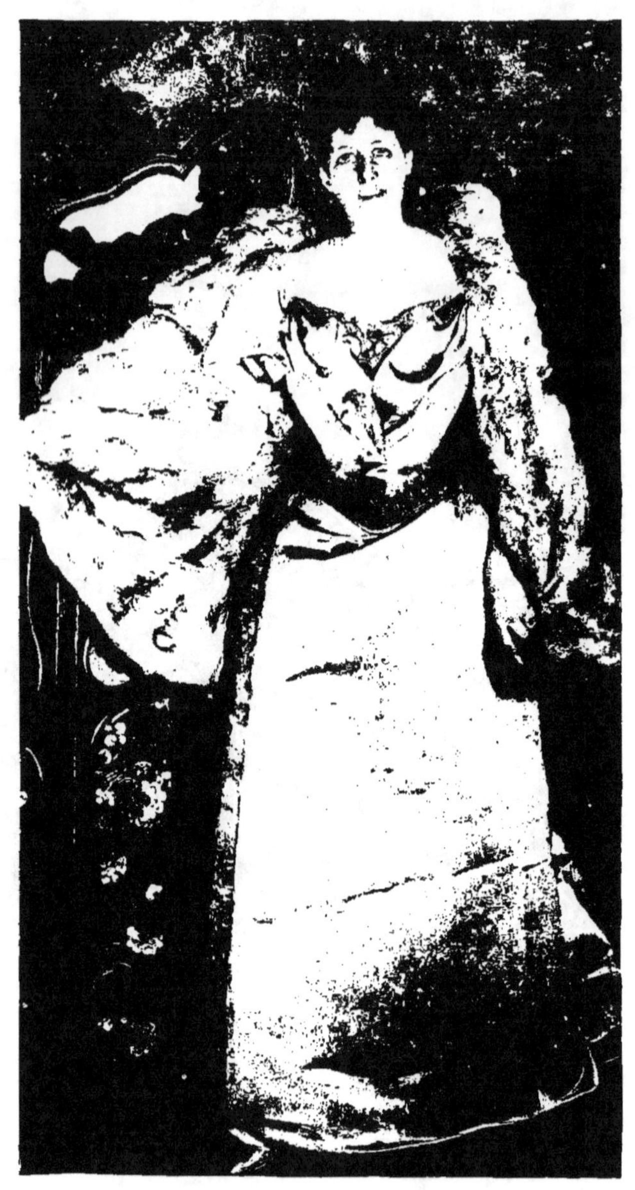

GIRON. *Portrait.* — *A portrait.*

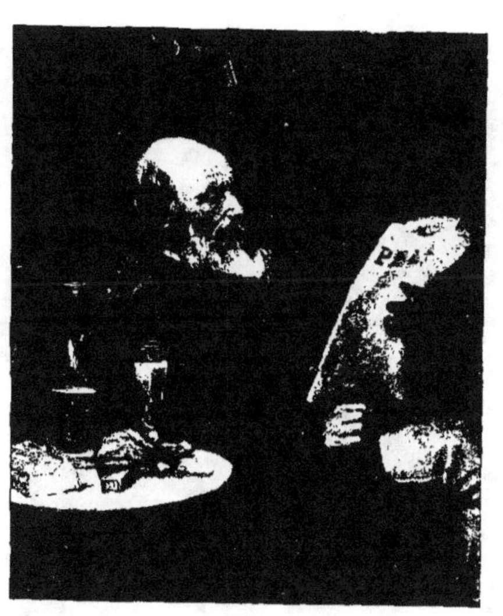

Salzédo, **A.** L'heure de l'absinthe. — *Absinth hour.*

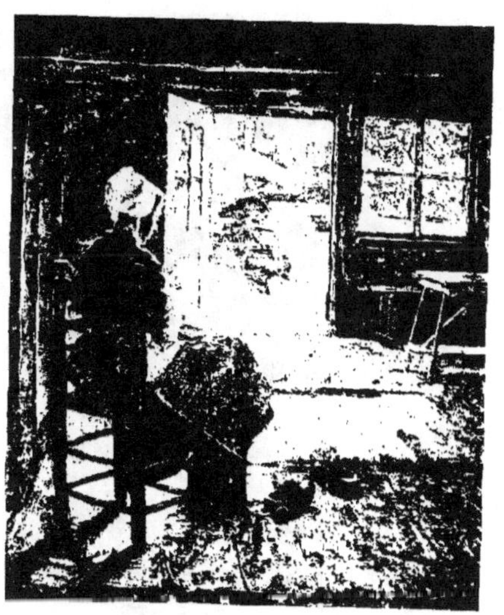

Klehl-Gotthart. **A.** Clarté de soleil. — *Sunbeam.*

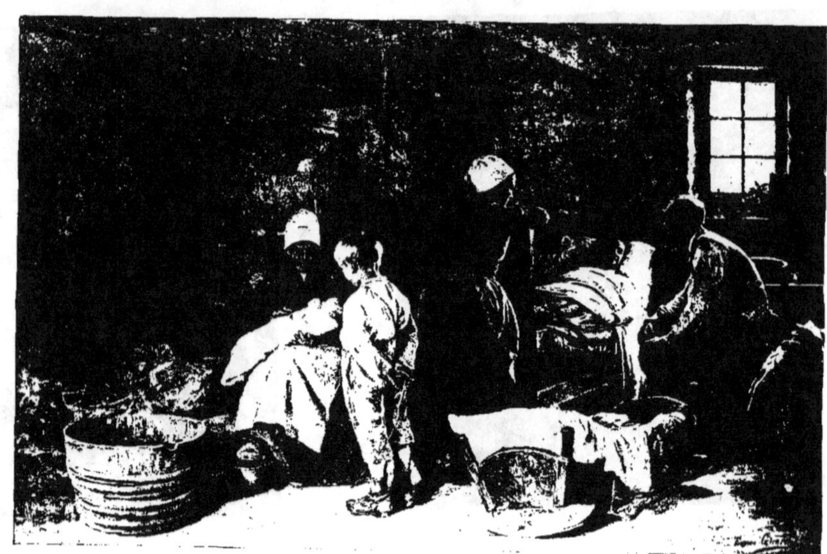

GIRARDET. **A** *L'accouchée du village. — A confinement in a village.*

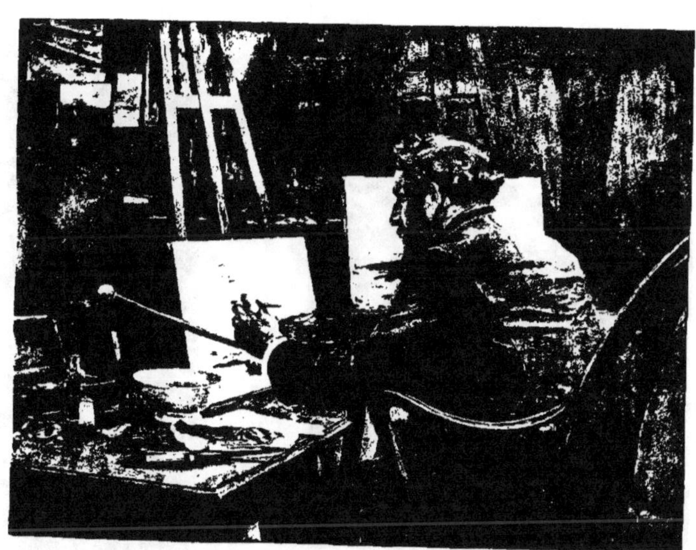

Gros L... S. Un aquarelliste. — A water-colour painter.

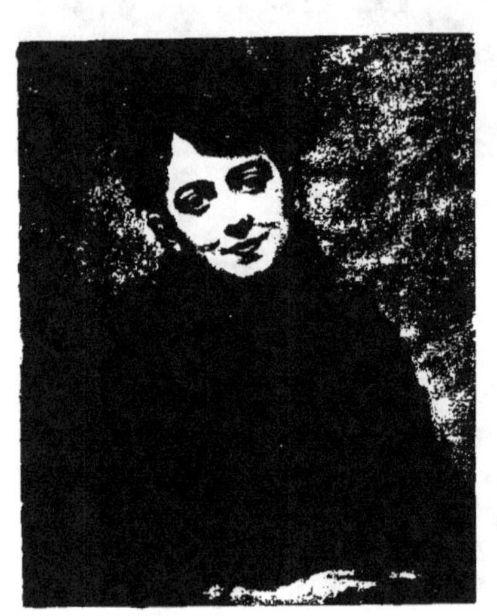

BEUTTER F.-E. . *Étude. - Study.*

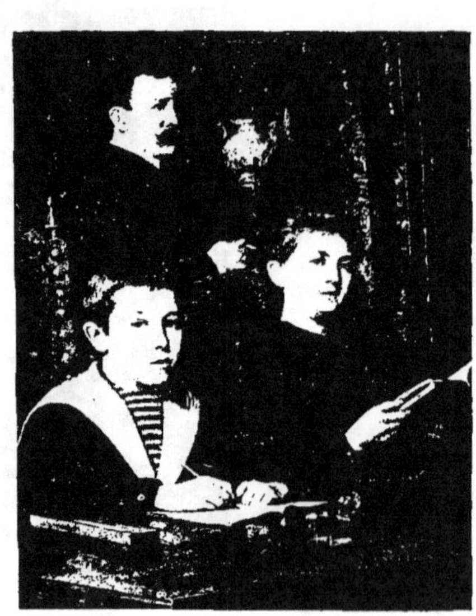

FRAPPA. **S.** *En famille. At home.*

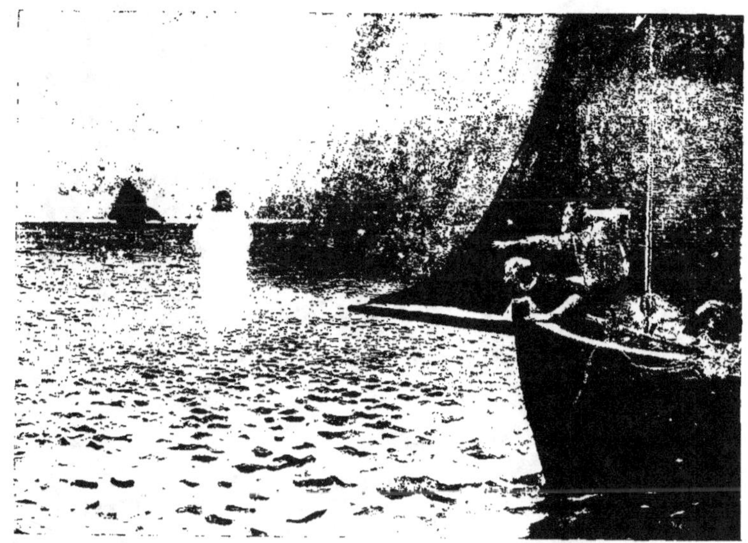

Diez. S. *Jésus marchant sur les eaux. — Jesus walking on the waters.*

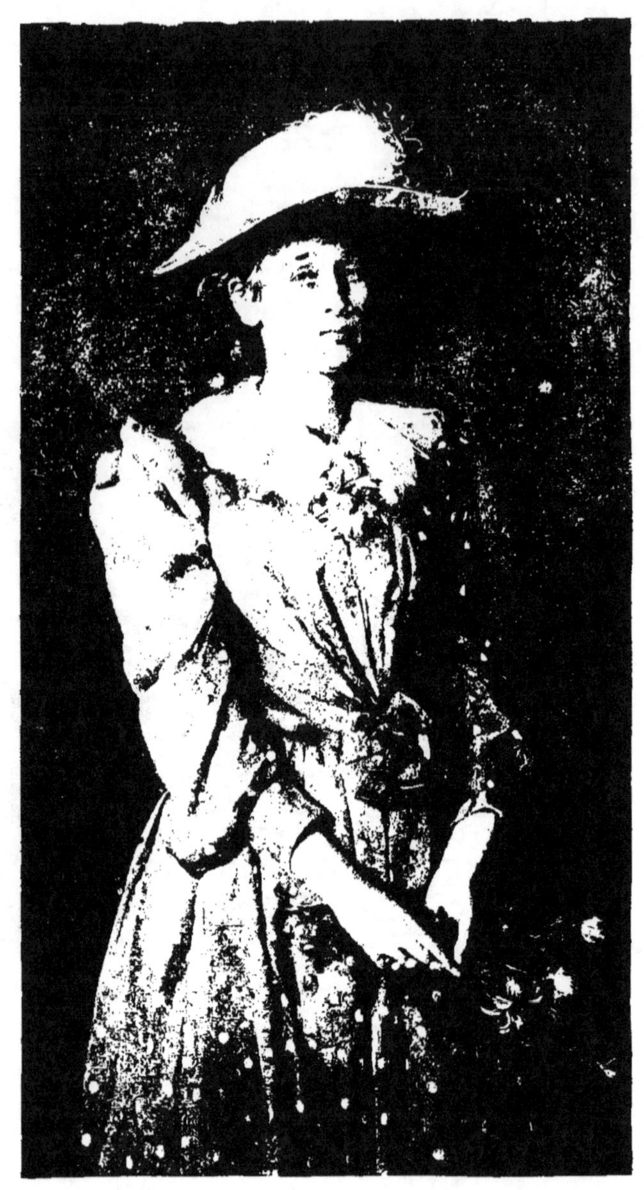

RODERSTEIN O.-W.. *Portrait de ma sœur. -- My sister's portrait.*

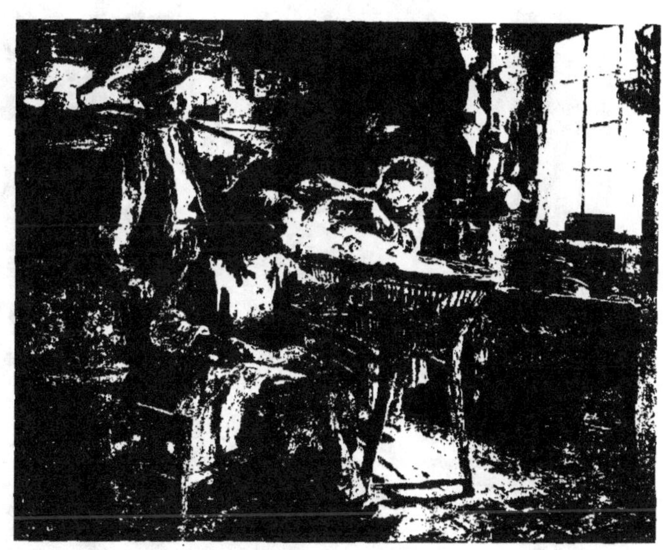

LHERMITTE. S. *Le sommeil de l'enfant* — *The child asleep.*

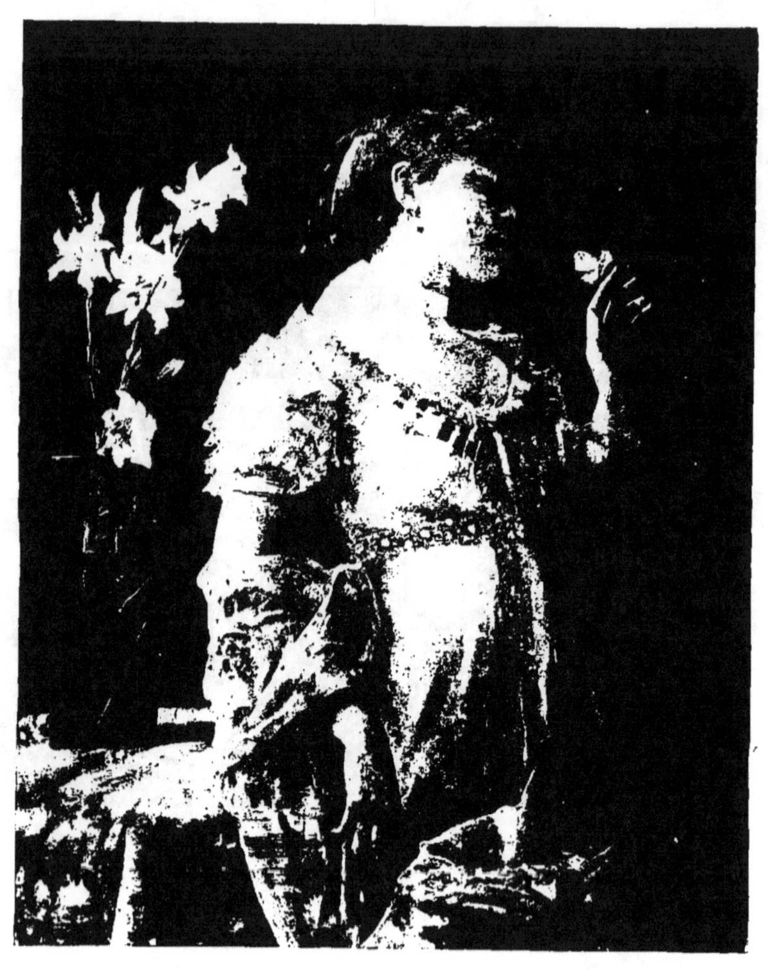

STEVENS. S. *Le papillon.* — *The butterfly.*

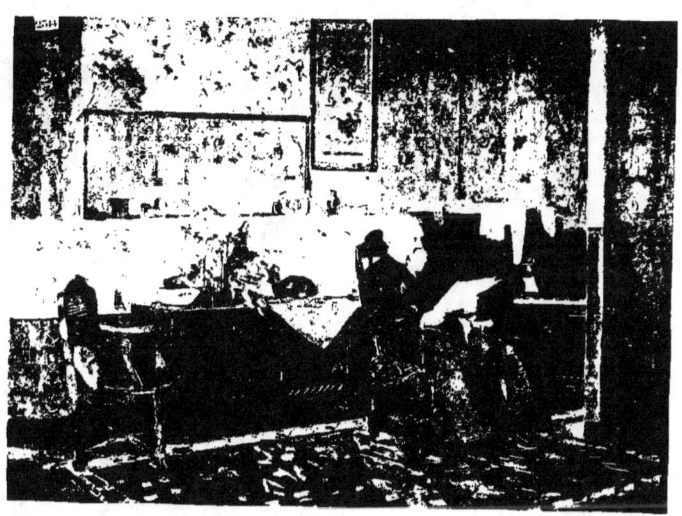

Norcross E..., A.-N. dans l'atelier. — *in his studio.*

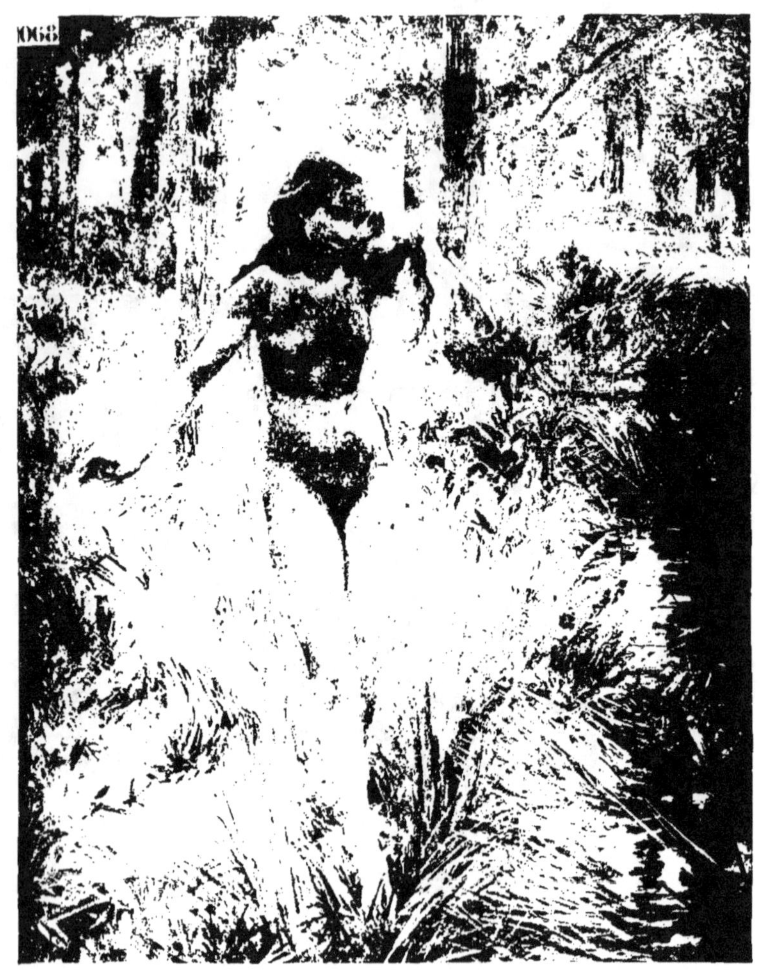

PONT. *Caresse de soleil. — Caressed by the sun.*

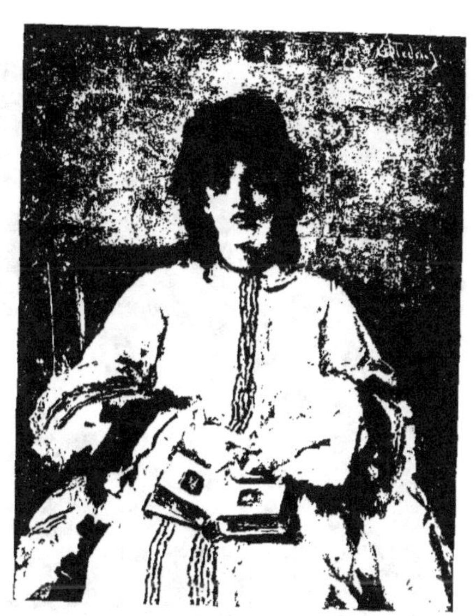

STEVENS. S. *L'album. — Her album.*

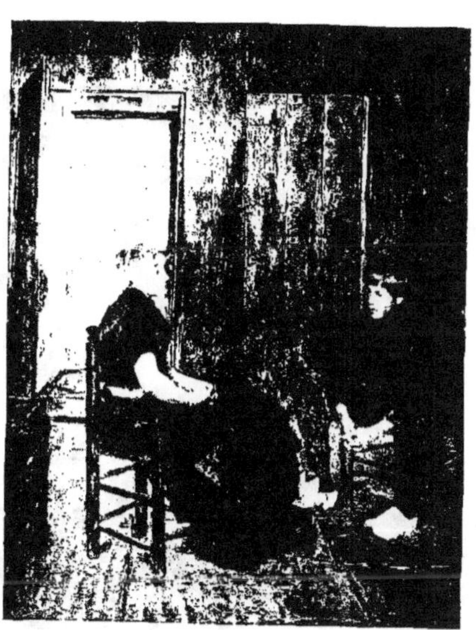

KUEHL-GOTTHARDT. S. *Tristes nouvelles. — Sad news.*

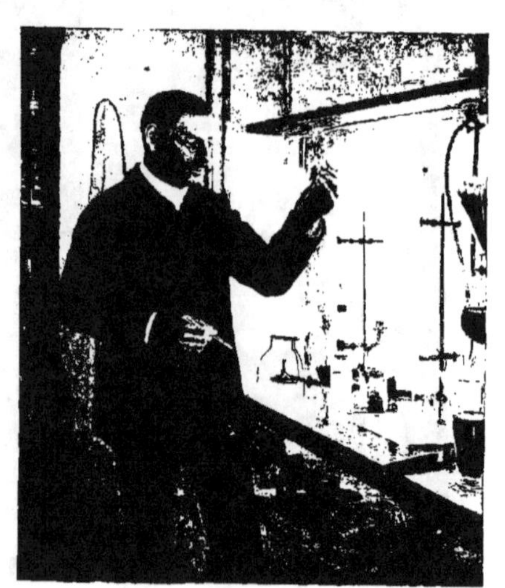

GIRARDOT. S. *Portrait*

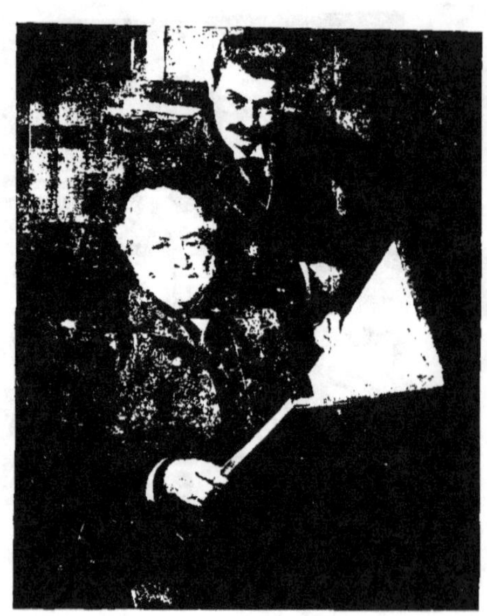

MATHEY. S. *Portrait de MM. Lévy.*

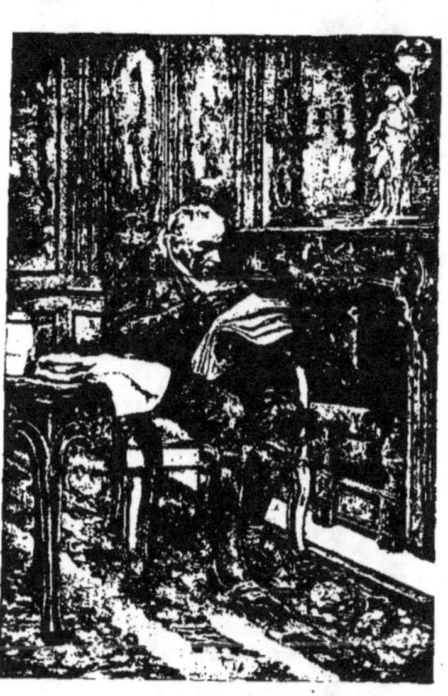

JIMENEZ-PRIETO. *Le grand père.* — *Grand-father.*

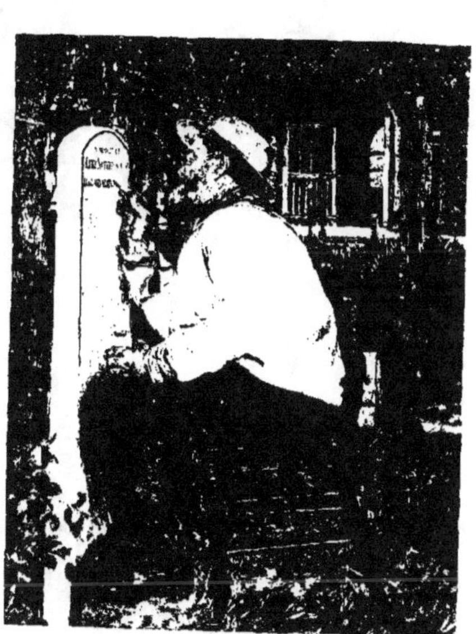

CHARLES (J.). « *En souvenir de* ». — *In memory of* ».

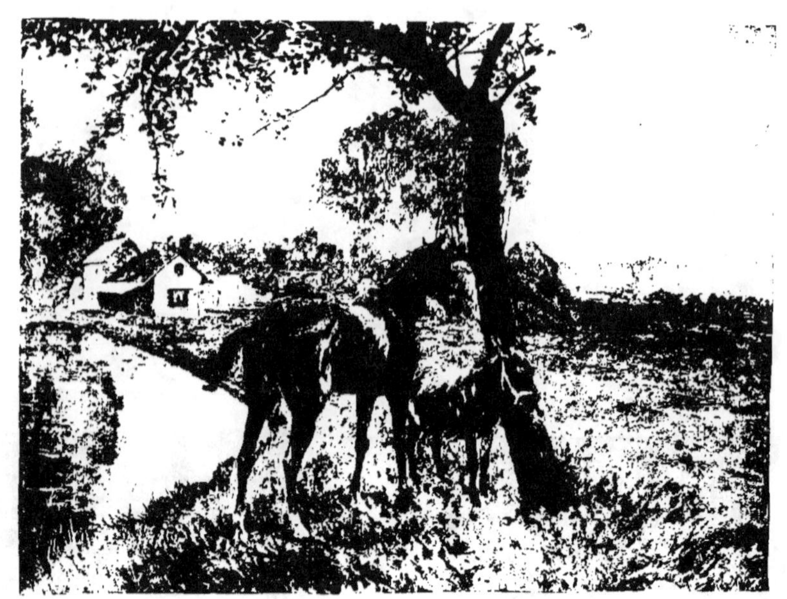

ARSENIUS A... *La prairie de M. Au. — Mr. Au's meadow.*

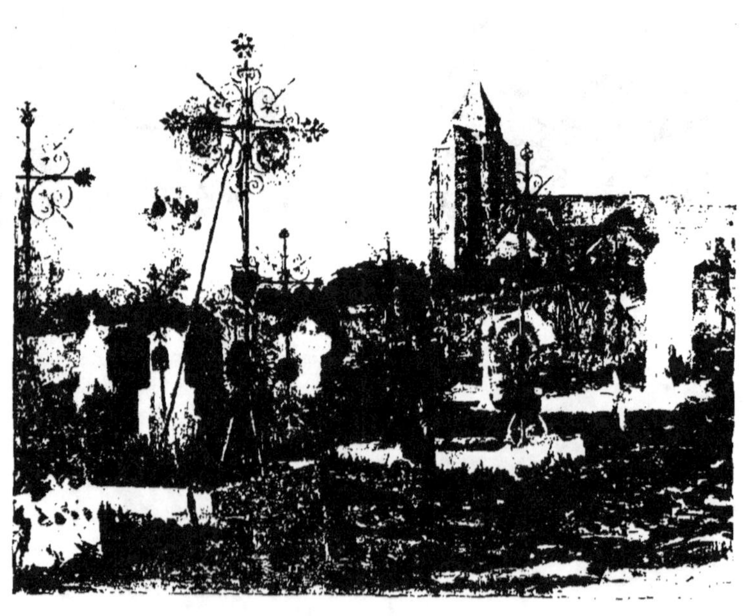

AUBLET A... S. *Cimetière du Tréport. — Burial-ground at Le Tréport.*

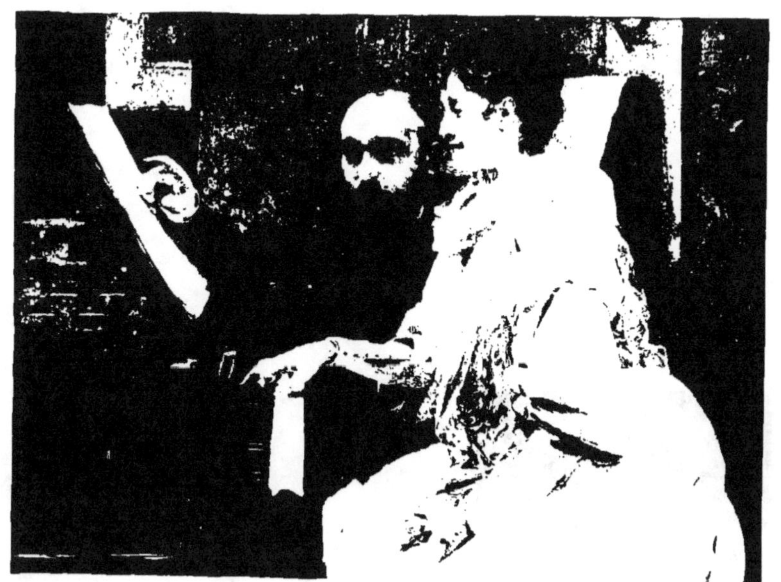

Bessard. S. Portrait de M. et Mme Ch.   Mr. and Mrs. Ch.'s portrait.

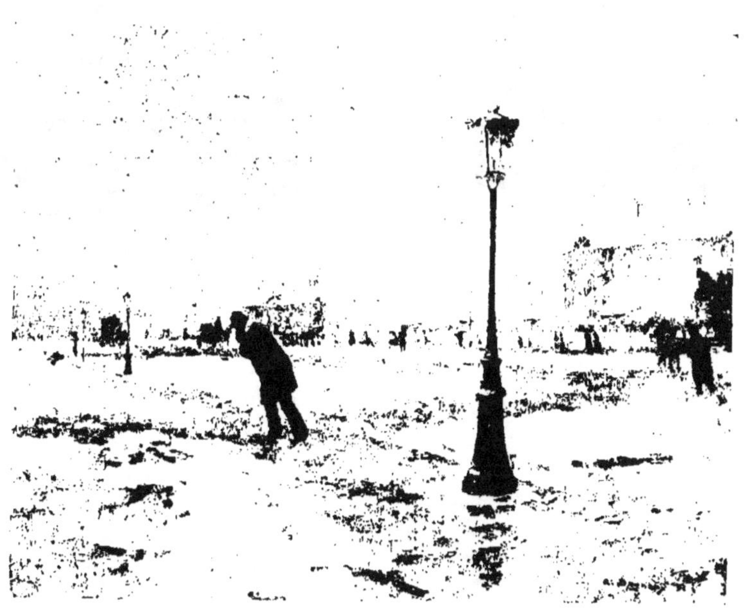

Dagnaux André. A. L'Esplanade des Invalides.
The « Esplanade des Invalides ».

Collection H... S. Portrait
de Mlle Louise-Marie.
Portrait of Miss Louise-Marie

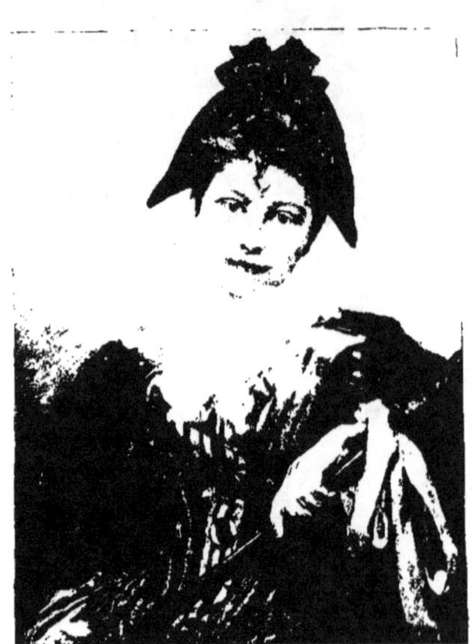

Prés. B... Premier bal. — First ball.

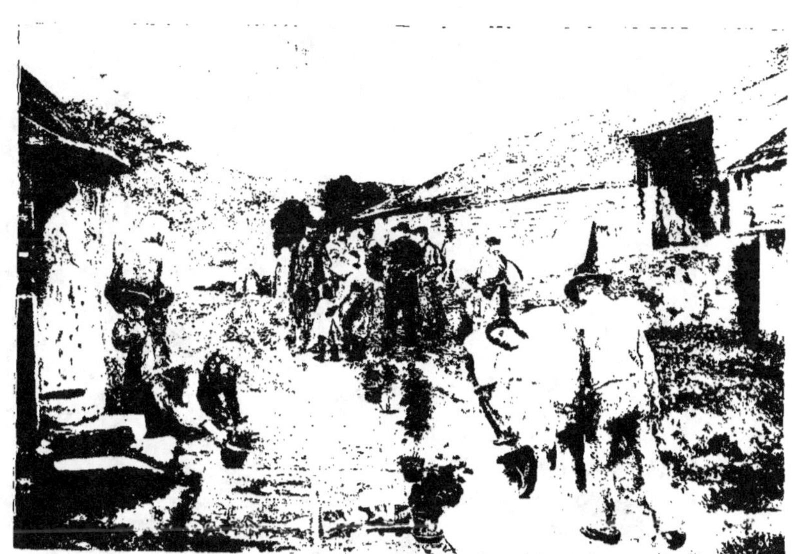

SKREDSIK. S. Le fils de l'homme. — Man's son.

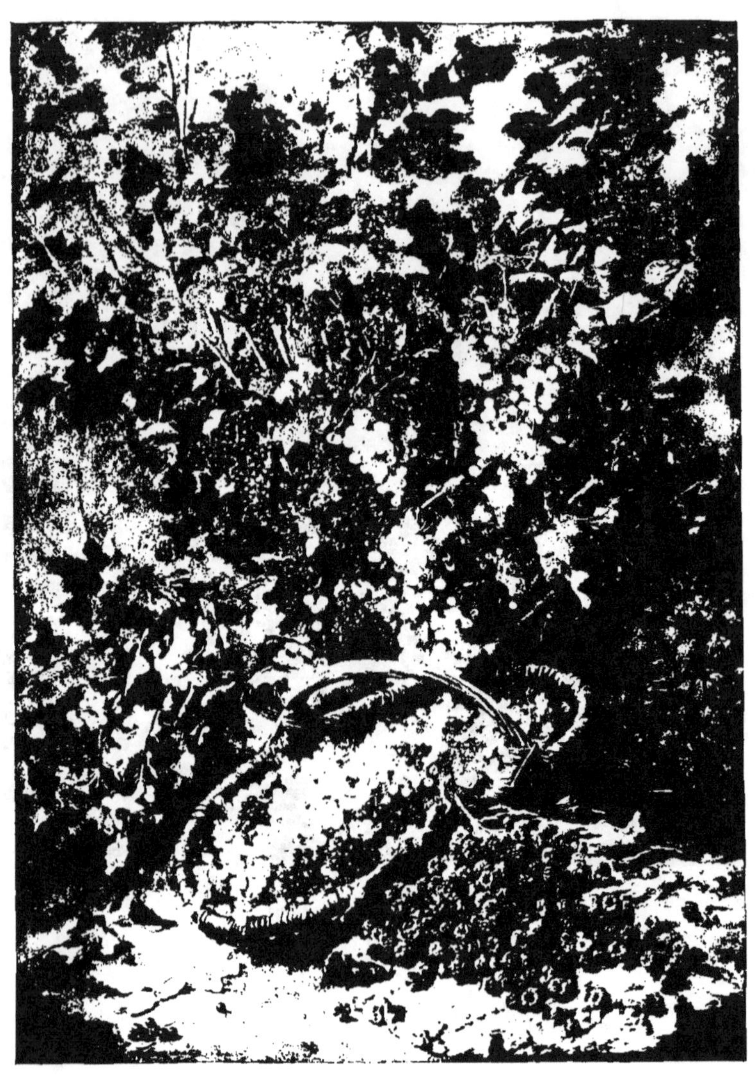

LEMAIRE M., S. *Groseilles, framboises et fraises.*
Currants, gooseberries, rapsberries and strawberries.

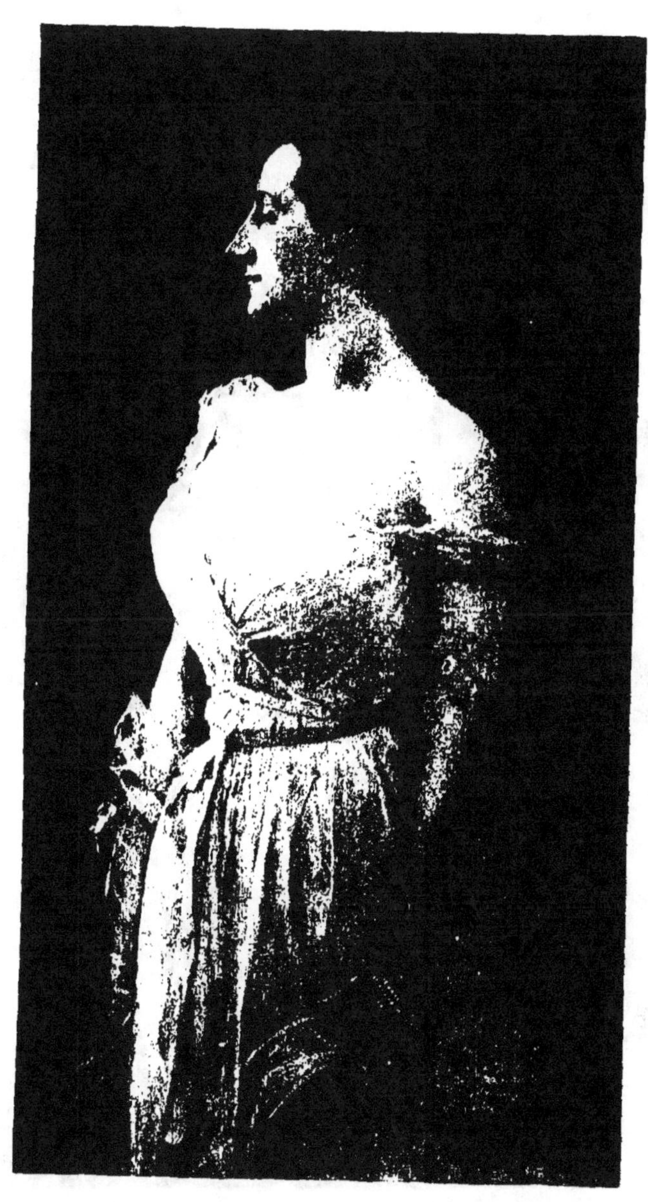

Courtois G..., Portrait de Mme Gautreau.
Portrait of Mrs. Gautreau.

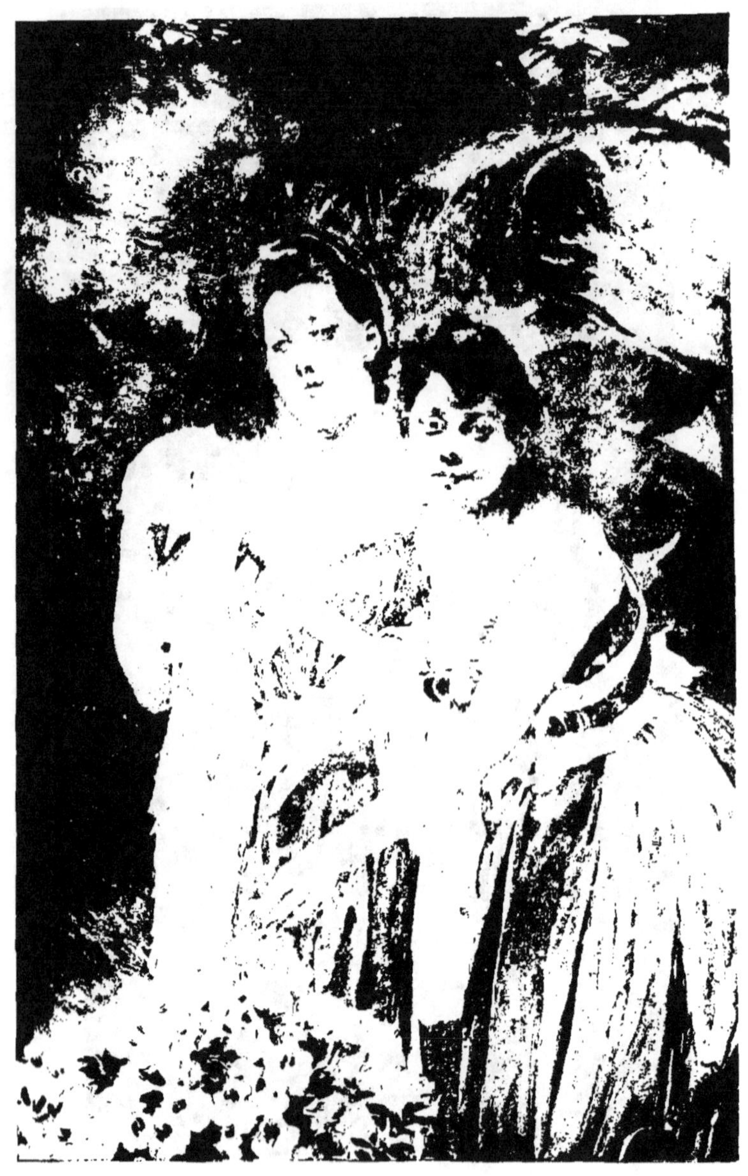

Besnard: S. Portraits. — Portraits.

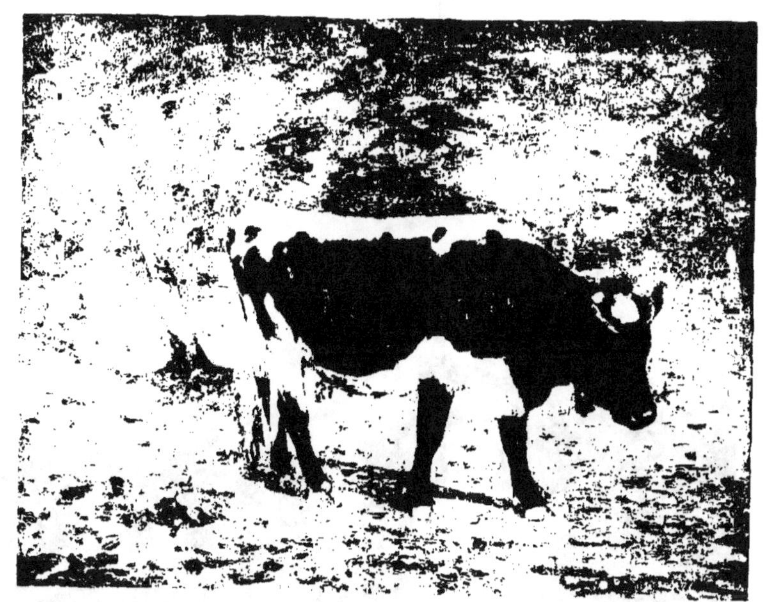

Smith. S. *Vache sous bois.* — *A cow in a wood.*

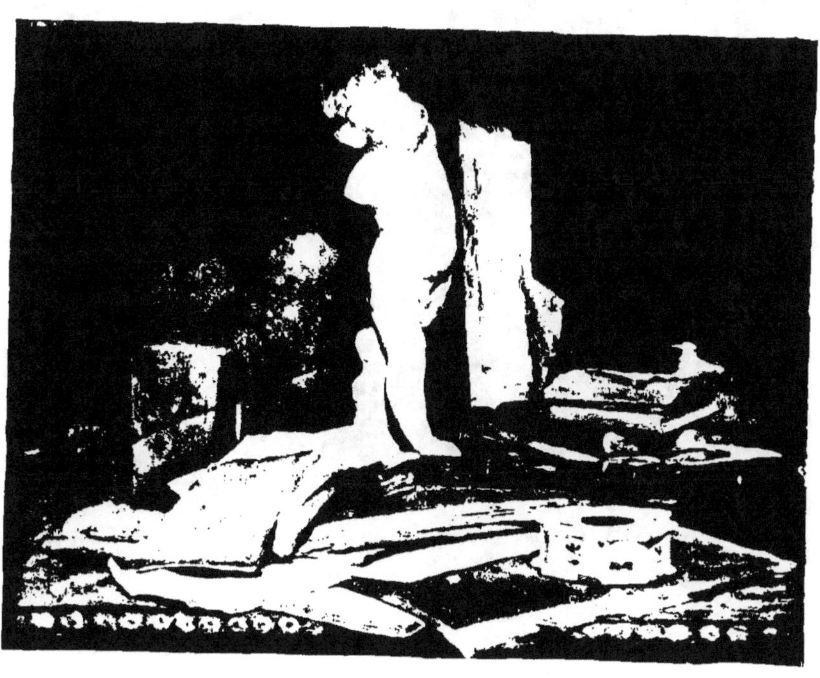

Herbert. A. *Ma tante.* — *My aunt.*

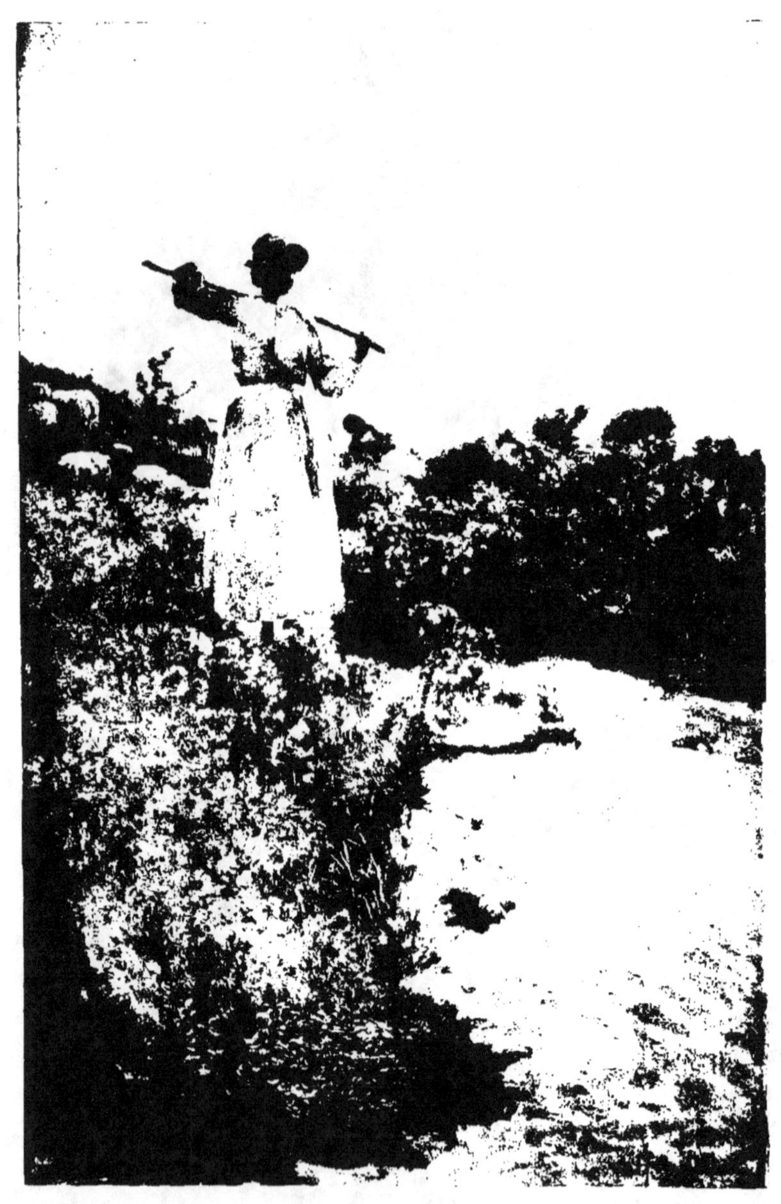

ANTHONISSEN **A.** *Bergère dans les dunes. — A shepherdess in the downs.*

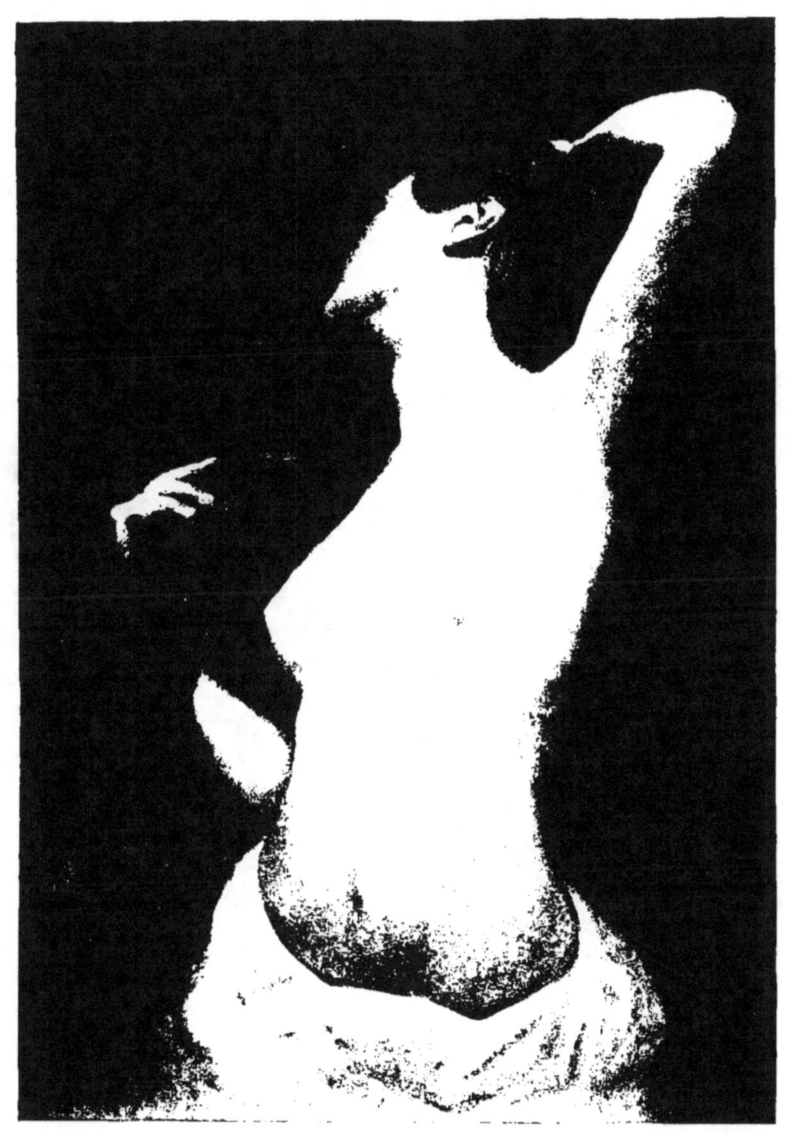

Gounod (J.). *Étude. — Study*

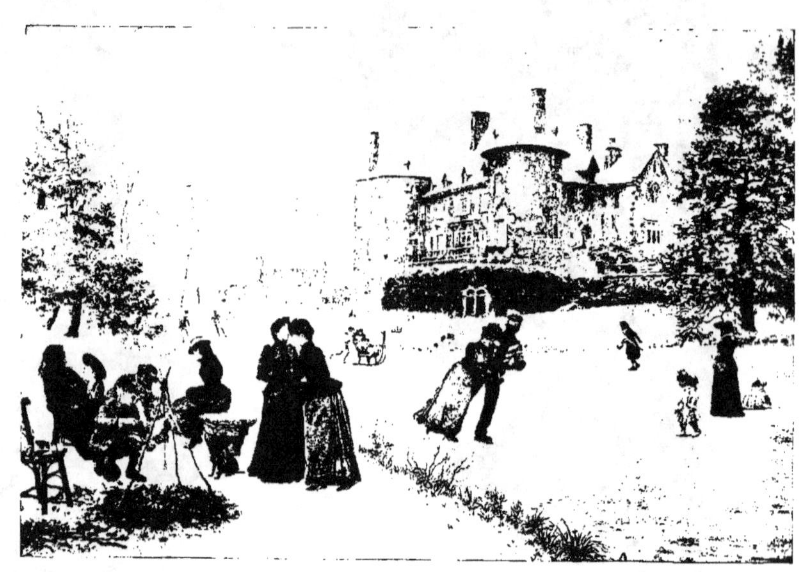

Firmin-Girard. *Patinage.* — *Skating*

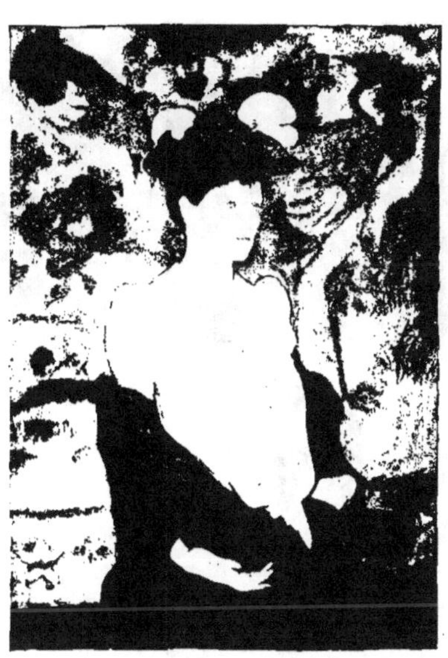

ANQUETIN. *Portrait sur fond japonais.*
A portrait with a japanese background.

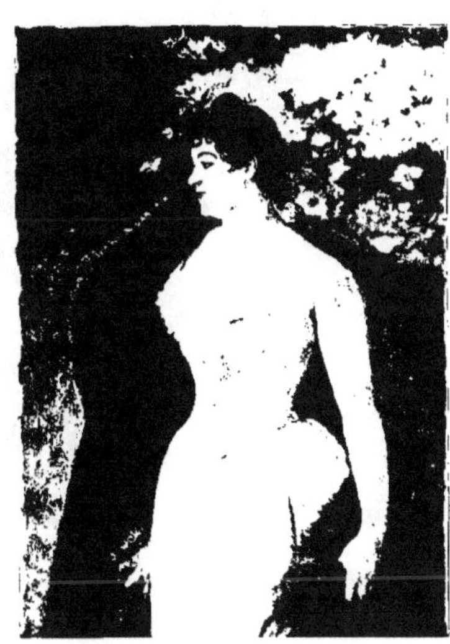

DIAZ, S. *Portrait de Mme Jacob de R.*
Portrait of Mrs. Jacob de R.

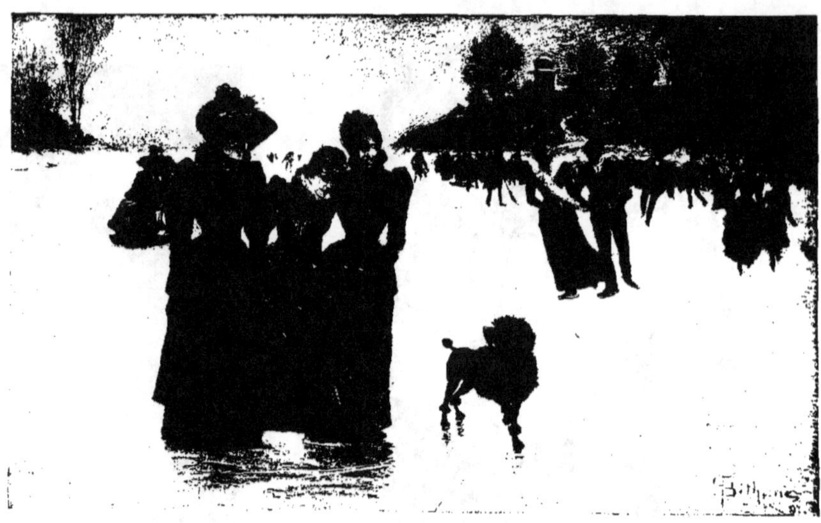

BÉTHUNE (G.). *Le patinage au bois de Boulogne.* — *Skating at Boulogne's wood.*

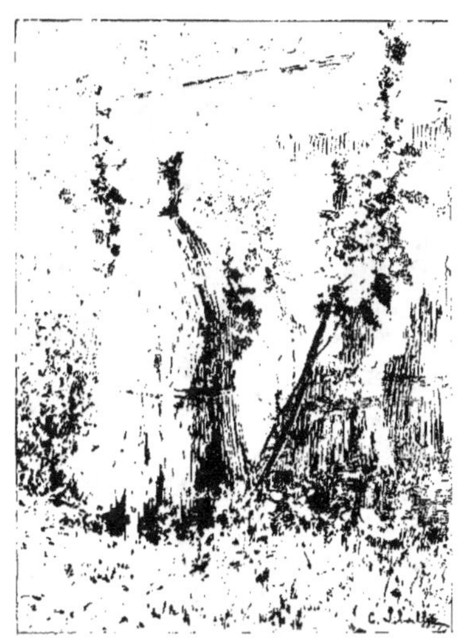

SCHULLER CH., A. *Les ruches. — The bee hives.*

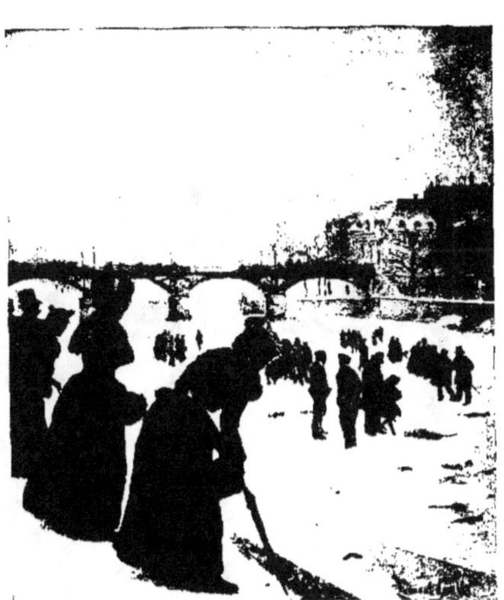

GISELL M... *La Seine le 18 janvier 1891.*
The Seine on January the 18th 1891.

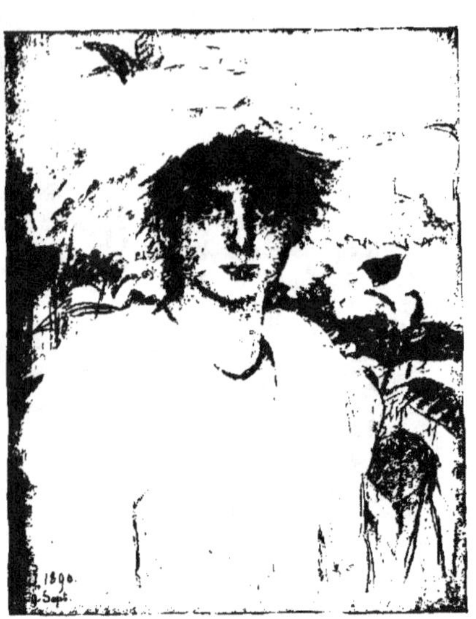

BRESLAU (L. S.). *Portrait de ma sœur*
My sister's portrait

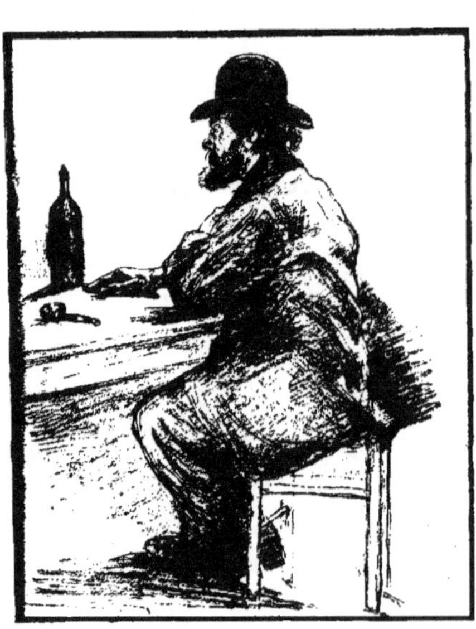

MORAND (A.). *Étude. — Study.*

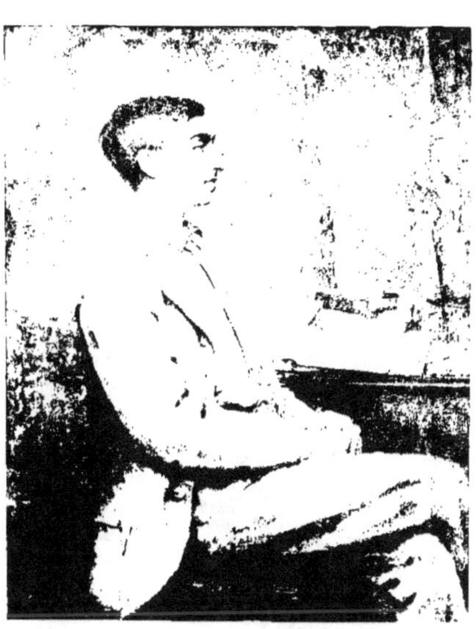

ROYBET (H.). — A. Philippe un homme libre. —
Philip a free man.

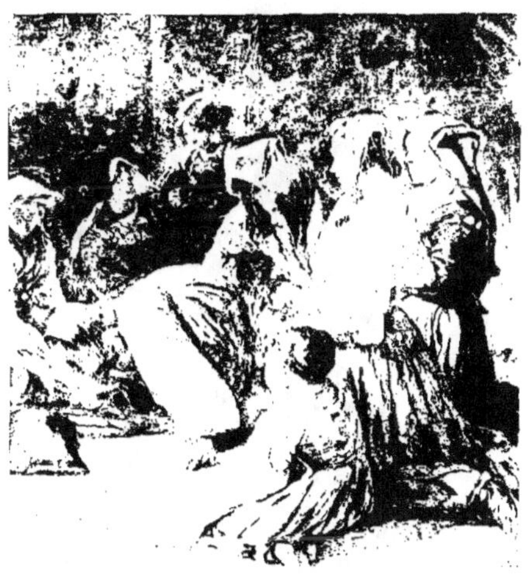

NOZAL (L.). — Le pardon. — The pardon.

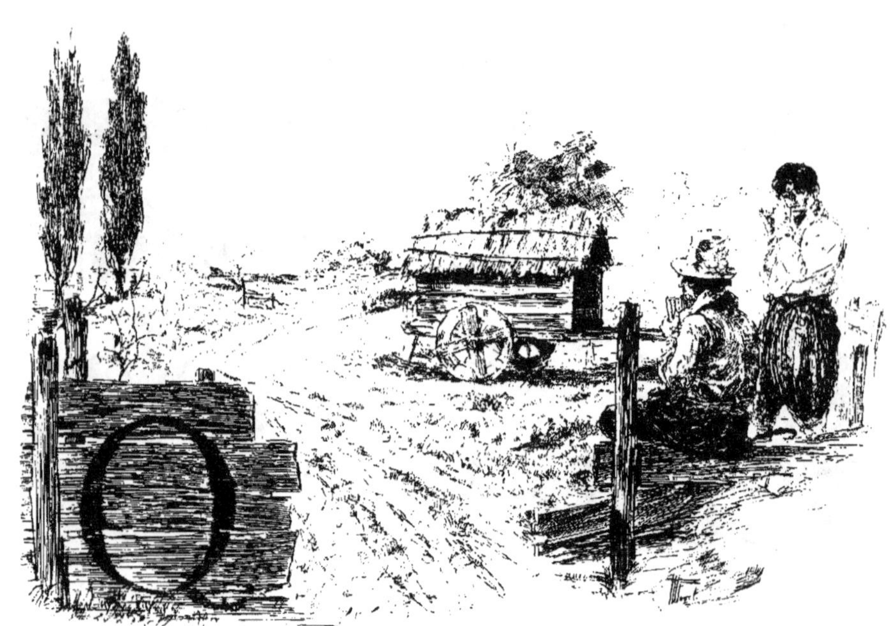

Vogel. *Un dessin à la plume.* — *A pen drawing.*

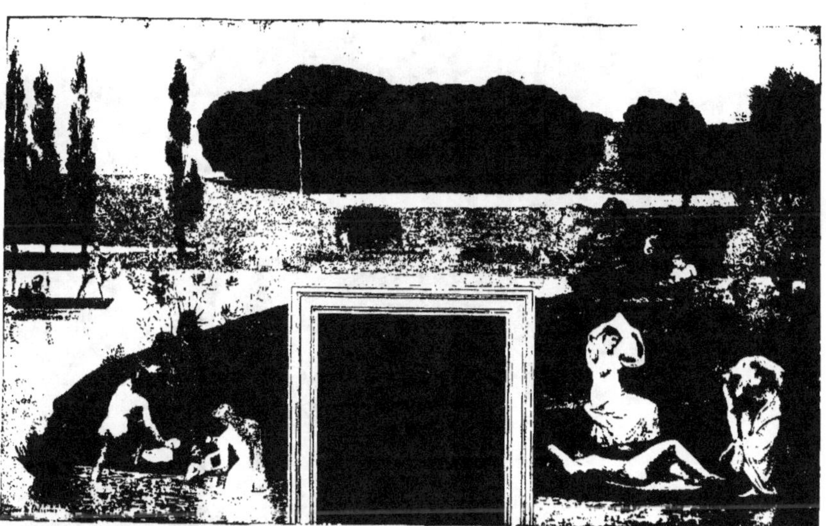

Puvis de Chavannes. 8. *L'été.* (Panneau pour l'Hôtel de Ville. — *Summer* (A panel for the Hotel de Ville).

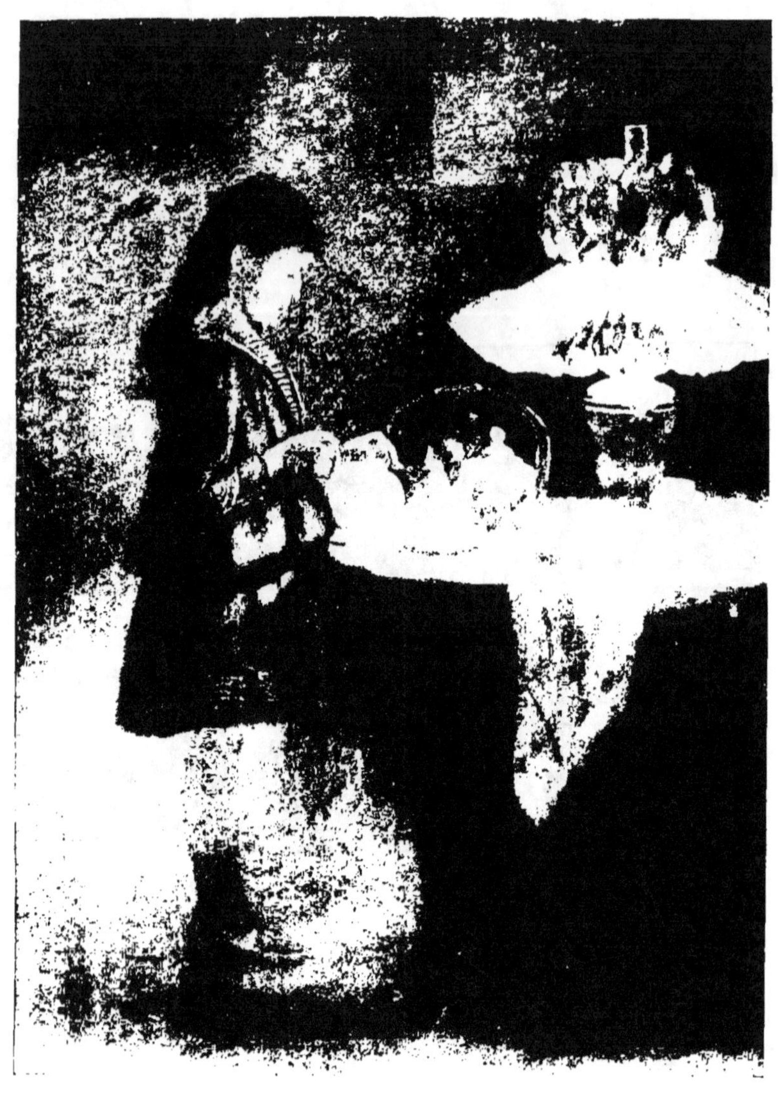

BESNARD. *Le thé.* — Tea.

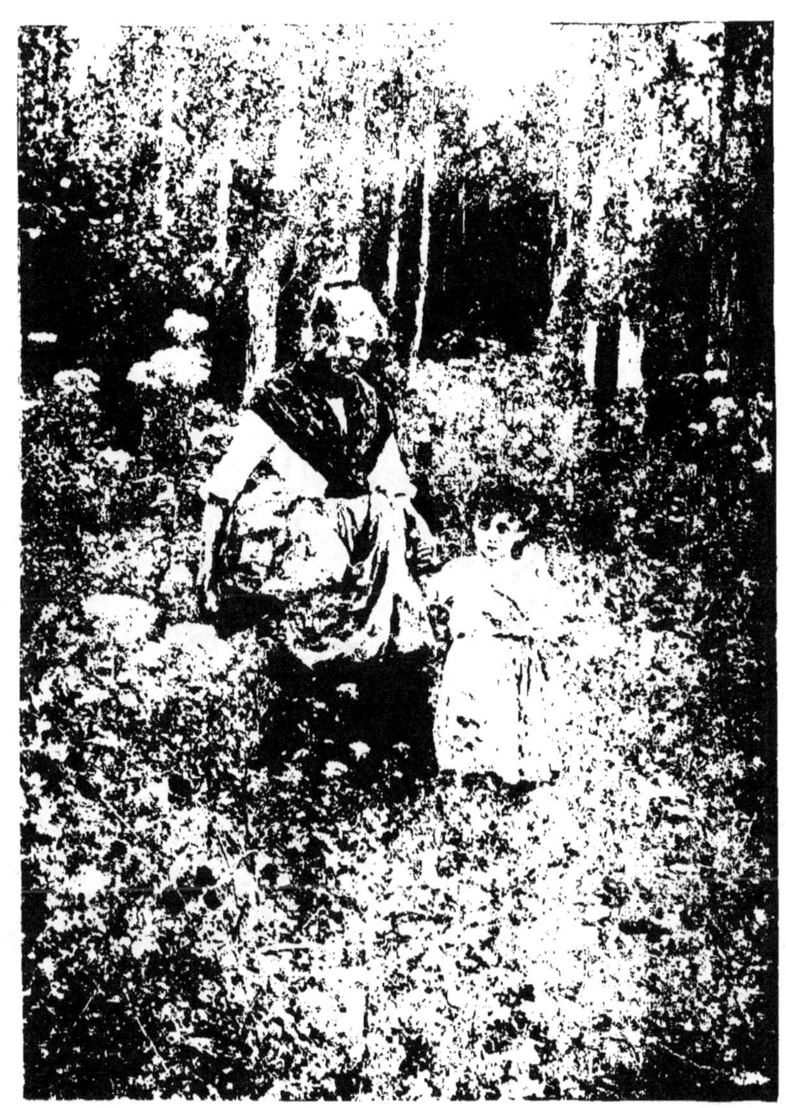

JIMENEZ. *Les deux sœurs.*   *The sisters.*

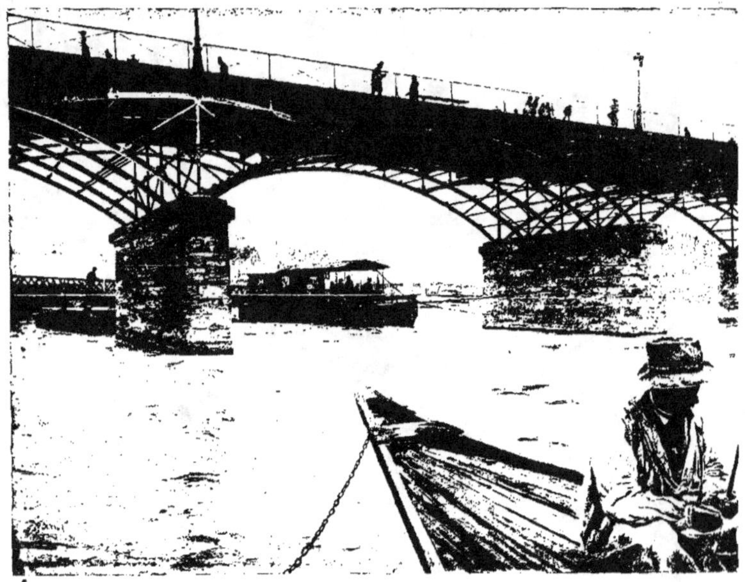

BINET (V.). S. *Le pont des Arts*. « *Pont des Arts* ».

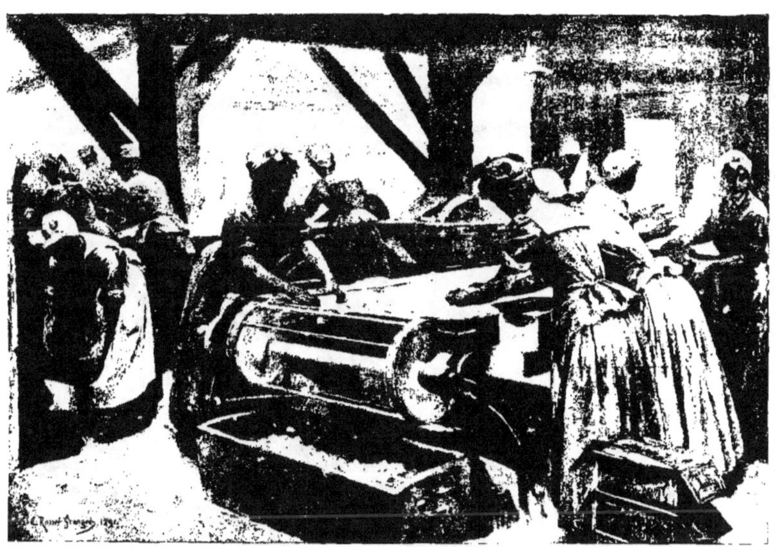

Rosset-Granger. S. *A la raffinerie; la casserie.* — *At the sugar-works; sugar-breakers.*

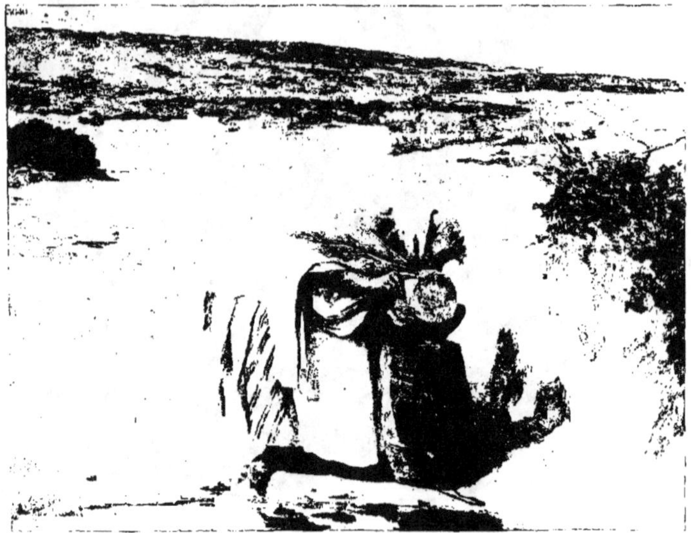

LENOIS (A.). *Femme arabe puisant de l'eau. — An arab woman drawing water.*

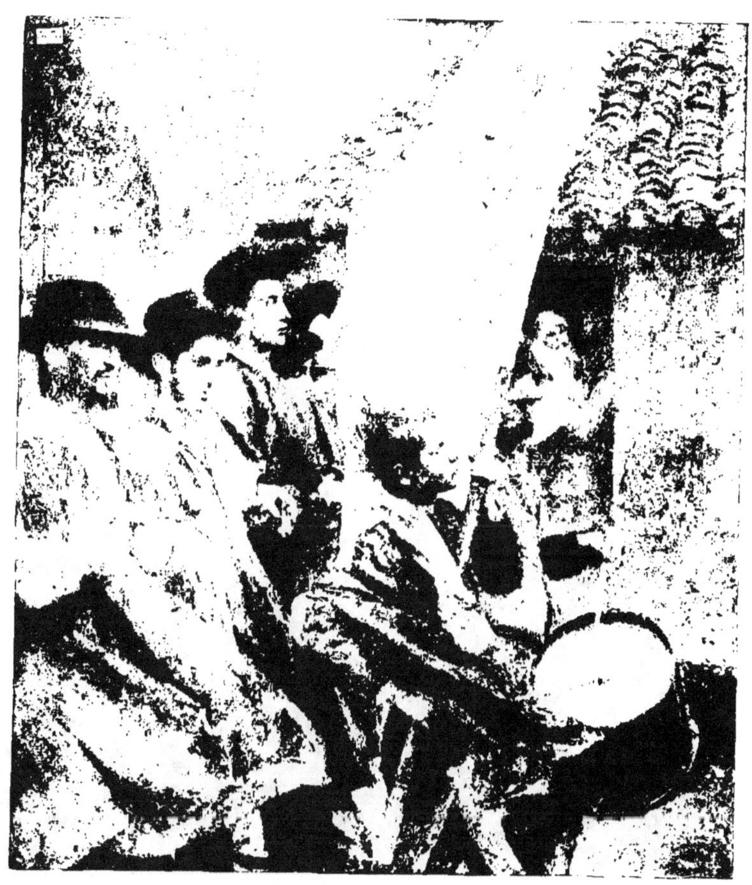

DAGNAN-BOUVERET. S. *Les conscrits.* — *The recruits.*

245

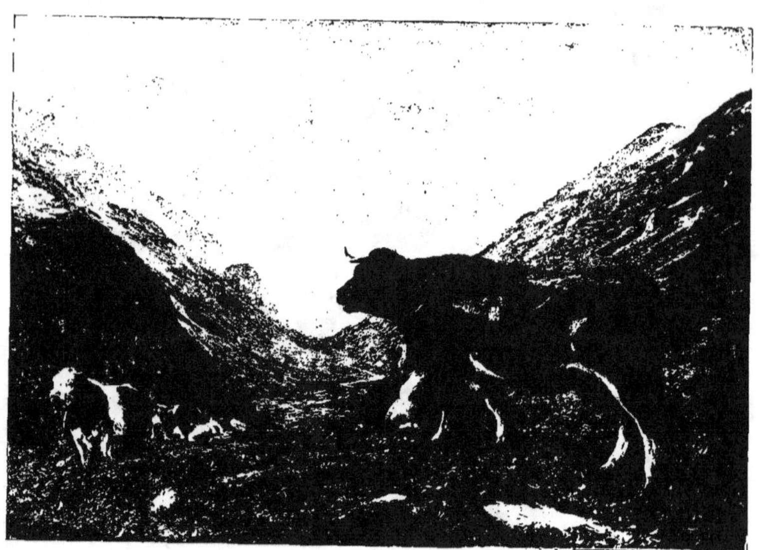

BURNAND (S.). *Dans les hauts pâturages. — In the high pasture-lands.*

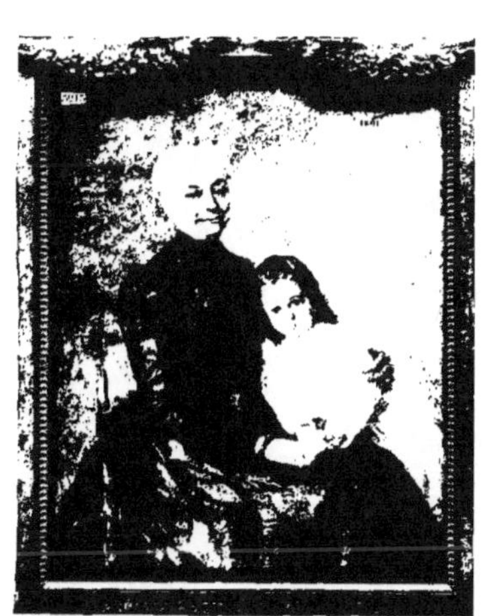

GASTON G..., *Portrait de M*me *A. R.
et de M*lle *L. C.*

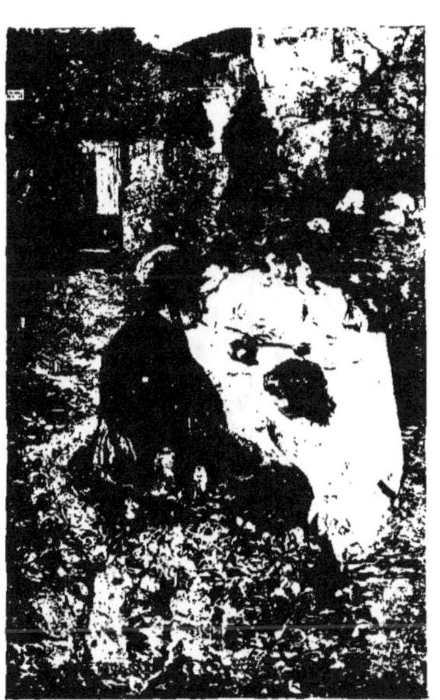

DILLANGE-LEDIGARD M*me *. Au jardin. — In the garden.

BARTH. DE MONACO. — *Portrait de jeune fille.*
Portrait of a young lady.

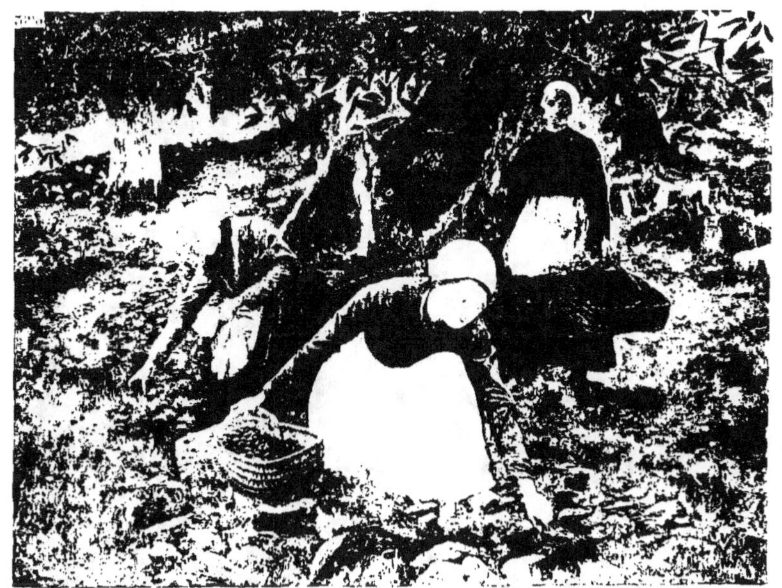

LUSSON L. . **A**. *Récolte de châtaignes.* — *Chestnut gathering.*

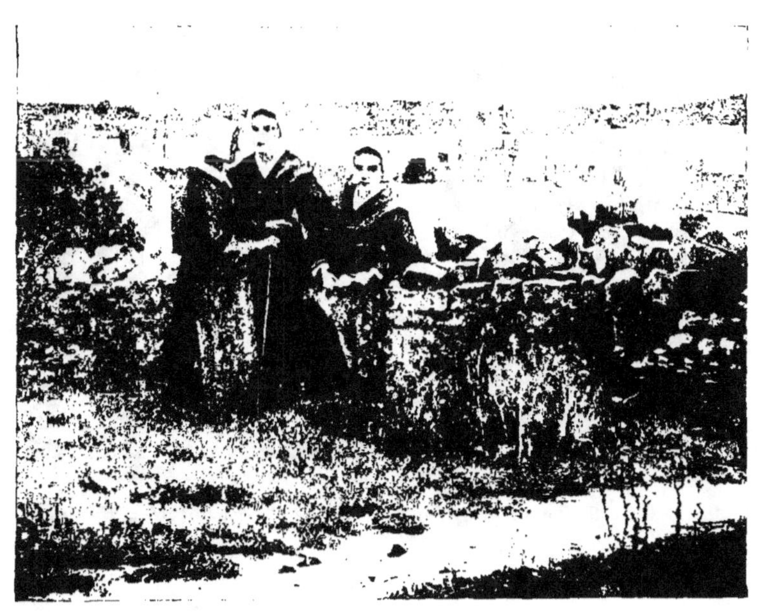

FLEURY Mme F. . **A**. *Vieux contes (Bretagne).* — *Old tales (Brittany).*

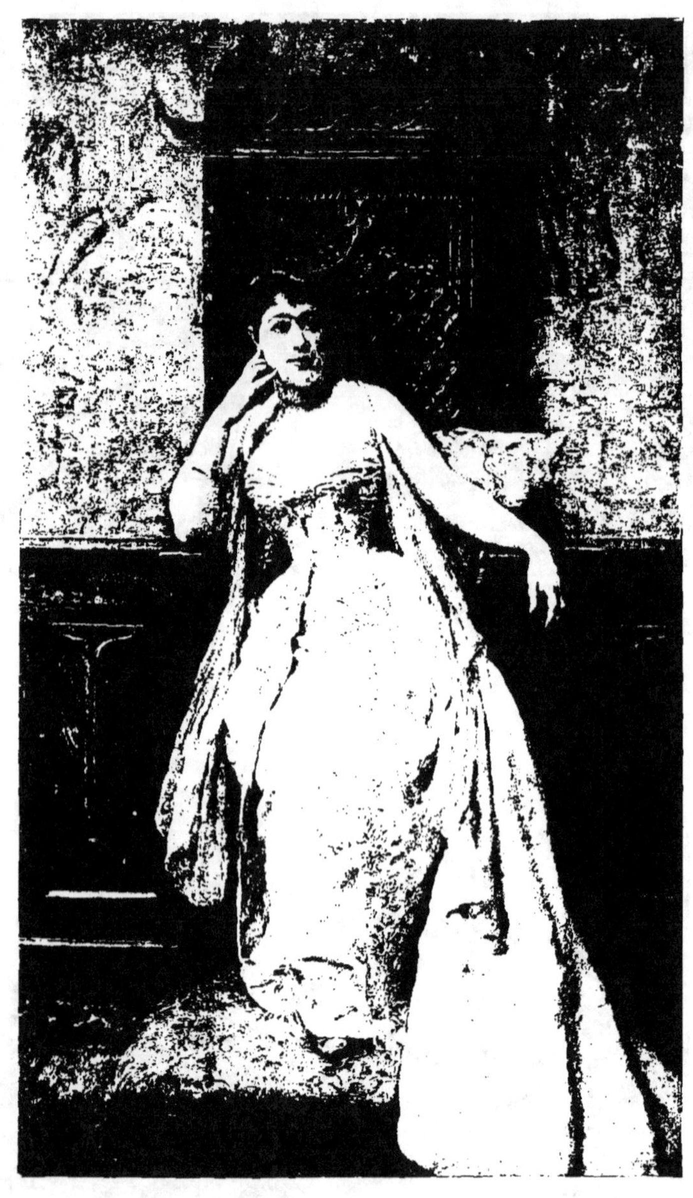

RIXENS. S. *Portrait de Mme B. d'A... — Portrait of Mrs. B. d'A...*

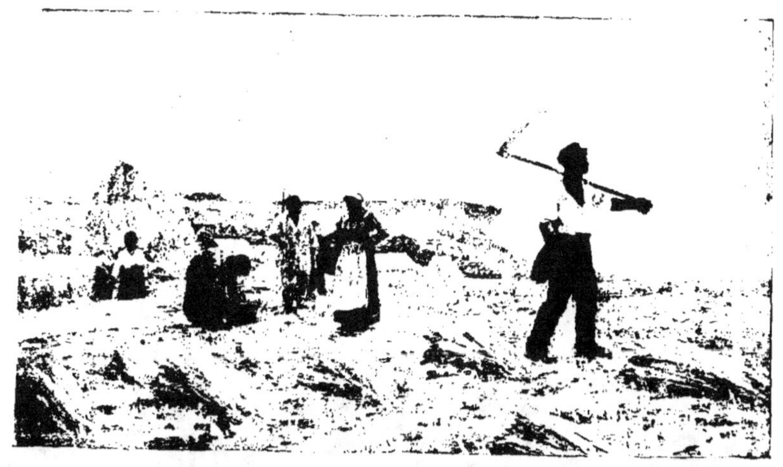

BAUDOUIN (P.). Fin de journée. — A day's end.

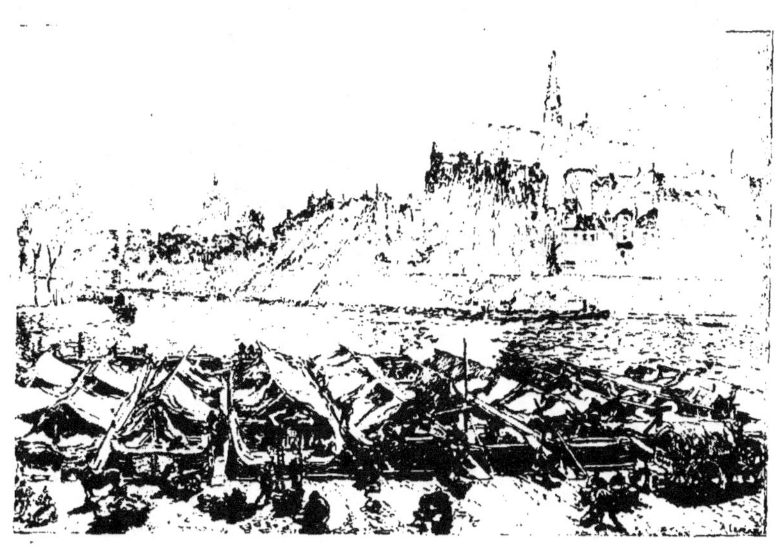

LEPÈRE. S. Le marché aux pommes à Paris (eau-forte).
The apple market in Paris (an aqua-forte).

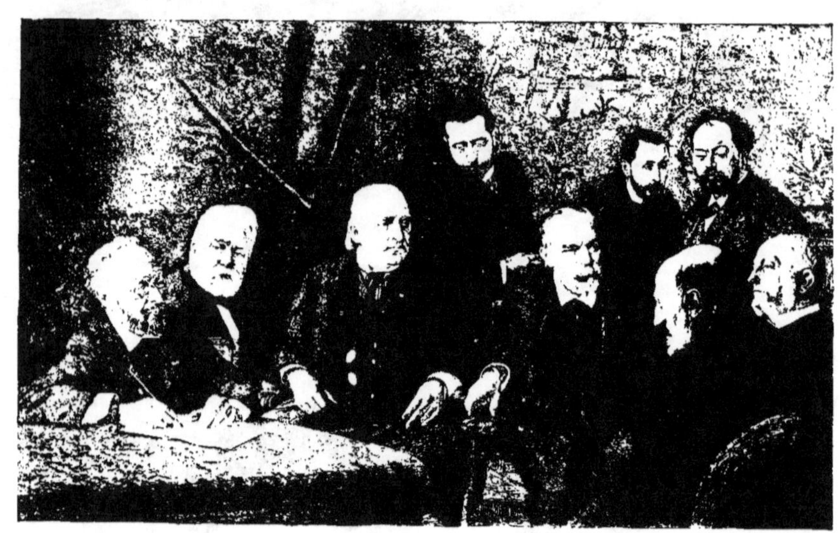

Desmoulin F... *La consultation* (eau forte). — A medical advice (an aqua-forte).

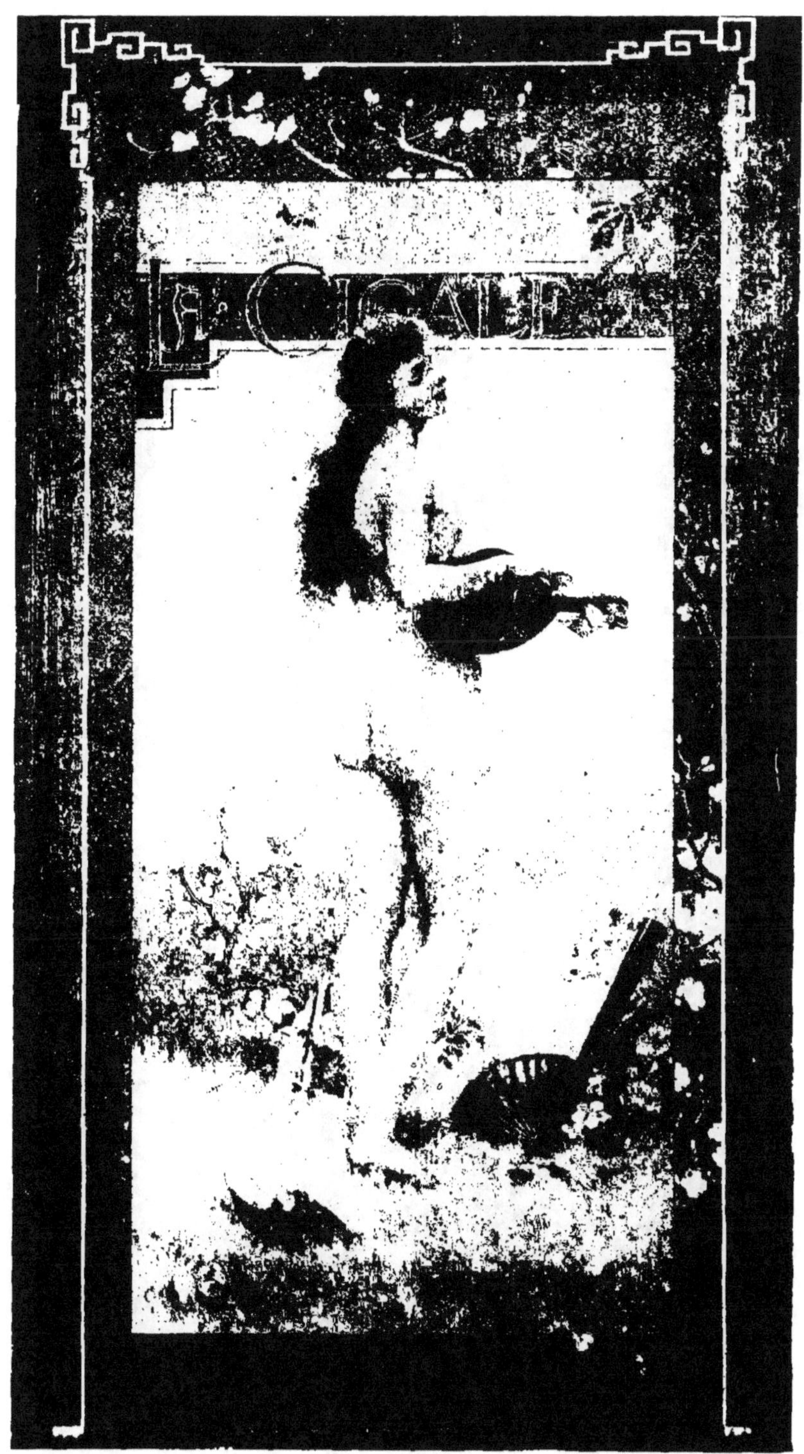

DEBUT. ins. S. _La cigale._ Ha rest-9r.

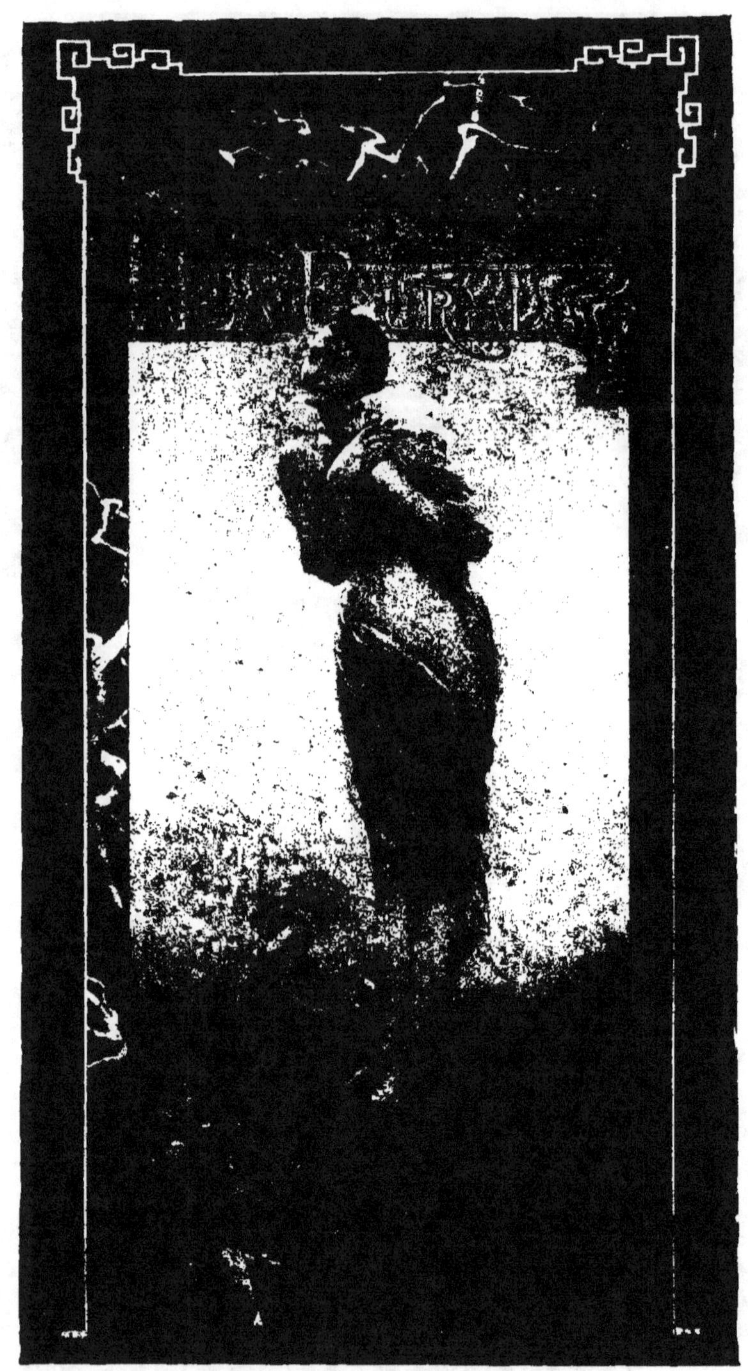

LUBUFE FILS. S. *La fourmi.* — *The ant.*

254

SCULPTURE

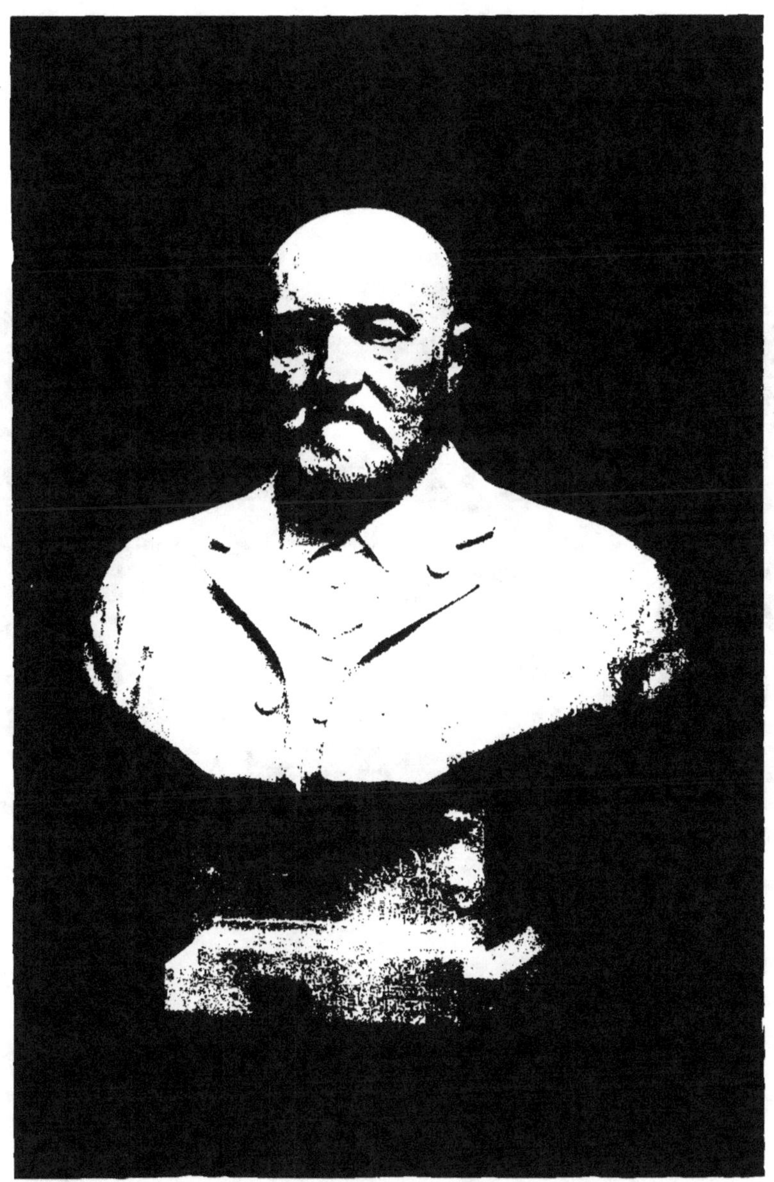

Coutan (J.). *Portrait de M. Alphand. — Portrait of Mr. Alphand.*

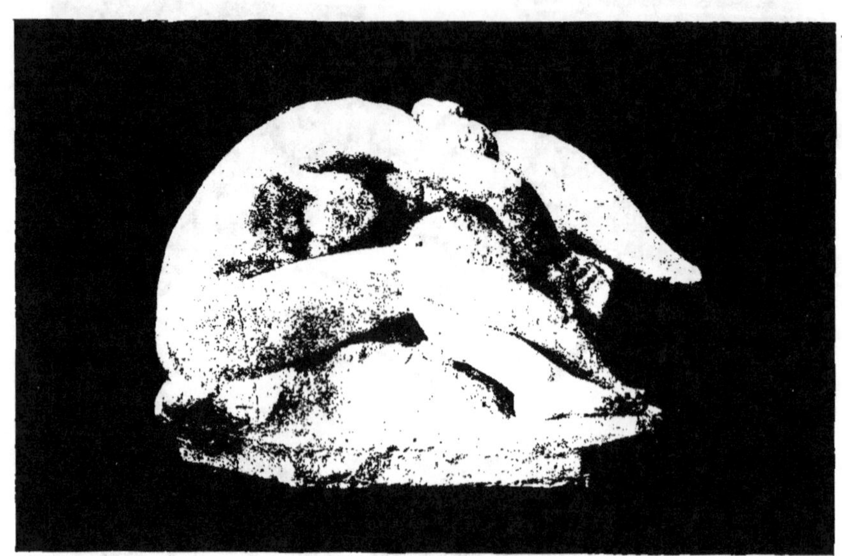

Desbois. 8 *Leda*

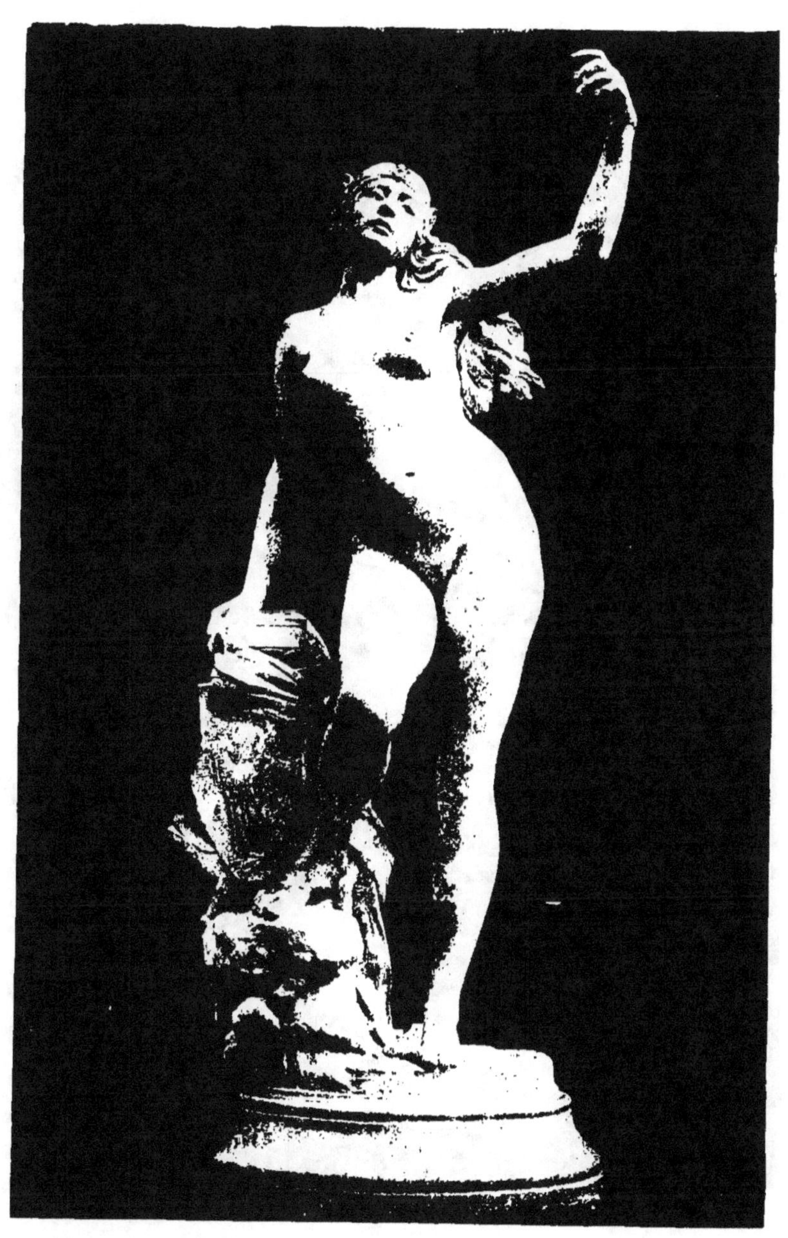

Melot A.. Armide.

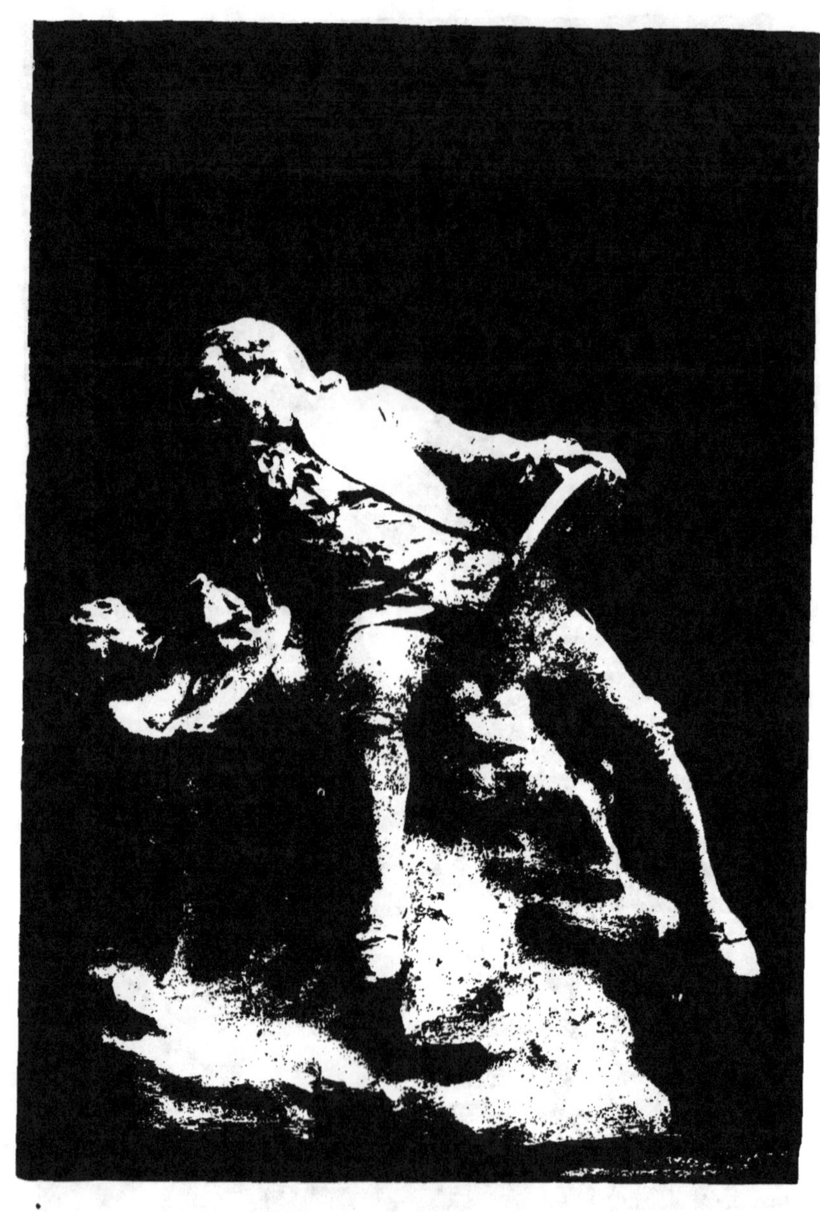

Aubé (P.). Le peintre Boucher; appartient à l'État.
Painter Boucher; belongs to state.

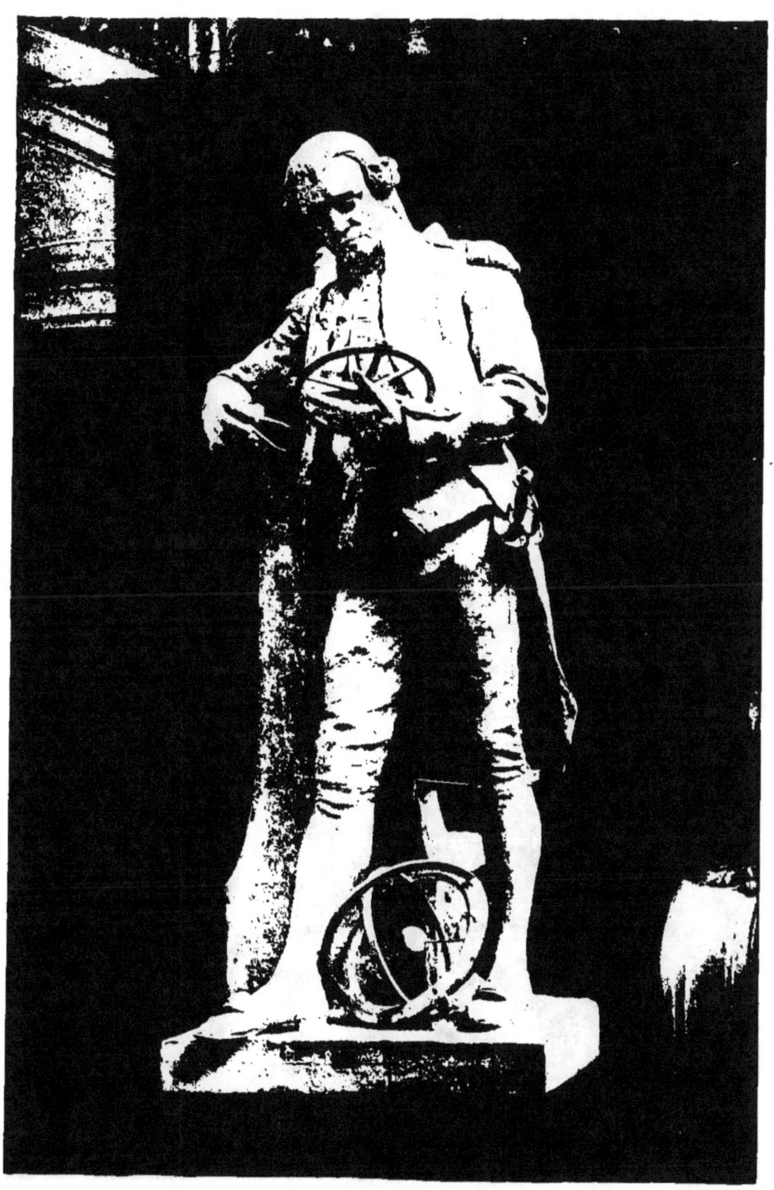

Borda; modèle de la statue érigée à Dax.
Borda; model of the statue erected at Dax

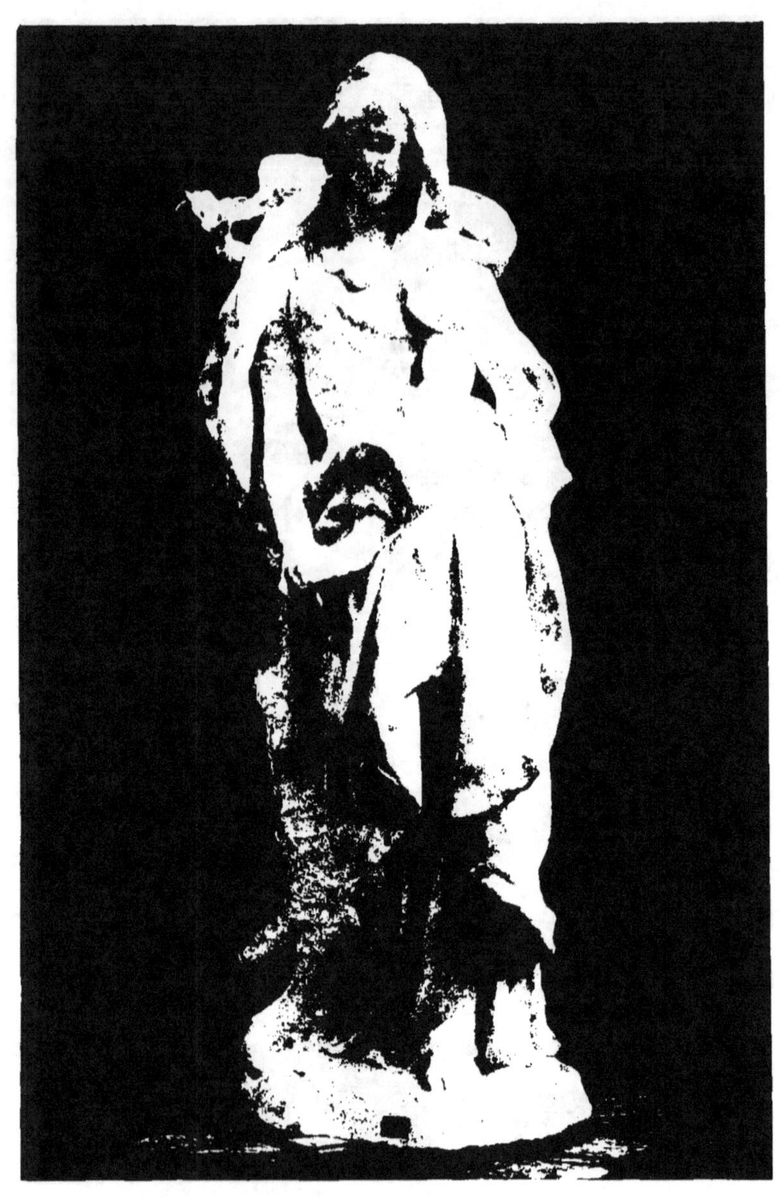

INSELBERT *Melancolia.*   *Melancholy*

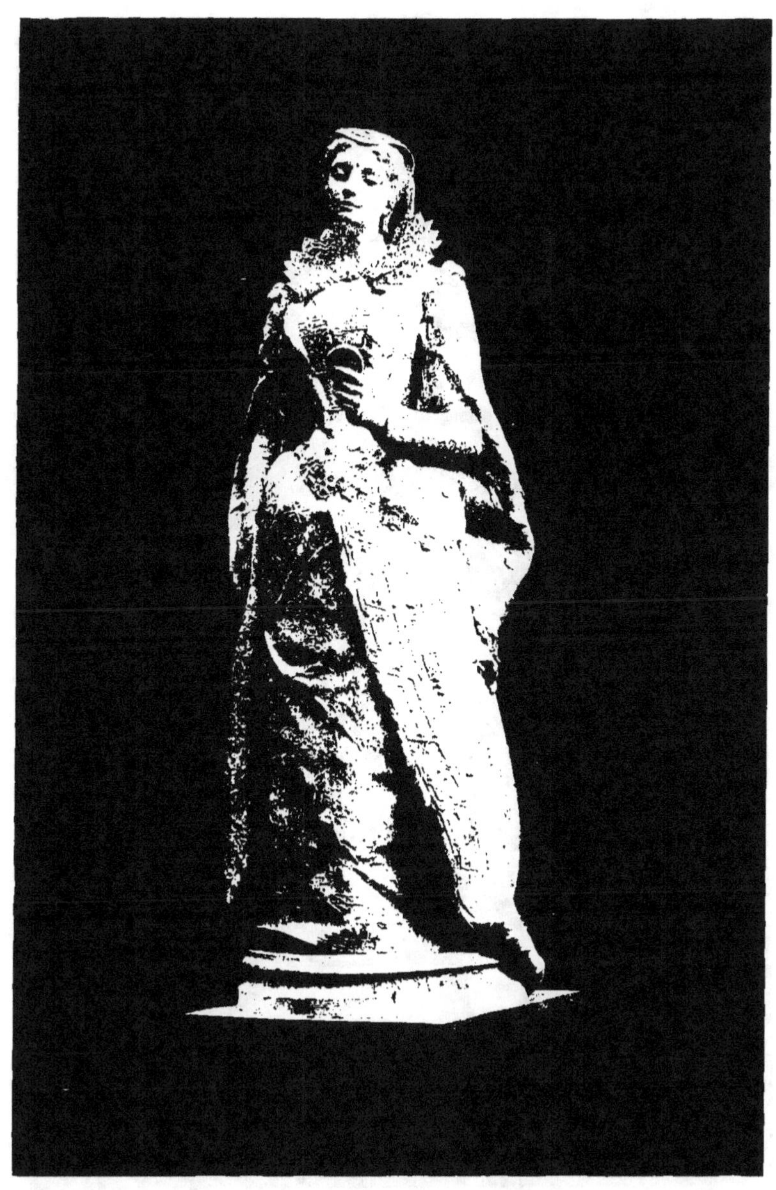

Ringel d'Illzach. **A.** *Marie Stuart; plâtre. - Mary Stuart; a plaster.*

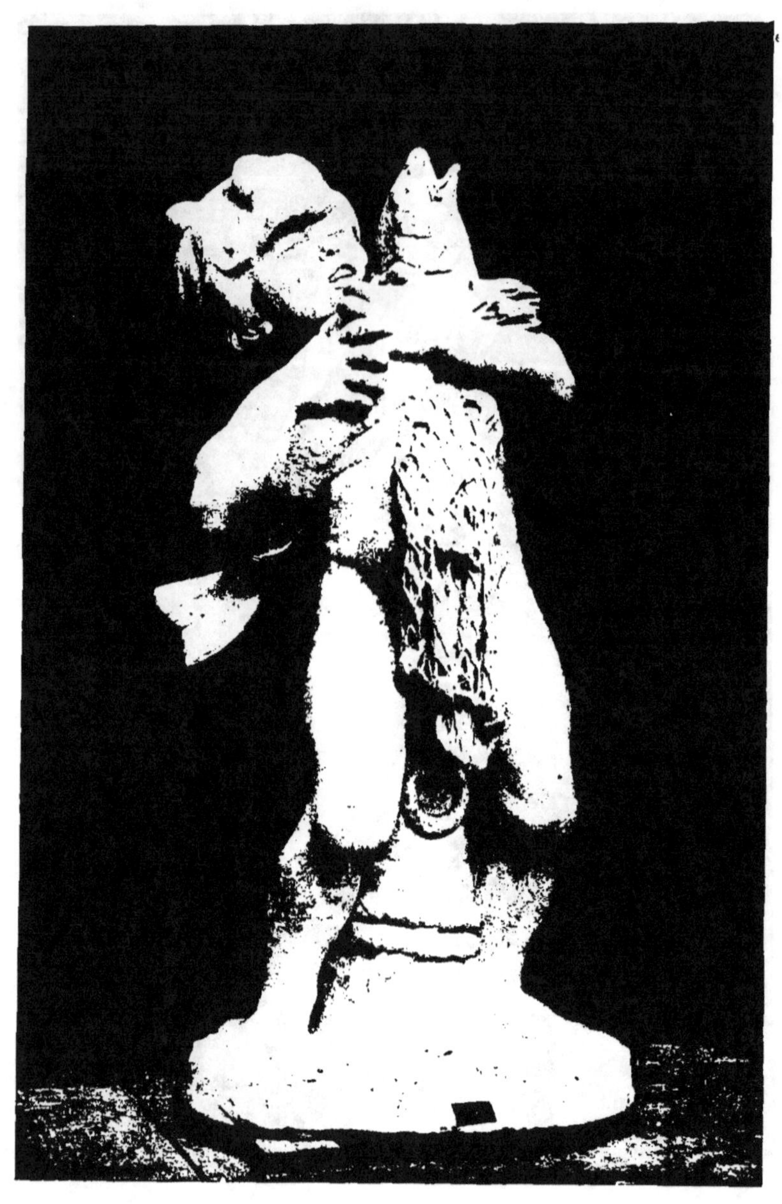

INJALBERT. *Enfant au poisson.*   *The child with the fish*

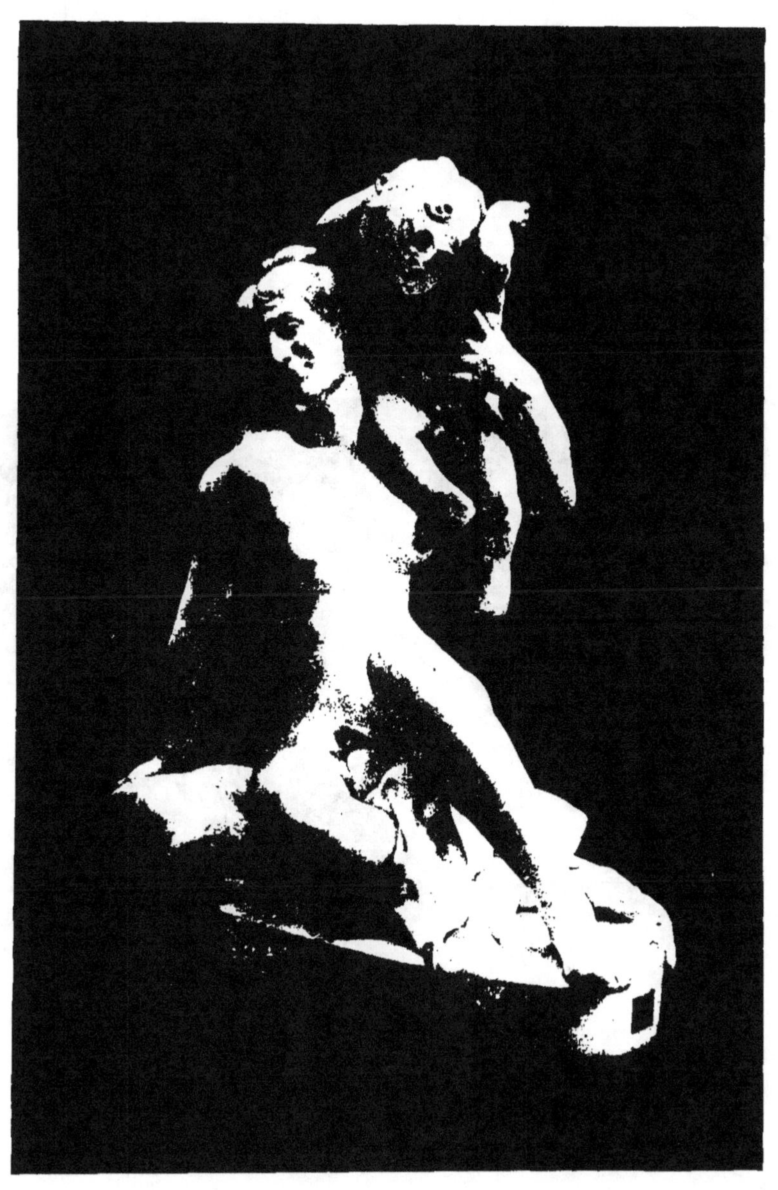

HUGUES. *Femme jouant avec son enfant.*
A woman playing with her child.

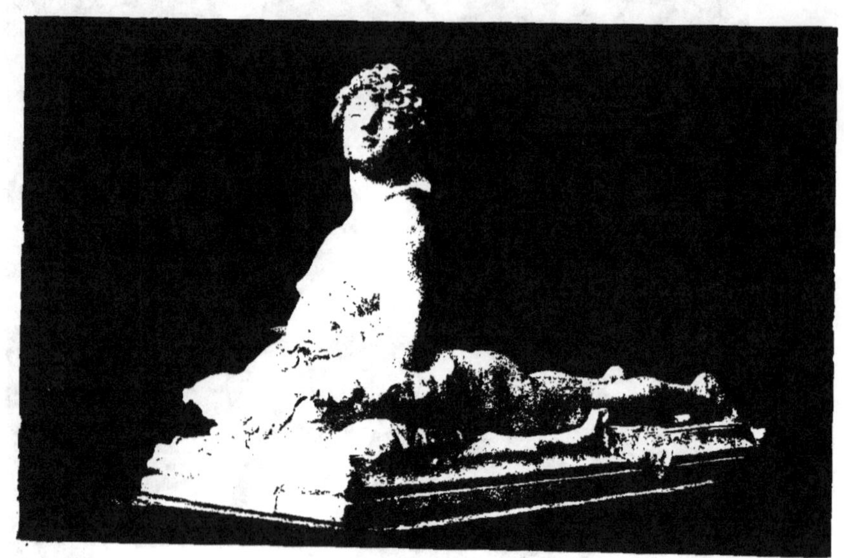

CORDONNIER. S. *Fleurs de mort.* — *Death flowers.*

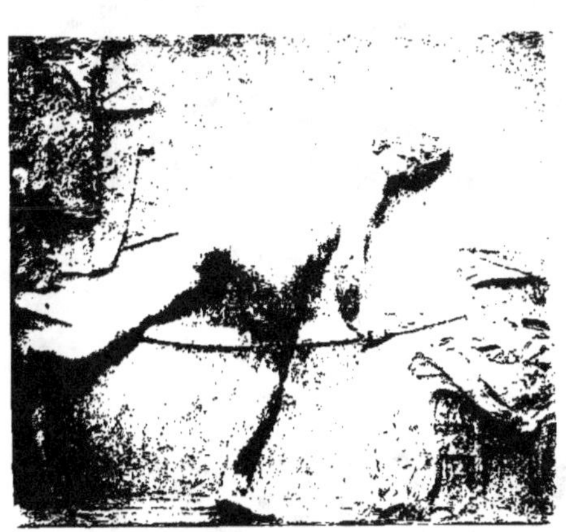

GRAVURE N°. . *Femme montant dans sa baignoire.*
A woman getting into bath.

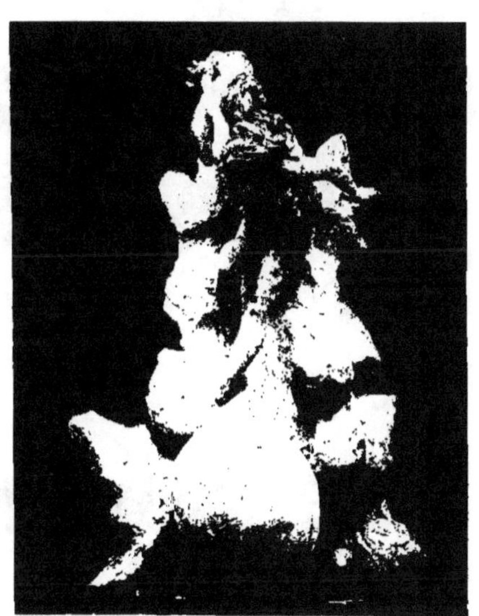

SCULPTURE N° 16 — *Avalanche.*
Snow-life.

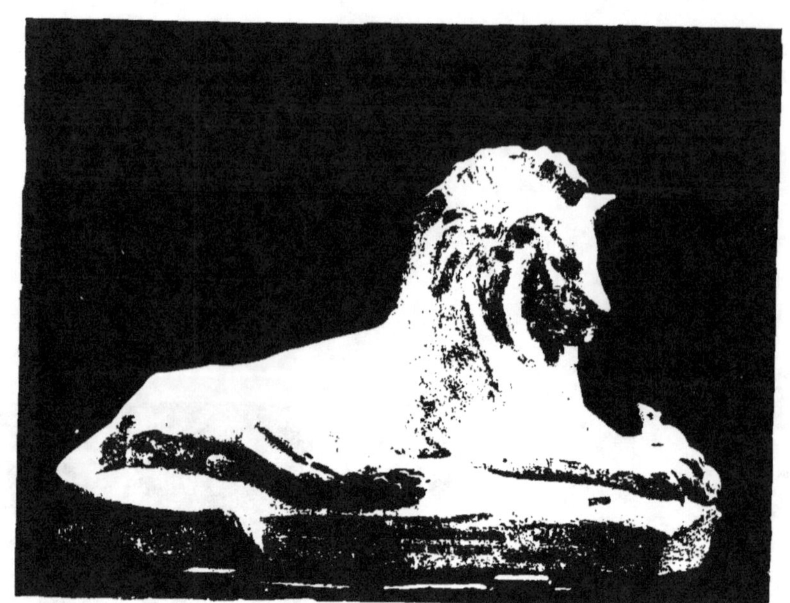

Peter V.. *Le lion et le rat.* *The lion and the rat.*

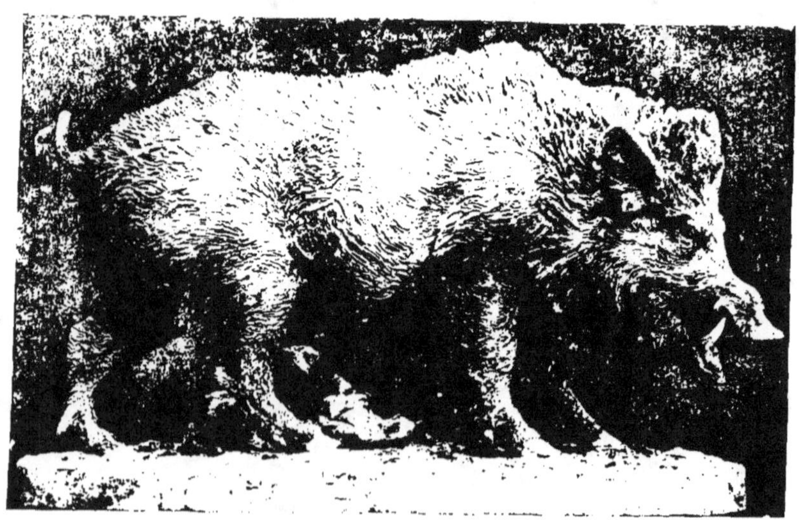

Le Duc. **A.** *Sanglier au ferme.* *Boar at bay.*

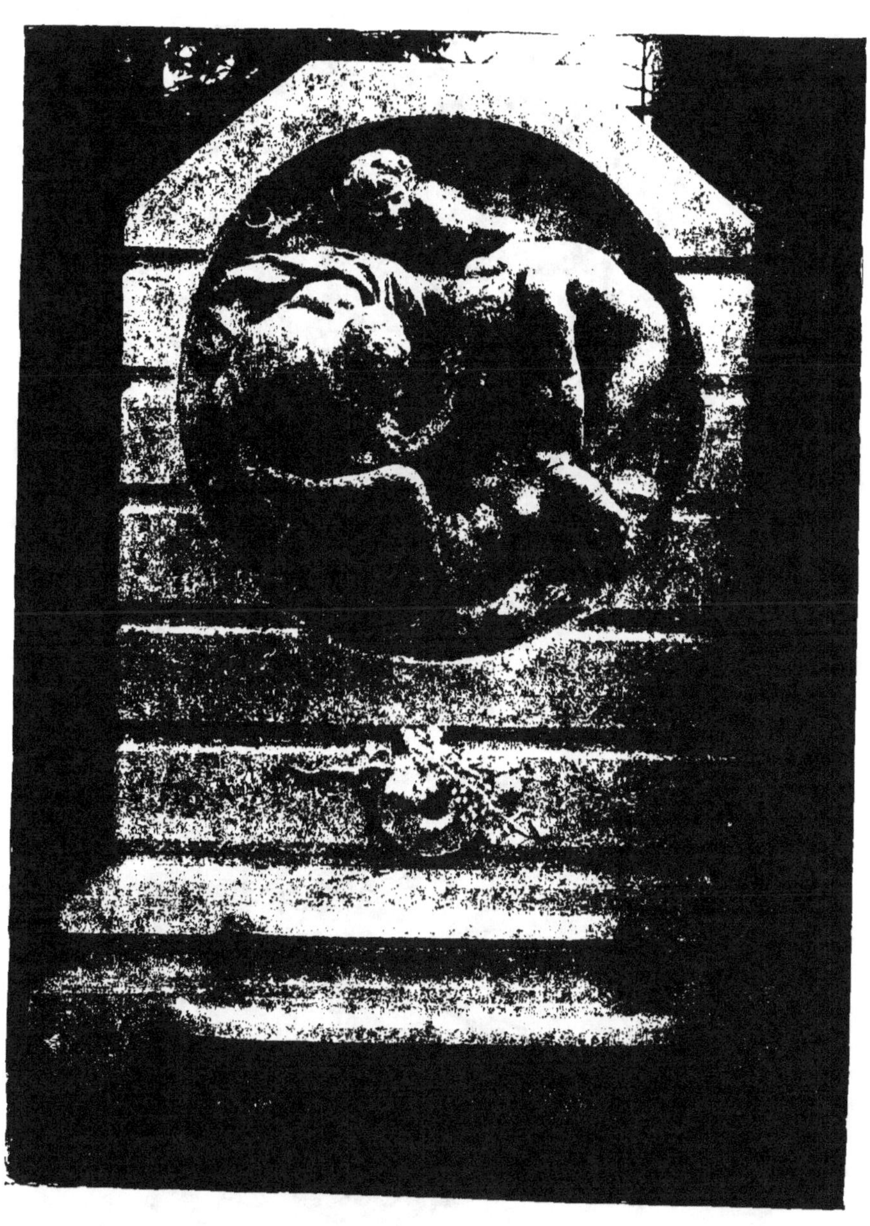

DALOU. S. *Projet de Fontaine, scène bachique.*

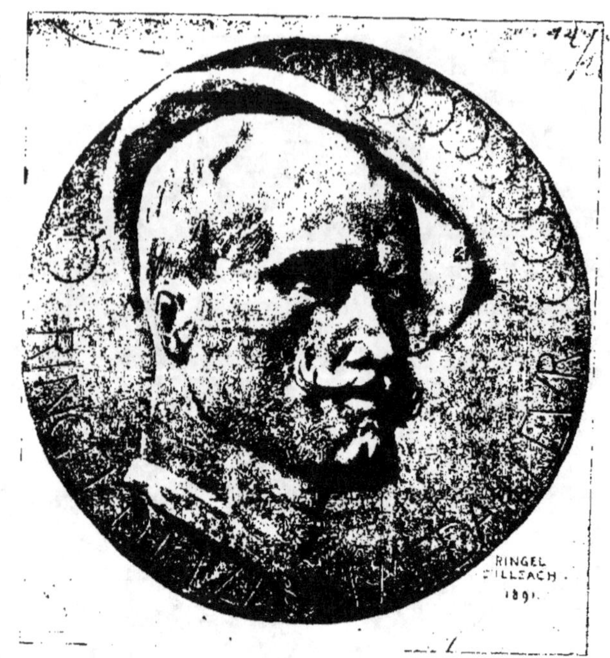

RINGEL D'ILLZACH. **A.** *Médaillon.* — *A medallion.*

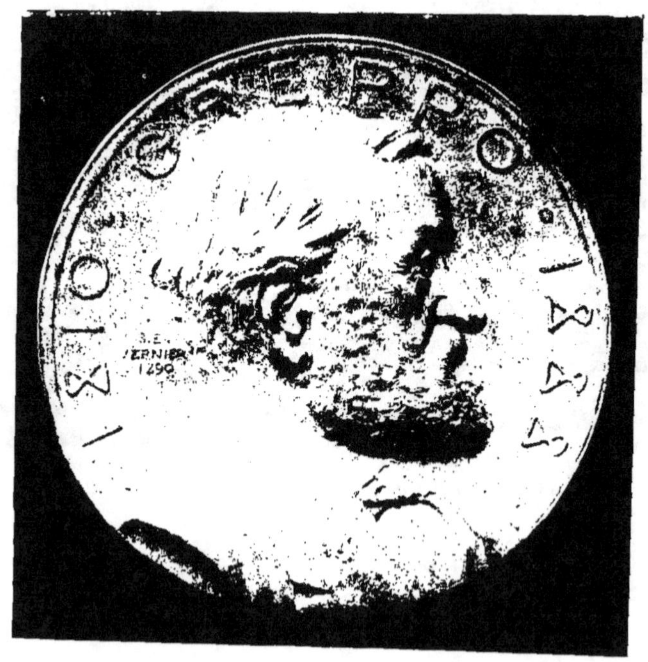

VERNIER. **A.** *Médaillon.* — *A medallion.*